JN062966

実践
コミュニティアプローチ
対人支援職が行うシステム論的心理社会支援

原 裕視 監修
高橋 浩 編著

Community Approach

金子書房

発刊に寄せて

出版の経緯

本書に関わった仲間（編者および著者たち）は、目白大学心理学研究科を修了し、その後それぞれユニークな経緯で心理支援に関わる活動をしながら、時々「ホワイトアイコロキアム」という研究会＆飲み会に集まりました。皆さん私の学部授業「コミュニティ心理学」や大学院の「臨床心理学的コミュニティ支援」などを受講されたり、ゼミ生であったりした方々です。私は病気になる63歳までの数年間は、山歩き三昧の健康優良児的でした。その後、大きな手術の影響で急速に体力は衰えるし気力にも波が出てくるしとだいぶ苦戦しました。時々、もう何もせずにフェイドアウトしようかなと密かに考えていたこともありました。

それでもこの研究会には出席していたのですが、あるメンバーから「この会もいろいろ活動はしてきたけれどまだ会として出版はしていない。きちんとまとめたものを書きませんか」という提案がありました。なるほど、せっかくみんなで勉強してきたのだし、活動の記録にもなるのでと、まとめたものを出したい気持ちは皆さんにありました。代表の私が皆さんのやる気に水を注すようなことはできませんが、私自身はこれから文章を書きたくは無いというのが実情でした。そこで、皆さんがおやりになるのならお手伝いはしますというスタンスで、監修的な役割をやらせてもらうことになりました。皆で協同作業するための役割分担でした。

私のコミュニティ心理学

千葉大学3年の頃（1971年）山本和郎先生の臨床心理学の授業を受け、初めてコミュニティ心理学を知りました。1960年代半ばのハーバード大学でのリサーチフェローとしての活動とともに臨床心理学の新しい展開をご紹介いただき、とても刺激的でした。「大学紛争」のご時世ゆえか、10人だけの私たちの学年は、卒業時に恩師の先生方への謝恩会さえも企画せず、集まりませんでした。それがこの授業の最後に、山本先生から湯島の割烹料理をご馳走になる際には全員が揃ったのです。

その頃の授業で今でも覚えていることがあります。「コミュニティサイコロジストは『芸者』である、お呼びがかかればどこへでも行く、主人公ではなく『黒子』である」などは、ふ～んそうなのかと思ったものでした。まだ学問として充分体系化されていないので、コミュニティ心理学という傘の下に集ってくるのは皆コミュニティ心理学であるという「アンブレラ理論」もなるほど今はそんな状態なのかと認識しました。地域精神保健活動とアカデミック心理学の有効な理論や実践を総動員するコミュニティ心理学の援助というのは、みんなで「寄って集って援助する」「欲張りアプローチ」なんだと納得したものでした。卒業後は大学院で学びながら、精神病院、コンサルティング企業、学校などでも働き、その間、社会人の方に講義をする機会がありました。心理職も含めて、多様な対人支援職の方々が多かったのですが、いくつかの特徴的な反応がありました。いわく「コミュニティ心理学は知らなかったけれど、私たちが日頃やっていることもコミュニティ心理学だったのですね」「日常、必ずしも専門的なことをしている意識はなかったけど、学問的な根拠があったのですね。今の仕事にすこし自信が出てきました」などのうれしい反応と同時に、「なるほどコミュニティ心理学は理解できた。納得、賛同できる部分も多い。ただ何をどうしたらコミュニティ心理学の実践になるのか分からない」という反応も多く、このままでは実践心理学として定着しないなと考えてしまいました。

学問領域においての不全感もありました。まず当時は臨床心理士がデビューし、活動・活躍し始めた頃でもありました。厚生省は、臨床心理士は臨床心理学者ではなく臨床心理技術者として位置づけますとおっしゃっていたそうですが。その臨床心理士の４つの仕事の中に「臨床心理学的地域援助」というのがありました。それまで「心理臨床＝カウンセリング＋心理テスト」のイメージがあった中で、ある意味画期的であったのですが、これにも多少違和感がありました。「地域」と「援助」に対してです。私の中では「コミュニティ」「支援」のほうが親和的でしたから。

さらになんか違うなあと感じていたことに、コミュニティ心理学及びそれにもとづく心理支援が、カウンセリングや心理療法の１領域（1つの理論と実践方法）として位置づけられていることがありました。そうではなく、コミュニティ心理学は臨床心理学全体あるいは応用心理学全体に相当するような学問と実践の体系なのではないかと考えるようになっていました。本書も基本的にはこの考え方がベースにあります。1960年代後半のアンブレラ理論を借用すれば、「コミュニティ心理学という傘の下に地域精神保健活動およびアカデミック心理学からの有益な理論と方法をいろいろぶら下げて、システム論を持ち手の軸棒としてしっかり支える」といったイメージで捉えられると思います。さらに言えば、現在のコミュニティアプローチは「コミュニティ心理学に基づいた、システム論的な心理社会支援」のことであり、「当事者のニーズを満たすために貢献できそうな理論と実践方法は何でも採用し、関係者みんなで寄って集って支援するという、プラグマティックな欲張りアプローチ」であるとも言えます。

やや誇大表現すれば、コミュニティアプローチは「心理療法やカウンセリングの１理論ではなく、心理援助の１つの方法と言うわけでもなく、心理社会的支援の全体像を示しているのです。心理職や対人支援職のためだけのノウハウに留まらず、全ての心理社会的な困難や課題を解決するための考え方や方法の集大成として、いわばプラットホームのような存在になり得る」というのが現在の私たちの願望のようなものと言えます。

出発と展望

私自身のコミュニティ心理学は第１世代の先生方からの直接のご指導で始まりました。山本和郎先生（国立精神衛生研究所及び慶応義塾大学）からは繊細でヒューマニスティックな心理臨床を、安藤延男先生（九州大学及び福岡県立大学）からはしっかりした社会心理学と組織心理学を、星野命先生（国際基督教大学及び北陸学園大学）からは柔らかい臨床社会心理学と異文化間心理学を仕込んでいただきました。これらに産業コミュニティを加えたものが現在でも私のコミュニティアプローチのフィールドとなっています。

ここから出発して紆余曲折しながら、本書を作りあげてくれた仲間たちとの今日に至りました。本書の刊行に際しこのような文章を寄せる機会を頂戴したことを感謝をしています。米国から10年遅れの1975年から始まった「コミュニティ心理学シンポジウム」で温泉巡りをご一緒した皆さん、1998年に「コミュニティ心理学会」を設立し一緒に歩んだ仲間たち、現在2000名規模にまで発展したコミュニティ心理学会の皆様にも本書をぜひお読みいただきご批判を頂戴したいと存じます。そして、その上でコミュニティ感覚を共有しながらそれぞれの道を歩み続けて下さるよう期待いたします。

2024年4月吉日

原 裕視

まえがき

本書のねらい

本書は、カウンセラーや臨床心理士、公認心理師、ソーシャルワーカーなど、対人支援の専門家向けに執筆されました。その目的は、対人支援者の専門技能をさらに向上させることです。対人支援のスキル向上には、個人介入の技術を磨きあげていくことと、多様で複雑な問題への対応力を高めることの2つのアプローチが考えられます。本書では、後者に焦点を当てています。多様で複雑な問題とは、具体的には、対象者の周囲の人々との関係を扱う問題、メンタルヘルスとキャリア、発達障害などが絡む複合的な問題、類似の問題が何度も再発するような問題、専門家の対応範囲を超える問題などのことです。これらの問題に対しては、個人介入だけでは解決が困難であり、対象者を取り巻く環境や、対象者と環境との相互作用にも介入する技術が必要です。その技術がコミュニティアプローチです。公認心理師の教科書に言及される「多職種連携・地域連携」もこのアプローチの一環です。

「コミュニティ」という言葉を聞くと多くの人が「地域社会」と考えがちですが、この概念は今や家族、学校、職場、企業組織など、より広範なものを指します。実際、すべての支援対象者は何らかのコミュニティに属しているため、支援者がコミュニティを考慮に入れることは自然であり、必要不可欠です。21世紀に入り、多様性や個性の尊重が重視されるようになって、心理支援の現場でもコミュニティアプローチが注目され始めています。支援対象が抱える問題は、その人と所属するコミュニティとの相互作用の結果として生じることが多いため、支援者はこの相互作用を適切にアセスメントして介入することが求められます。その結果、本質的な解決に繋がるわけです。この点がコミュニティアプローチの重要なところです。

本書の特徴

コミュニティアプローチは、コミュニティ心理学に基づいた心理社会支援の実践であり、個人介入の限界を超える有益な理論や手法を提供します。これらの理論や手法を理解すること自体は比較的容易ですが、実際にそれらを応用する段階になると、その難しさが生じてきます。ケースに応じて適切な理論や手法を選択し、適用するタイミングを見極めることが非常に難しい作業だからです。

既に、コミュニティアプローチの事例を解説する書籍はいくつか存在しますが、これらの書籍の多くが事例によって採用されるアプローチが大きく異なるように見えます。それは、理論や手法の取捨選択される原理がブラックボックスになっていることが原因と考えられます。このため、コミュニティアプローチがケースバイケースの技術であり、経験豊富な専門家にしか実践できない高度なスキルのように感じられるわけです。その結果、コミュニティアプローチの利点を理解しながらも、その習得や実践に戸惑う専門家が少なくないのが現状です。

そこで本書は、目白大学の原裕視名誉教授の監修のもと、コミュニティアプローチの基本原理や介入方法を集約し、システム論を軸とした体系的な解説を行いました。コミュニティを人と環境の相互作用から成るシステムと捉えることから、「システム論的心理社会支援としてのコミュニティアプローチ（Community Approach – System-oriented Approach for Psychosocial Support: CA-SAPS）」と命名しました。CA-SAPSでは、支援対象とその環境との関係を全体的に分析し、「問題のからくり（問題構造）」を明らかにした上で、介入方略の視点に照らし合わせて有効な介入方法を選択し、多角的に実践します。また、支援者が直接介入するだけでなく、多職種連携や地域連携を通じた間接介入も重視します。このアプローチにより、個人の支援対象だけでなく、コミュニティ全体に変化をもたらし、個人介入の限界を超えて根本的な問題解決を目指すことができます。

この手法の体系化により、様々な活動領域や問題の種類に関わらず応用可能な汎用的なアプローチを実現することができます。もちろん、本書で紹介する方法がコミュニティアプローチの唯一の形態だとは言いませんが、コミュニティ心理学の普及と推進に貢献するものと確信しています。

本書の構成

本書は、第Ⅰ部の理論編と第Ⅱ部の事例編から構成されています。第Ⅰ部の理論編は、コミュニティアプローチの理論的基盤を解説し、読者がその理論をしっかりと理解できるように構成されています。第1章「コミュニティアプローチとは」では、コミュニティアプローチの基本的な概念や背景、そしてこのアプローチがどのように発展してきたのかを解説します。また、コミュニティ心理学に関するよくある通説や誤解についても説明します。さらに、「システム論的心理社会支援としてのコミュニティアプローチ」の基本的な枠組みとその目的を紹介します。

第2章「コミュニティアプローチの基本的発想」では、コミュニティアプローチにおける重要な発想を8つ精選し、それぞれの発想がどのようにアセスメントや対応策の策定に役立つかを解説します。これらの発想は、問題解決のプロセス全体にわたって参考になります。

第3章「介入方略のための視点」では、介入を進める際の基本的な考え方として、「3次元介入」、「6レベル介入」、「4側面介入」の概念を紹介します。これらの視点は、問題に対する深い理解と適切な介入戦略を策定するための重要なツールになります。

第4章「介入方法のバリエーション」では、具体的な介入方法を7つ取り上げ、それぞれの方法にどのような特徴と効果があるかを概説します。各方法についての詳細は他書を参照することを推奨しますが、この章ではそれぞれの方法の基本的な理解について説明します。

第5章「コミュニティアプローチの手順」では、前章までに解説した理論や方法を基に、コミュニティアプローチの手順をステップバイステップで解説します。この章は、理論を実践に移すための具体的なガイドラインとして機能します。

第Ⅱ部の事例編は、理論編で学んだ概念や知識・技術を様々な状況に適用した事例を示すことで、コミュニティアプローチの実践的な価値を明らかにします。第6章は産業領域、第7章は子ども・若者、第8章は認知症高齢者、第9章はアルコール依存者、第10章は学校領域、第11章は外国籍居住者をテーマにしました。最初の事例である第6章では、理論編との関連が分かるように丁寧な解説を加えました。また、すべての事例には、第5章の手順との対応が分かるようなガイドを付しました。このことは、本書が提唱するコミュニティアプローチ（CA-SAPS）が、異なるケースに対しても一貫したプロセスで適用できることを示しています。また、これにより、読者は理論から実践への橋渡しが円滑に行えるようになると思います。

本書で示した実践的な知見とフレームワークを活用し、より効果的なコミュニティアプローチを行うための理解とスキルが深まることを期待しています。

最後に、対人支援者におけるコミュニティアプローチの重要性をご理解いただき本書の出版にご協力いただきました金子書房の皆様に感謝申し上げます。

2024年4月吉日

高橋 浩

目　次

第 I 部
理論編

第 I 部では、コミュニティ心理学およびコミュニティアプローチの理論的な基本事項について解説します。

第１章では、コミュニティアプローチの概論と、本書が主張する「システム論的心理社会支援としてのコミュニティアプローチ（Community Approach – System-oriented Approach for Psychosocial Support: CA-SAPS）」を紹介します。第２章で、コミュニティアプローチが重要視する８つの基本的発想と、第３章では CA-SAPS を用いた方略を支える基本的な３つの視点、第４章で具体的に用いる７つの介入方法、そして第５章で CA-SAPS の 10 の手順を紹介します。

第1章

コミュニティアプローチとは

高橋 浩・原 裕視

コミュニティアプローチは多様な概念や理論、介入方法から成り立っています。これを理解するために、本章ではコミュニティ心理学的介入の基本的な事項と、コミュニティアプローチが前提とする考え方（人間観・問題観・解決目標）を解説します。さらに、コミュニティアプローチの理解を深めるために、コミュニティ心理学の発展と歴史や、通説・誤解についても言及して、コミュニティアプローチの輪郭を明らかにします。最後に、本書が提唱する「システム論的心理社会支援としてのコミュニティアプローチ」(Community Approach－System-oriented Approach for Psychosocial Support; CA-SAPS)の骨子を解説します。これは、システム論を中心に据えることによって、コミュニティ心理学が持つ多くの概念・理論・介入方法を体系化し実践を容易にするアプローチになります。

1 コミュニティアプローチとは何か

(1) そもそもコミュニティとは

コミュニティ心理学における「コミュニティ」とは、地域社会だけを指すわけではありません。コミュニティの概念は、かつては地域社会を指しましたが、今や家族や学校、職場、企業、もちろん様々なレベルの地域社会（生活圏レベル、地域行政レベル、国家レベル、グローバル社会)、さらにはSNS上の

図表 1-1　階層的・重層的コミュニティ（システム）（Bronfenbrenner, 1979 をもとに作成）

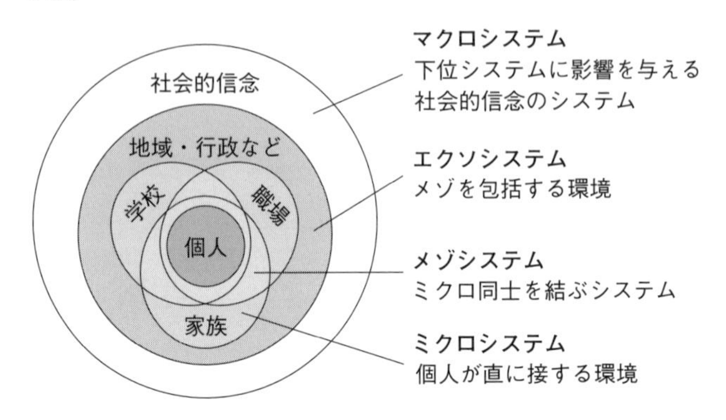

ネットワークまで拡大しています。つまり、地理的コミュニティから機能的コミュニティ[1]へとその捉え方が変化してきました。また、これらのコミュニティは、それぞれ独立しているのではなく、階層的で重層的な関係になっています。Bronfenbrenner（1979）は、個人が属するコミュニティの関係をミクロシステム、メゾシステム、エクソシステム、マクロシステムで表現しました（図表 1-1）。また、Dalton, Elias, & Wandersman（2001）はこれを修正して、①個人（individual）、②ミクロシステム（家族や学級など継続的にかかわる環境）、③組織（organizations、ミクロシステムの集合体）、④特定地域（localities、市区町村などミクロシステムや組織の集合体）、⑤マクロシステムに分類し直しました。

(2) システムとしてのコミュニティ

コミュニティの機能に着目すると、コミュニティは「人と環境から成るシステム[2]」であると考えられます。システムとは「複数の要素から成り立ってい

1　機能的コミュニティ：共同の関心を持った人々の間の、空間的接近を意味する必要がない、特定関心についての何らかのアイデンティティの意識に基づいたコミュニティのこと（Plant, 1974）。

2　システムの特徴：①「全体」は、単に「部分」を足し合わせたものではない（全体として独自の特性を持つ）、②システムは、常にまとまろうとする（平衡状態の保持傾向）、③原因が結果を生み、その結果が原因となる（円環的因果関係）、④ 1 つのシステムには下位システムがあり、同時に上位システムがある。（久田，2017）。

図表 1-2　コミュニティアプローチの目的・目標・方法

・コミュニティは人と環境から成るシステム
・介入の目的：人びとの QOL, Well-being の向上
・介入の目標：人と環境の適合
・介入の方法：人と環境とその関係性に介入する

て、1つの要素に変化が起こるとそれは他の要素にも影響を与え、次々と多くの要素に影響を及ぼすことにより結局全体に影響を及ぼすような体系（開放系）」です（Bertalanffy, 1968)。コミュニティは、人と環境という要素を持ち、両者が相互作用をし、また全体に影響を与える性質を持つと言えます。その意味で人と環境が独立した二項対立する存在とは捉えません。理解しやすくするために人と環境として分離した表現をとっていますが、実際の人は環境の一部ですし、環境は人から構成される部分もあります。そして同時に両者は相互作用をしていますから、コミュニティはシステムそのものだと言えます（図表 1-2)。

ただし、コミュニティは機械的なシステムではありません。機械的システムは、1つの要素に変化が起きると、瞬時に変化が生じて、同じ変化なら毎回同じ結果を生み出します。しかし、コミュニティのような有機体のシステムでは、より緩やかで遅延した変化があり得ますし、毎回同じ結果を生み出すわけではありません。とはいえ、構成要素が相互作用するシステムという発想はコミュニティやコミュニティで生じる問題を理解するうえで大変有益です。

(3) コミュニティ心理学的介入

コミュニティアプローチは端的に言うと「コミュニティ心理学的介入」です。心理学とは、「人間の行動と心的過程を科学的に研究する学問です」(Nolen-Hoeksma ほか, 2014）から、コミュニティ心理学は「コミュニティにおける人間の行動と心的過程を科学的に研究する学問」と言えます。したがってコミュニティ心理学的介入とは、コミュニティ心理学の知見や理論を用いて人と環境から成るシステムに介入する実践を意味します。

①そもそも介入とは ～介入のスペクトル～

「介入」とは、人に対して望ましい変化を生み出す働きかけ（支援）を指す

総称です。一般的に「介入」というと強制的にかかわるイメージがありますが、そうではありません。介入には、専門家中心による治療的な働きかけから当事者中心で予防的・開発的な働きかけまで、スペクトル（グラデーション）があります（図表1-3）。コミュニティアプローチでは、アセスメントに基づいて、介入のスペクトルの中から適宜選択したり組み合わせたりして多様な介入を実施します。

②介入の３つの切り口 ～欲張りアプローチその１～

コミュニティへの介入は「人」と「環境」、加えてその両者の「関係」について介入します（図表1-4）。「人」とはクライエントですが、時には特定の集団を指す場合もあります。「環境」とはクライエント以外のすべてを指します。「関係」とは両者の相互作用を指します。もちろん人または環境に介入す

図表 1-3　介入のスペクトル

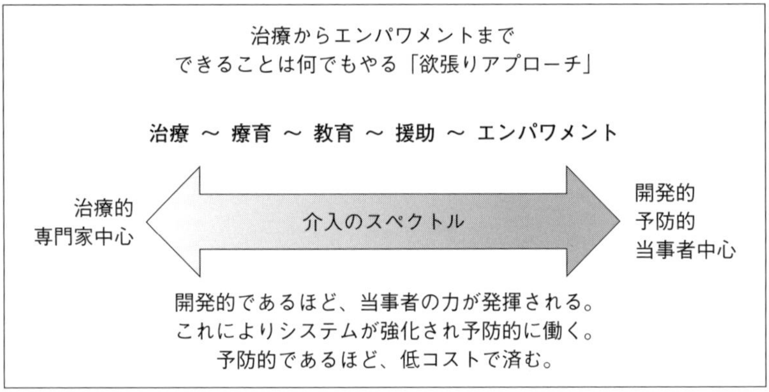

治療からエンパワメントまで
できることは何でもやる「欲張りアプローチ」

治療 ～ 療育 ～ 教育 ～ 援助 ～ エンパワメント

治療的
専門家中心

介入のスペクトル

開発的
予防的
当事者中心

開発的であるほど、当事者の力が発揮される。
これによりシステムが強化され予防的に働く。
予防的であるほど、低コストで済む。

図表 1-4　コミュニティへの介入（欲張りアプローチ）

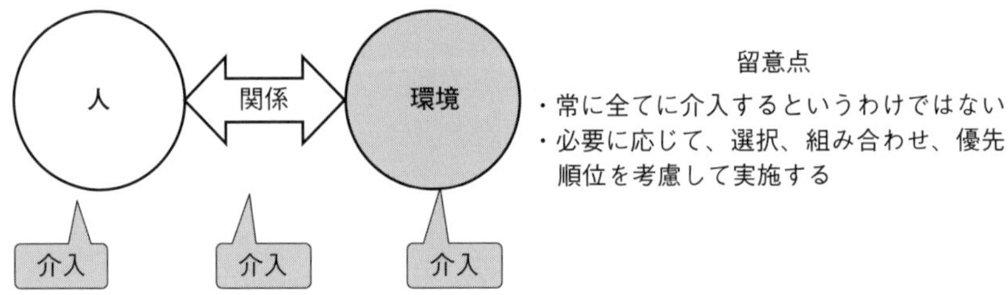

る際も両者の相互作用を考慮しますが、特に両者の関係がこじれた場合には関係に介入します。

留意してほしいことは、常に「人」と「環境」と「関係」のすべてに介入するわけではないということです。必要に応じて選択して、組み合わせて、優先順位をつけて実施します。ある場合には「人」への介入で済むこともありますし、ある場合には「環境」への介入が効果的であることもあります。また、人と環境の「関係」がこじれているときは、人と環境が互いをどのように認知しているかをみて、その関係やかかわりを整理・調整していき、両者が歩み寄れる状態を作り出していきます。

③環境介入の必要性

コミュニティ心理学では、人に生じる問題は環境との相互作用によって生じると考えますので、環境介入は不可欠な切り口です。「環境」はクライエント以外のすべてと説明しましたが、具体的には人間的環境と社会的環境、物理的環境があります（図表1-5）。環境介入ではこの3つの環境を意識して適宜介入をします。人間的環境とは、その人が築いてきた周囲の人たちとの人間関係や、その中で行われているコミュニケーションの仕方や内容などです。人間的環境への介入では、個人の成長を促すようなカウンセリング、あるいは対人関係やグループ内を調整するファシリテーションがあります。

社会的環境とは、組織や集団の規則、制度、規範、風土などのことです。これらは、人の能力の発揮の仕方、メンタルヘルスの状態、人間関係などに様々な影響を及ぼします。社会的環境を十分に把握しないと適切な介入が難しくな

図表1-5　人を取り巻く3つの環境

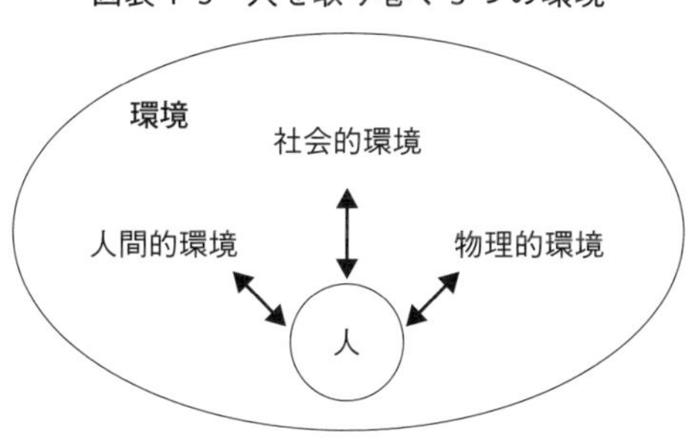

ります。

最後に、物理的環境とは温度、湿度、照明、空気、道具、インテリア、建物の構造などのことです。これらは一見、心理支援には無関係に思われますが、実は環境心理学[3]においては物理的環境と人間行動あるいはメンタルヘルスとの関連が研究されています。物理的環境が人やコミュニティに対し与える影響を把握し、物理的な介入をすることも必要です。

④コミュニティアプローチの目的・目標・方法

コミュニティアプローチにおける介入の最終的な目的はQOLやWell-beingの向上です。その目的を達成するための目標が「人と環境の適合[4]」です。そして、この目標を実現する基本的な方法が前述の「介入の3つの切り口」になります。介入によって「人と環境の適合」が達成されれば結果的にQOLやWell-beingの向上を果たすことができます。したがって、介入の際は、介入対象の「人」を理解するだけでなく、その人が生活する「環境」あるいは「コミュニティ」についての理解が求められます。

⑤介入の発想と方法論

コミュニティに介入するためには、それにふさわしい発想と方法論が必要になります（図表1-6）。コミュニティが人と環境から成るシステムであることから、①介入は「システム論的」なものにならざるを得ません（コミュニティが機械的なシステムではないこと、家族療法のシステムズアプローチそのものでもないことから、本書ではシステム論「的」と表現します）。システムの発想を用いると、人間の個体も様々な要素から成るシステムであると考えることができます。そうすると、② Bio-Psycho-Social モデル（Engel, 1977）[5]に基づく「3次元介入」を適用することができます。さらに、介入は心理学に基づく

3 環境心理学：自然と人工の環境と人間行動の相互関係の研究を行う学問。環境刺激と心理的反応，空間環境の認知，環境の好みと評価，対人的空間行動，生態学的心理学，居住・仕事・学習等の施設の環境，災害と環境問題，自然環境の保全と管理等，多岐にわたる。（日本環境心理学会ホームページを基に作成）

4 人と環境の適合（person-environment fit）：人が環境に適応する（問題が解決した状態）だけでなく、人と環境がより好循環となるような相互作用を発揮できる状態を「適合（fit）」と考える。順応や適応では人が環境に合わせる考え方だが、適合では人と環境は対等だと考える。

5 Bio-Psycho-Social モデル：Engel（1977）が提唱した考え方。問題が個人に影響する側面には生物的、心理的、社会的側面があり、かつその3面が相互に影響し合っている、という考え方。

図表 1-6　コミュニティアプローチの特徴

1. システム論的な介入
2. BPS モデルに基づく 3 次元介入
3. 様々なコミュニティレベルへの介入（6 レベル介入）
4. 直接的／間接的×個人対象／環境対象の 4 側面介入

ことから、心の内面だけでなく行動および環境へも介入する必要が出てきます。そして、コミュニティの階層的・重層的なレベルを把握しなければ、介入対象が漏れ、介入方法が定まらなくなりますから、Murrell（1973）が指摘した③様々なコミュニティレベルへの「6 レベル介入」が求められます。最後に、コミュニティ・カウンセリング（Lewis, Lewis, Daniels, & D'Andrea, 2003）の中で提起された、④直接的および間接的介入、個人および環境への介入である 4 側面介入も有用です。コミュニティをシステムとして扱い、人に対しては 3 次元介入を、人と環境に対しては 6 レベルと 4 側面からの介入を行っていきます。これらは、コミュニティ心理学の有益な知見に基づいたアプローチと言えます。3 つの介入について、詳しくは第 3 章で説明します。

（4）コミュニティアプローチのポイント

臨床心理士や公認心理師などの個人への心理支援者であっても、最終的にコミュニティアプローチを目指さざるを得なくなります。なぜなら、個人に生じる問題は、環境との相互作用によって生じるため、本質的解決を目指すならばコミュニティへの介入が不可欠になるからです。一般に一流のカウンセラーとは、個人に対する高いカウンセリング能力を有する専門家であると考えられがちですが、それでは心理支援のプロとして不十分です。かつて、アメリカから帰国してコミュニティ心理学を日本に伝えた山本和郎[6]は、「これまでの臨床心理学の人は、右手にカウンセリング、左手にロールシャッハテスト、これをもって仕事をしてきた。しかし、これからはそれだけでは不十分である。だか

6　山本和郎（やまもと かずお）：日本におけるコミュニティ心理学の第一人者。日本コミュニティ心理学会初代会長。日本人として初めてハーバード大学にてコミュニティ心理学の理論と実践を習得。本書の監修者の原裕視は、山本先生が帰国された後の 1970 年ころに千葉大学にて山本先生からコミュニティ心理学を学んだ。

図表 1-7　コミュニティアプローチのポイント

・人と環境をつなぐアプローチ ・人と環境の支援を包括的に捉え・実践する ・カウンセリング＋他の心理支援 ・カウンセリングを含む心理社会支援の総動員 ・多様なニーズに対応した欲張りアプローチ

らコミュニティ心理学が始まった」と教示しました。つまり、個人介入の能力の高い「カウンセリングのプロ」に留まるのではなくて、環境への介入もできてこそ「心理社会支援のプロ」だということです。

カウンセラーが最初から環境介入のスキルを保有しているわけではありませんし、1人ですべての介入をするわけでもありません。しかし、心理支援者の資格を名乗るからには、環境介入を含む多様な介入を引き受けなければプロとしての責務を果たせません。「環境介入のスキルがないので解決できなかった」は言い訳にはならないのではないでしょうか。そこでここでは、心理支援のプロとして、コミュニティアプローチの重要なポイントをお伝えします（図表1-7）。

①人と環境の支援を包括的に捉え・実践する

コミュニティアプローチは「人と環境をつなぐアプローチ」とも言えます。近年、個人介入に限界が見えてきたため環境介入が注目されるようになりました。環境介入によって、人が環境と適合して両者がつながるわけです。しかし、コミュニティアプローチは、個人介入の補助として環境介入をするわけではありません。最初から人と環境の相互作用の全体像をアセスメントし、人と環境の両方をターゲットにして、適宜、人、環境、両者の関係に介入します。この発想が重要です。

②カウンセリング＋他の心理支援

コミュニティアプローチの実践スキルとしては、カウンセリングだけでは不十分で、加えて「他の心理支援のノウハウとスキル」も必要です。単一の理論に基づいたカウンセリングではおよそ役には立ちません。なぜなら、コミュニティアプローチでは「カウンセリングを含む心理社会支援を総動員する」からです。例えば、アメリカの心理療法家の7割近くの人が折衷的アプローチを採用していると回答しています（Norcross & Goldfried, 1992）。個人介入においても複数の理論やスキルが求められており、環境介入も行うコミュニティアプローチではなおさら多様な理論・スキルが求められます。これについては、第4章で詳しく解説します。

③多様なニーズに対応する ～欲張りアプローチその2～

支援対象のニーズは多様化して複雑になっていますから、支援方法も単一の理論・技法では対応が困難なことは自明です。多様なニーズを満たすためには、多様なサービスが求められ、そのために必要なことは全部するという「欲張りアプローチ」にならざるを得ません。大学や大学院でのアカデミックで多様な理論を総合的に学習して実践に役立てていく発想が求められます。

単一の理論・技法を習得してその専門家になることを目指しているカウンセラー、特に心理療法家／セラピストを名乗る人たちは特定の流派の訓練様式に馴染んでいますから、この発想への切り替えは難しいかもしれません。個人介入で使える概念やメカニズムは、コミュニティアプローチにおいても当然使っていきますが、重要なことは「環境介入や多様な理論・技法を使い合わせていくこと」です。コミュニティアプローチを理解するためには、このような発想の転換が求められます。

2 コミュニティアプローチの前提となる考え方

コミュニティアプローチを理解するためには、コミュニティ心理学が持つ心理社会的な現象の理解の仕方について学ぶ必要があります。一般に心理支援の理論には、①人間観（人間についての理解の仕方）、②問題観[7]（人間が経験する問題の捉え方）、③解決目標（問題解決で目指す状態）がありますが、コミュニティ心理学においてもこれらが備わっています。ただし、個人を対象とする心理療法とはずいぶん異なったものになります。これらを理解してもらうために、まずは従来の心理療法について説明します。

7 問題観：何を問題とするか、何を病気と考えるか、何をチャレンジする課題とするか。

(1) 主な心理療法における人間観・問題観・解決目標

①精神分析理論

フロイトの精神分析理論は無意識を想定した力動的な心理学です。無意識に抑圧されたリビドーと、意識・前意識にある自我や超自我で構成された心の構造論があります。抑圧をはじめとする自我防衛機制の中で人間の諸々の特性やパーソナリティが作られるとしています。端的に言えば、「無意識下に抑圧された欲求が人間の行動を規定している」という力動的な人間観です。問題行動の原因は無意識の領域に抑圧されているリビドーにあるという問題観を持ちます。問題への対処はその無意識に気づくこと、つまり「無意識の意識化」が解決目標になります。これによって、行動を意識的な自我のコントロール下に置いて、問題から回復させていきます。

②学習理論（認知行動論）

学習理論はヴント以来の実験心理学の系譜であり、「学習理論」を基盤としています。人間の様々な反応や活動のすべては学習の蓄積であるという人間観を持ちます。問題行動は、誤った学習の結果であるという問題観です。したがって問題行動への対応は、誤学習を正して、適切な行動を再学習することが解決目標になります。フロイトの精神分析理論とは全く異なるアプローチと言えます。

③人間性心理学

前述の両方に異を唱えるのが人間性心理学です。この理論では、前述の２つの理論とも「人間の行動を無意識あるいは学習を前提に人間全体が形成される」という決定論的であって、このような発想では「全体としての人間」を理解することができないとロジャーズは批判しています。ロジャーズは、人間は主体性を持ち自ら成長する可能性を持った存在であるという人間観を持ちます。この観点で作られたのがクライエント・センタード・アプローチ（PCA）です。この理論では、自己概念と実体験のギャップである自己不一致が問題を引き起こすという問題観に立ち、問題解決のために自己一致を解決目標としています。

④家族療法（システムズアプローチ）

家族療法は家族を支援対象とする理論で、1970年代以降にシステム論の考え方を導入してシステムズアプローチへと発展しています。システムズアプローチでは、家族を「人々が有機的に関係し合ったシステム」と捉えます。個人はシステム内やシステム間で相互作用している生物―心理―社会的な存在であるという人間観です。そして、問題は個人や環境の変化による相互作用の過程で生じるという問題観を持ちます。家族の中で問題を呈している人のことをIP（identified patient＝患者とみなされた者）と呼びますが、IPに問題があるとは考えません。IPとの面接、あるいは親子・夫婦など関係者との面接、家族合同面接などを行い、家族システムの主体的かつ自由なあり方を再発見し、強化することを解決目標とします。

⑤統合的アプローチの登場

以上が、各理論の前提となる人間観と問題観、解決目標だったわけですが、これらはそれぞれは異なっています。かつて、どの理論が優れているかの論争がありましたが、エビデンスに基づいた研究によればいずれもそれなりに効果があることが判明しています（Luborsky et al., 2002; Wampold, 2001）。結果として現在では、多様な理論を否定せずに合わせて用いる「統合的アプローチ」が主流となっています。統合的アプローチには、①理論的な統合：諸学派の共通点・対立点を検討して新たな理論的枠組みを作る立場、②技法的折衷主義：特定の心理的問題に対して効果的な技法を選択的に使用する立場、③共通要因アプローチ：諸学派に共通する支援要因を明らかにする立場、④同化的統合：カウンセラーが依拠している技法に他のアプローチを組み入れていく立場があります。

(2) コミュニティアプローチの人間観・問題観・解決目標

コミュニティアプローチの前提となる考え方は、前述の精神分析理論や学習理論、人間性心理学などの個人介入のものとは大きく異なります。コミュニティアプローチの人間観は「システム内存在（文脈内存在[8]ともいう）として

[8] 文脈内存在：家族や学校、職場、地域社会などの多様な現実環境の中で生活する存在（植村, 2017）。

の人間」です。人間は、孤立した存在ではなく、あくまでもシステムの文脈の中でしか存在しえないと考えます。例えば、相談室においてクライエントが変化・成長したとしても、クライエントが生活場面に戻ってその変化・成長が定着するのか、十分に力を発揮できるのかは分かりません。もちろん、変化・成長したクライエントの中には、生活場面で適応できる人もいますが、全員がそうなるとは限りません。なぜなら、相談室は本来その人が生きている場ではないからです。相談室の中でクライエントが変化・成長しても、周囲が変わらなければやはり従来通りの悪影響を周囲から受けていき問題が再発することになります。このように、人は、環境から切り離せない存在であり、環境と相互作用をするシステムの中に存在すると考えます。

問題観も「システム内存在としての人間」に沿った考え方をします。人の問題は、個人にひとりでに生じるものではなく、「人と環境の相互作用の中で生じる」と考えます。

最後に、解決目標は「人と環境が適合した状態」(person-environment fit)になります(Rappaport, 1977)。つまり、人と環境がより適合的な相互作用を作り出せれば問題が解決すると考えます。コミュニティは問題を解決できる力を持っているとも考えるので、「人と環境の適合」を目指してシステムに介入していきます。「適応」ではなく「適合」という言葉を使います。「適応」ですと、例えば職場不適応のように、職場環境には非がなく、あたかも個人にだけ問題がある、といった意味合いになってしまいます。コミュニティアプローチではそうは考えません。人と環境が共に変化してより整合し合った良い状態を作り出すことが重要ですから、この意味を込めて「適合(fit)」を用いるのです。

以上が、コミュニティアプローチにおける人間観、問題観、解決目標であり、個人を対象にした心理療法とは異なり、システム論的で、統合的なアプローチと近いと言えます。しかし、コミュニティアプローチは、人と環境とその関係にも介入しますので、個人介入を含むより俯瞰的で総合的なアプローチをとります(図表1-8)。

図表 1-8　主な心理療法とコミュニティアプローチの比較

理論	人間観	問題観	解決目標
精神分析理論	無意識下に抑制された欲求が人間を動かしている	問題行動は、無意識の領域に抑圧されている欲求（リビドー）による	「無意識の意識化」をして自我をコントロールする
学習理論	人間の行動は、学習の積み重ねの結果である	問題行動は、学習によって形成される	誤学習を正し、適切な行動を再学習する
人間性心理学（パーソン・センタード・アプローチ）	主体性を持ち、自ら成長する可能性を持った存在である	問題は自己概念と体験とのギャップである自己不一致による	自己概念と体験のギャップを埋める「自己一致」を促す
家族療法（家族システム理論）	システムと相互作用する生物ー心理ー社会的な存在	個人の変化や環境の変化による相互作用の過程で生じる	家族（システム）の主体的でより自由なあり方を目指す
コミュニティアプローチ	システム内存在であり、環境との相互作用にある	問題は、人と環境との相互作用の中で生じる	「人と環境の適合」のために人・環境・その関係に介入する

(3) コミュニティ心理学の発展と歴史

コミュニティアプローチが前述のような前提を持つようになったのにはそれなりの発展と歴史があります。そこには大きい2つの系譜があります（図表1-9）。コミュニティメンタルヘルス領域の発展と、他の学問領域からの貢献です。

①コミュニティメンタルヘルス領域の発展

コミュニティメンタルヘルス領域の発展で、これは臨床心理学の系譜とも言えます。1960年代のアメリカでは、公民権運動やマイノリティの問題、貧困の問題が注目されていました。当時、「ケネディ教書」[9]によって入院中心主義

9　ケネディ教書：アメリカ第35代大統領ジョン・F・ケネディによる1963年の「精神病及び精神薄弱に関する大統領教書」。入院中心主義への批判と地域でのケアを提唱。これに基づき脱施設化政策が行われたが、地域ケアの準備不足などにより多くのホームレスを生む結果となった（日本精神保健福祉協会，2012）。

図表 1-9　コミュニティ心理学の発展と歴史

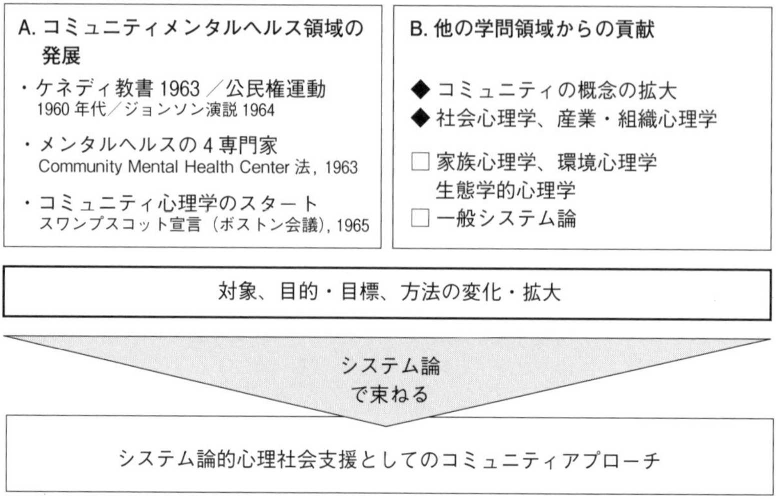

A. コミュニティメンタルヘルス領域の発展	B. 他の学問領域からの貢献
・ケネディ教書 1963 ／公民権運動 1960 年代／ジョンソン演説 1964	◆ コミュニティの概念の拡大 ◆ 社会心理学、産業・組織心理学
・メンタルヘルスの 4 専門家 Community Mental Health Center 法，1963	□ 家族心理学、環境心理学 生態学的心理学
・コミュニティ心理学のスタート スワンプスコット宣言（ボストン会議），1965	□ 一般システム論

対象、目的・目標、方法の変化・拡大

システム論
で束ねる

システム論的心理社会支援としてのコミュニティアプローチ

への批判と地域でのケアが提唱されて、脱施設化政策が行われました。その後就任したジョンソン大統領は「ジョンソン演説[10]」にて人種差別を禁止する法案を発表しました。貧困者などのマイノリティを正当な社会のメンバーとして支援していく発想が 1960 年代のアメリカに登場しました。

実は、それまでのメンタルヘルスや精神科の医療は、富裕層とそうでない人たちとで明らかに処遇が違っていました。富裕層は大金を払って有名な大学病院などの最先端の治療を受けていましたが、一方そうではない人々は州立の精神病院に入り薬漬けにされ、ほとんど治療らしい治療を受けていませんでした。この時、アメリカにおけるメンタルヘルスの専門家である精神科医、臨床心理学者、ソーシャルワーカー、精神科看護師は「州立病院では人々の役に立てない、専門家としての充実感が得られない」という認識を強く持つようになりました。

そのような時に、ケネディ教書や公民権運動と連動して「コミュニティ・メンタルヘルス・センター法（Community Mental Health Center Construction

10　ジョンソン演説：1964 年に連邦議会で成立した人種差別を禁止する法案の大統領署名に先立ち、ジョンソン大統領がアメリカ国民に向け発表した声明。

Act)」という地域精神福祉法がアメリカではじめて成立しました。これに基づいて、今まで病院などの施設で診ていた精神障害者を地域社会でケアしていくことになりました。そして、1965年の「ボストン会議」で臨床心理学者が集まり、これまでの臨床心理学の問題点を見つめ、今後目指すべきことを検討しました。その結果、「スワンプスコット宣言[11]」が出されました。これがコミュニティ心理学のスタートになります。

ここから地域社会でクライエントをサポートしていく大きな転換が起きました。支援の対象とすべきは、病院にいる患者や面接室にいるクライエントといった「病者」ではなく、病気を抱えあるいは解決すべき課題や問題を抱えている「生活者」である、とする考え方に変わりました。ここが重要な点です。

「病者」支援ですと、病院のサービスを受けることができるのはごく一部の人に限られます。具体的には、予約をして定期的に通える人、そのために仕事を休んでいける人や定期的に通える人です。それをしても差し支えない地位の人、仕事がくびにならない人、お金を払える人であったわけです。何よりも、カウンセリングや心理療法を受ける人は、自分自身の問題に気づき、自分自身やその周りの人では解決できないと理解し、その解決は専門家に依頼すれば何とかなると信じている人です。そういう人のうち、かかった専門家に「この人はカウンセリングや心理療法の対象適用者である」と認められた人だけが、カウンセリングや心理療法を受けることができることになります。

実際の社会には、支援を必要とする人は沢山いますから、このような条件を満たす人はほんのごく一部に限られます。このような実態に気づいた専門家は倫理的・社会的な責任を感じざるを得ません。

当然、これは問題であるとの認識が出てきます。ということなら、予約制度をやめればよく、予約なしでもフラッと訪れてサービスを受けられるシステムにすればよいわけです。日中働く人たちには24時間受け付けるようにすればよいわけです。あるいは、メンタルヘルスのサービスを受けることに偏見があり、人目をはばかるのなら、ワンストップサービスにして目立たないやり方を

11　スワンプコット宣言：ボストン会議で参加者たちが到達した合意。「コミュニティ心理学は、個人が生活し参加している社会システムに焦点を当て、治療よりも予防を強調する、まったく新しいメンタルヘルスへのアプローチを目指す」

すればよいと考えるようになります。大々的にメンタルクリニックを１つ掲げるよりも、様々なところに様々なサービスがあったらいいわけです。それからお金がない人は、コミュニティにおける生活の中で様々なサービスを受けられるようにする必要が出てきます。生活を支えるとなれば、一部の専門家だけではできないので、他の専門家と協力する必要が出てきます。つまり、連携をすることになります。また、コミュニティで支えていくことは、専門家だけではなくてその人の周囲にいる非専門家（一般の人たち）に貢献してもらうこともテーマになります。脱施設化して地域社会でケアすることを考えると、やるべきことが沢山挙がってきます。多様な支援が必要であることが、コミュニティアプローチの１つの側面といえます。

②他の学問領域からの貢献

もう１つの系譜は、コミュニティ心理学の発展の途中で「社会心理学」や「産業・組織心理学」のような他の学問領域が貢献したことです。個人と社会、個人と集団の理解の仕方、支援方法についての知見が活用できるようになってきました（日本では1970年代頃）。それとともにコミュニティの概念も拡大してきました。地域社会はコミュニティの代表例ですが、コミュニティ＝地域社会ではなく、家族も学校も職場も社会全体も、さらにはもっと広範囲の地域、地球規模までその概念が拡大してきました。

加えて、上述以外の心理学も貢献し始めました。「家族心理学」は個人だけを取り上げるものから家族全体を取り上げてシステム論的な見方へ変化してきました。ここに「一般システム論」（Bertalanffy, 1968）の影響が見られます。「環境心理学」は、物理的環境や自然環境と人間との関係や、人間や社会生活への影響についての知見を与えてくれました。「生態学的心理学」は人間自体をエコロジカルなシステムとして捉える考え方を与えてくれました。SDGsはこの発想からこそ出てくる課題といえます。こういう視点や知見、課題が出てくることによって、人と環境の間で生じている影響や相互作用の理解が深まり、様々な支援方法が増えてきました。

③２つの系譜をシステム論でまとめる

臨床心理学が地域社会に出て実践され始めてコミュニティの概念が拡大していった時に、異なる領域からの知見が加わっていき、この２つの系譜が１つのコミュニティ心理学へと収斂されました。その結果、コミュニティ心理学が扱う価値観や対象も拡大してきました。つまり病者や問題を抱えた人だけではなく、それ以外の様々な人が対象となり、それに応じて扱う問題や介入の目的・目標も変化し、方法も変化し拡大してきたわけです。

コミュニティ心理学のこのような対象や目的・目標、方法の変化・拡大は対象範囲を拡大する一方で、実践上では混乱が生じます。多種多様な理論・介入方法の各論は理解できても、それらの中から何を選択してどのように進めるべきかに迷いが生じます。しかし、コミュニティ心理学が支援対象とするコミュニティが「人と環境から成るシステム」として捉えれば、介入アプローチは必然的にシステム論にならざるを得ません。そこで本書では、「システム論」に基づいてアセスメントを行って、これを基軸に各種の理論や介入方法を選択すべきだと考えました。これが、「システム論的心理社会支援としてのコミュニティアプローチ（CA-SAPS）」です。この詳細については後述します。

(4) コミュニティアプローチの通説・誤解

コミュニティアプローチは「コミュニティ心理学に基づいたシステム論的な心理社会支援の全体像」です。コミュニティアプローチで用いる技法や活用する理論は多様であり、心理療法やカウンセリング技法と並列されるものではありません。また、地域社会の支援に限定されるものでもありませんので、活動領域による分類にも属しません。臨床心理学やカウンセリングの１領域でもありませんので、ほぼ１つの心理学「○○心理学」に匹敵するものです。

しかし、現実にはこのような理解がなされていない例が多くあります。臨床心理学のテキストのチャプターにコミュニティアプローチをどのように位置づけるかによって、その印象が異なって映ります。勢力の大きい社会心理学や臨床心理学の研究者たちが、コミュニティ心理学の特徴を必要な部分だけを拾い上げて位置づけられてしまうことが現実には起きています。このことが、コミュニティアプローチの正しい理解を阻害しています。ここでは、部分的な理解、旧来の理解、心理療法の１つという誤解について紹介します。

①部分的な理解

最近、コミュニティアプローチは心理支援の各所で取り上げられるようにな

図表1-10　コミュニティアプローチの部分的理解

A. 地域で活動する（地域臨床・地域ケア）
地域を支援・援助する
B. カウンセリングを地域社会で活かす
面接室から出て活動 → アウトリーチ
C. 組織へのアプローチ・問題解決
環境調整・改善
D. 治療よりも予防を大切にする

りましたが、部分的な理解にとどまっています（図表1-10）。まず、「A.コミュニティアプローチとは地域で活動する地域臨床や地域ケアである」という表現です。現在、国の方針のもとに医療と福祉が地域包括ケアシステム[12]を全国で構築していますので、この発想は多くの人に馴染んでいます。従来の臨床心理学が面接室における個人介入なので、その限界から地域での活動や地域そのものを支援対象とする考え方が志向されています。2つ目は、「B.面接室でやっていたカウンセリングを地域社会で活かす」という表現です。アウトリーチ[13]によってカウンセリングを地域社会で活かそうとする発想です。3つ目は、「C.コミュニティアプローチとは組織へのアプローチ、組織の問題解決を支援するための技法、あるいは、環境調整や環境改善をするために役立つアプローチ」というものです。最後に、「D.治療よりも予防を大切にするという理解」です。間違ってはいませんが、治療が不要だとは言っていません。いずれもこれらだけでコミュニティアプローチの説明では不足があり、部分的な理解にとどまっています。

②旧来の理解

図表1-11は、山本（2001）が従来の心理療法とコミュニティ心理学的な「臨床心理学的地域援助」との関係を整理したものです。介入を行う場所、介入の対象、サービスのタイプと提供のされ方、サービス方略、マンパワー支

12　地域包括ケアシステム：重度な要介護状態となっても住み慣れた地域で自分らしい暮らしを人生の最後まで続けることができるよう、住まい・医療・介護・予防・生活支援が一体的に提供されるシステム（厚生労働省，公開年不明）。

13　アウトリーチ：支援者がクライエントのいる生活場面へ直接に出向いて、必要とされる支援に取り組むこと。

図表 1-11　旧来のコミュニティアプローチの理解
（山本，2001）

	伝統的個人心理臨床	臨床心理学的地域援助
① 介入を行う場所	相談室 病院 施設内	生活の場 地域社会
② 介入の対象	患者	生活者
③ サービスのタイプ	治療的サービス	予防的サービス
④ サービスの提供のされ方	直接的サービス	間接的サービス
⑤ サービスの方略	特定のサービス	多様なサービス
⑥ マンパワーの資源	専門家のみ	非専門家との協力
⑦ サービスの意思決定	専門家が管理・決定	ユーザーと共に
地域援助の方法：①ケア ②予防 ③変革援助 ④コンサルテーション ⑤サポートシステムのファシリテーション ⑥システムマネジメント ⑦情報提供・教育・啓発		

援、サービスの意思決定などの項目に分けて、二者の違いを対照的に分かりやすく示したものです。

これによると、地域援助の方法として、①ケア、②予防、③変革援助、④コンサルテーション、⑤サポートシステムのファシリテーション、⑥システムマネジメント、⑦情報提供・教育・啓発が典型例として整理されました。しかし、最近のコミュニティアプローチを理解する上では、旧来のものとなっています。また、山本（2001）は、左側に伝統的個人心理臨床を、右側に臨床心理学的地域援助を対比して整理しましたが、地域援助でまとめたことによってコミュニティアプローチが臨床心理学（個人介入）の範囲に収まってしまいました。コミュニティアプローチが持つ発想や介入の多様性や柔軟性が制限されています。

③心理療法の１つという誤解

最後に、学派／理論モデルの１つという位置づけです。臨床心理学や公認心理師の養成プログラムでは、精神力動論、認知行動療法、人間性アプローチ、そして個人に問題を帰さない家族療法、原因除去ではなく解決像を志向するブリーフセラピー、といった各種心理療法が列記される中にコミュニティアプローチが位置づけられることが良くあります。そして、面接室の中ではなくて地域社会に出て行って活動するアウトリーチがコミュニティアプローチの特徴だと述べられます。心理療法は面接室内で実施されるので、その限界を打破するアウトリーチは重要ですが、それだけではコミュニティアプローチが行う方法の一部でしかなく、その全体像を説明してはいません。

このように、部分的な理解や旧来の理解、心理臨床の１つという理解では、コミュニティアプローチの一部分を取り上げるだけで、全容は示されていません。このような紹介のされ方によって、心理支援の専門家においてもコミュニティアプローチが誤解されている現実があります。

3 システム論的心理社会支援としてのコミュニティアプローチ

(1) システム論的心理社会支援

コミュニティアプローチは、多様な個人やコミュニティに対する支援が可能なため、その介入方法は多様で柔軟です。それゆえ、個別の理論・技法は理解できても、実践での活用の方向性や使用方法に戸惑うという現実があります。コミュニティアプローチを学ぶ多くの方がこのような壁にぶつかっています。

本書では、人およびシステム論を基軸にすることによって、この問題を回避できると考えます。コミュニティをシステムとして捉えることによって、問題をコミュニティ内の相互作用の結果として見立てることができ、誰／どこにどのような理論・技法で介入すべきかの検討は格段に容易になります。また介入の結果、どのような影響がシステムに及ぶのかも予想しやすくなります。コミュニティ心理学の多様な知見や各種の理論・技法をシステム論で束ねることで、体系的なアプローチが可能になります。本書におけるこのようなコミュニティアプローチは以下のように定義することができます。

> コミュニティアプローチとは、人と環境から成るシステム（= コミュニティ）に関する心理学的研究が提供する学問的根拠に基づいて、人と環境の適合を目指して人・環境・およびその関係に介入し、これをもって社会生活を営む人々の QOL ／ Well-being の向上を図る活動の総称である。

これを本書では「システム論的心理社会支援としてのコミュニティアプローチ（Community Approach－System-oriented Approach for Psychosocial Support: CA-SAPS）[14]」と呼ぶことにしました。このコミュニティアプローチの骨子を図表 1-12 に示します。

①介入の対象

既述の通り、人、環境、そしてその関係が対象になります。個人だけでなく、家族・集団・組織・地域・SNS・仮想空間も対象にします。したがって、コミュニティアプローチでは、図表 1-11 の左側「伝統的個人心理臨床」だけでなく右側「臨床心理学的地域援助」も抱含ことになります。

図表 1-12　システム論的心理社会支援としてのコミュニティアプローチ
（山本，2001、箕口，2006、植村，2012 などを参考に整理（加筆修正））

	コミュニティアプローチ	
	伝統的心理臨床	
1. 介入の対象	個人	個人 家族 集団 組織 地域 仮想
2. 扱う内容	病気 障害 不適応 欠点 弱点	病気 障害 不適応 欠点 弱点 強化 達成 成熟 成長
3. 場所	病院 相談室 施設内	コミュニティ（生活場面）
4. 方法	治療的	予防的 教育的 ケア的
5. 目標	治療 改善 矯正 補強	QOL Well-being
6. 方略	単一的	多面的 総合的
7. サービスの種類	定式的サービス	創造的なサービス
8. 提供の方法	直接的	直接的＋間接的
9. 提供者	専門家中心	非専門家との協働
10. 援助資源	専門家＋自我資源	専門家＋自我資源＋社会資源
11. 介入責任の所在	専門家中心	コミュニティ中心
12. 活動のスタイル	抱え込み型援助	ネットワーク型支援

※介入＝サービス提供＝支援（治療・援助・ケア・教育・訓練）

14　システム論的心理社会支援としてのコミュニティアプローチ：山本（2001）と箕口（2006）、植村（2012）などを参考に原（2017）が再構成した。

②扱う内容

欠点・弱点だけでなく、今あるポジティブなところを強化する、達成や成熟・成長といったポジティブな変化も扱います。医療モデルと発達・成長支援モデルの両方を用います。

③場所

病院、相談室、施設といった密室の他に、生活場面であるコミュニティも含みます。

④方法

「治療よりも予防を重視」という誤解があることは既述の通りで、治療よりも予防を優先することはありません。「治療よりも予防を重視」は古いスローガンです。コミュニティアプローチでは治療の他に予防的・教育的・ケア的な方法も用います。

1960年代の精神医学には予防の発想が弱く、治療のみが行われていました。しかも有効と思えない治療が行われていたこともありました。予防が成功すればしなくて済む治療が減り、限られた資源を治療に集中させることができます。また、治療が進歩すれば結果的に予防につながります。

⑤目標

予防的・教育的・ケア的な方法に対応するため、目標は、治療・改善・矯正・補強ではなく、QOL（Quality of Life）とWell-beingを高めることです。コミュニティアプローチは図表1-12の左右両方を用いるため、目標には医療的、福祉的、教育的なことなど、多様なものが含まれます。

⑥方略

単一の理論や技法に基づくものではなく、多面的総合的になります。問題の発生・維持をシステムとして俯瞰的に捉えるので、誰に／どこに、どんな方法で、どのようなサービスを提供するかという戦略を立てて実行します。

⑦サービスの種類

特定の理論に基づく定型的なサービスに留まらず、ニーズに応じて、あるいは問題解決に向けて必要な複数のサービスを総動員します。そのために、発想を広げて創造的にサービスを展開します。発想の拡大と創意工夫がコミュニティアプローチで求められます。

⑧提供の方法

専門家が介入対象に直接的にサービスを提供するだけでなく、間接的に提供することも含みます。間接的とは、他者や制度を通じて支援することです。

⑨提供者

メンタルヘルスの専門家（精神科医、臨床心理学者、ソーシャルワーカー、精神科看護師）だけではなく、複数の他の専門家との協働（collaboration）を含みます。つまり多職種連携です。また、非専門家との協力（cooperation）も行います。クライエントと日常の傍にいる非専門家は、専門家以上に影響力が大きいためです。非専門家をコミュニティの中でどのように支援側として活用できるかは重要なスキルです。

⑩援助資源

使える資源は専門家だけでなく、支援対象本人が持っているパーソナリティや知能、感情の豊かさ、安定性、レジリエンシーなどの自我資源も活用します。これに加えて、各種の支援機関や制度などの社会資源[15]についても支援対象につなげていくことも行います。

⑪介入責任の所在

介入責任は専門家とコミュニティの両方にあります。専門家は支援対象よりも問題構造を理解し変化を起こすスキルを保有していますので、この点においては専門家に責任があります。これに加えて、コミュニティにも責任があると考えます。クライエント本人、専門家、非専門家、コミュニティ全体が問題の解決に対して責任を持っていると考えます。それは人と環境の相互作用で問題が生じるからです。

⑫活動のスタイル

伝統的アプローチは専門家中心の活動スタイルで、専門家が問題解決を抱え込みます。そのため、専門家が全てを引き受けられるように生涯にわたって学習し続けます。一方、コミュニティアプローチは１人で抱え込まず、コミュニティ内にある人的資源を活用して、コミュニティ全体で引き受ける方法をとり

15　社会資源（social resource）：個人の日常生活や社会生活、集団や組織活動の維持、発展させるために必要な資源をいい、コミュニティの人々のニーズに基づいて活用できる全てのものを指し、人材・物品・資金、施設・機関、情報、制度やサービス（技術・知識）などがある（高畑，2017）。

ます。そのネットワークには、当初の支援者が含まれますし、連携をする他の専門家、協力してくれる非専門家も含まれます。

(2) まとめ

以上のように、システム論的心理社会支援としてのコミュニティアプローチ（CA-SAPS）は、伝統的アプローチとは全く異なる発想を持っています。かといって、図表1-12の左側（伝統的心理臨床）を否定するわけではありませんし、必要な場合には左側を中心に行います。同時に、常に左側の支援を行うとは考えず、問題の全体像を捉えたうえで左側ないし右側を適宜用いていきます。左右の順番も関係ありませんし、同時並行で行うこともあります。これが、コミュニティアプローチが「欲張りアプローチ」である所以です。欲張りであるからこそ、多様なニーズに対して必要な介入を行うことができます。これによって本質的な問題解決を目指し、類似の問題の再発を防ぎます。最終的に、コミュニティ全体のパワーアップを図っていきます。

引用文献

Bertalanffy, L. V. (1968). *General system theory: Foundations, development, applications.* G. George Braziller: New York.（ベルタランフィ. L. V., 長野敬・太田邦昌（訳）(1973). 一般システム理論 —その基礎・発展・応用 みすず書房）

Bronfenbrenner, U. (1979). *The ecology of human development: Experiments by nature and design.* Harvard university press: Cambridge Mass.（ブロンフェンブレンナー, U., 磯貝芳郎・福富護（訳）(1996). 人間発達の生態学—発達心理学への挑戦 川島書店）

Dalton, J. H., Elias, M. J., & Wandewrsman, A. (2001). *Community psychology: Linking individuals and communities.* Wadsworth: Thomson Learing.

Engel, G. L. (1977). The need for a new medical model: A challenge for biomedicine. *Science, 196* (4286), 129-136.

原裕視 (2017). コミュニティ・アプローチ（シニア産業カウンセラー育成講座No14テキスト）一般社団法人日本産業カウンセラー協会

久田満 (2017). システム論　植村勝彦・高畠克子・箕口雅博・原裕視・久田満（編）よくわかるコミュニティ心理学第3版 ミネルヴァ書房 (pp. 84-85)

厚生労働省（公開年不明). 地域包括ケアシステム Retrieved Jun 1st, 2023 from https://www.mhlw.go.jp/stf/seisakunitsuite/bunya/hukushi_kaigo/kaigo_

koureisha/chiiki-houkatsu/
Lewis, J. A., Lewis, M. D., Daniels, J. A., & D'Andrea, M. A. (2002). *Community counseling: Empowerment strategies for a diverse society.* (3rd ed.). Brooks/Cole Publishing Company: Pacific Grove, CA.（ルイス，J. A., ルイス，M. D., ダニエル，J. A. & ダンドレア，M. A., 井上孝代（監訳），伊藤武彦・石原静子（訳）(2006). コミュニティ・カウンセリング―福祉・教育・医療のための新しいパラダイム ブレーン出版）
Luborsky, L., Rosenthal, R., Diguer, L., Andrusyna, T. P., Berman, J. S., Levitt, J. T., Seligman, D. A. & Krause, E. D. (2002). The dodo bird verdict is alive and well-mostly, *Clinical Psychology: Science and Practice, 9*(1): 2-12.
箕口雅博（2006). 13 サービス提供のあり方　植村勝彦・箕口雅博・高畠克子・原裕視・久田満（編著）よくわかるコミュニティ心理学 ミネルヴァ書房（p. 52-55）
Murrell, S. A. (1973). *Community psychology and social systems: A conceptual framework and intervention guide.* Behavioral Publications: New York.（マレル，S. A., 安藤延男（監訳）(1977). コミュニティ心理学―社会システムへの介入と変革 新曜社）
日本環境心理学会（公開年不明). 環境心理学とは　Retrieved Jun 1st, 2023 from http://jsep.jp/about/
日本精神保健福祉協会（監修）ミネルヴァ書房テキストブック編集委員会（編集）(2012). 精神保健福祉士 専門科目編 ミネルヴァ書房
Nolen-Hoeksma, S., Fredrickson, B. L., Loftus, G. R., & Lutz, C. (2014). *Atkinson & Hilgard's introduction to psychology* (16th ed.). Cengage Learhing EMEA: Andorer.（スーザン・ノーレン・ホークセマ，バーバラ・フレデリックソン，ジェフ・ロフタス，クリステル・ルッツ，内田一成（監訳）(2015). ヒルガードの心理学第 16 版 金剛出版）
Norcross, J. C., & Goldfried, M. R. (Eds.). (1992). *Handbook of psychotherapy integration.* Basic Books: New York.
Plant, R. (1974). *Community and ideology: An essay in applied social philosphy.* Routledge and Kegan Paul: London.（プラント，R., 中九郎・松本通晴（訳）(1979). コミュニティの思想　世界思想社）
Rappaport, J. (1977). *Community psychology: Value, research, and action.* Holt, Reinhart & Winston: New York.
高畑隆（2017). 社会資源の活用　植村勝彦・高畠克子・箕口雅博・原裕視・久田満（編著）よくわかるコミュニティ心理学第 3 版 ミネルヴァ書房（p. 47）
植村勝彦（2012). 現代コミュニティ心理学―理論と展開 東京大学出版会
植村勝彦（2017). 生態学的発想 植村勝彦・箕口雅博・久田満・高畠克子・原裕視（編著）よくわかるコミュニティ心理学第 3 版 ミネルヴァ書房（p. 24）
Wampold, B. E. (2001). *The great psychotherapy debate: Models, methods, and find-*

ings. Lawrence Erlbaum Associates Publishers: Mahwah, NJ.
山本和郎（2001）．臨床心理学的地域援助とは何か―その定義・理念・独自性・方法について　山本和郎（編）臨床心理学的地域援助の展開―コミュニティ心理学の実践と今日的課題 培風館

第2章

コミュニティアプローチの基本的発想

高橋 浩・原 裕視

コミュニティアプローチは、コミュニティ心理学が提供する学問的根拠に基づく心理社会的支援です。本章では、そのコミュニティ心理学における理念や価値観の中から、特に重要な8つの発想について解説します（図表2-1)。これらは、アセスメントや対応策の検討、介入の実施などコミュニティアプローチ全般において基盤になるものです。その意味でとても重要です。カウンセリングや心理療法を中心に学んだ心理支援者にとって、発想の転換が迫られる内容ですが、これらの発想に馴染むことがコミュニティアプローチの理解を深めることにつながります。その結果、介入の幅が広がり、クライエントおよびコミュニティが抱える問題の本質的な解決に迫ることができます。

図表2-1　コミュニティアプローチの基本的発想（理念・価値観）

理念・価値観
人と環境の適合　person-environment fit
密室から生活場面へ　community life
強さとコンピテンス　competence
治療中心から予防重視へ　prevention
エンパワメント　empowerment
多様性の尊重と選択肢の重視　diversity & alternatives
アドボカシー　advocacy
コミュニティ中心主義　community oriented

1 人と環境の適合 person-environment fit

「人と環境の適合」（Rappaport, 1977）は、コミュニティアプローチの中心概念であり、解決目標でもあります。人と環境の適合とは、両者間に矛盾や葛藤がなく、相互に整合して相乗効果が発揮されている状態です。結果として、人々のQOLやWell-beingが向上すると考えます。

(1) 生態学的システムの一員としての人間

人間は生態学的なシステムの一員です。世界中のどこかで生じた出来事が遠く離れた日本の私たちに影響を及ぼすことが現実に起きています。例えば、ある国で海洋投棄されたゴミが、他国の海岸を埋め尽くすとか、森林破壊によって世界的な気候変動を生じさせているとかです。私たちはこのような生態系の中に生きていてそこから逃れることはできませんし、意識するかどうかにかかわらず私たちの活動が世界に影響を及ぼしているわけです。このようなことが個人の心理的な面においても生じていると考えます。コミュニティ内のAさんの行動が、まわりまわって普段それほど関係を持っていないBさんの心理面に影響を及ぼすことだってありえるのです。したがって私たちは、心理面も含めた生態学的システムの中に存在していると言えます。

(2) システム内存在（文脈内存在）

コミュニティアプローチでは、人間を「システム内存在（文脈内存在）」と捉えます。人は必ず環境と相互作用をしていますから、孤立した個人としての人間、物質的な人間としては扱いません。特定の個人を取り上げてその人の問題を理解しても、おそらく問題解決は困難なものとなるでしょう。これまで特定の人を取り上げてきた心理療法に効果がないということではありません。心理療法は、科学的観点からその限界を理解したうえで、一定の成果を上げてきました。ただ、人は、環境との相互作用の中で変化し、その変化の経緯や流れ（＝文脈／脈絡）の中で生きています。このことを考慮せずに、生活場面から切り離された理解で個人を扱う各種の心理療法では、本質的な問題解決には至れないと言えます。

したがって、環境との相互作用の中で個人を捉えるほうがより実態を把握でき、より適切な支援の可能性が見えてきます。このような理由から、コミュニティアプローチは「システム内存在」という発想を取るわけです。

(3) 内的システムとしての Bio-Psycho-Social（BPS）モデル

システムで捉える視点は、個体内にも適用可能です。Bio-Psycho-Social（生物－心理－社会）モデル（Engel, 1977）を援用すると、人は Bio・Psycho・Social の 3 次元から成立しており、これらが相互に影響し合うシステムとして捉えることができます（図表 2-2）。Bio・Psycho・Social のいずれか 1 つの次元が欠けても人を十分に理解できませんし、特定の次元だけに介入しても十分な効果は得られません。Bio・Psycho・Social の相互関係を読み取り、3 次元の全てに介入することによって様々な効果が現れてきます。

BPS モデルは、Bio は医療、Psycho は心理、Social は教育福祉と単純に問題を分類しているわけではありません。Bio と Psycho、Psycho と Social、Social と Bio が相互作用をして問題が形成されると捉えることが重要です。したがって、心理支援者であっても BPS の全部を理解することが求められます。同様に、教育者も医者も 3 次元すべてを理解します。BPS の相互作用を共通認識として、同一目標のもとにそれぞれの専門家がその専門性を発揮すれば効

図表 2-2　生物－心理－社会（BPS）モデル（Engel, 1977 をもとに筆者が作成）

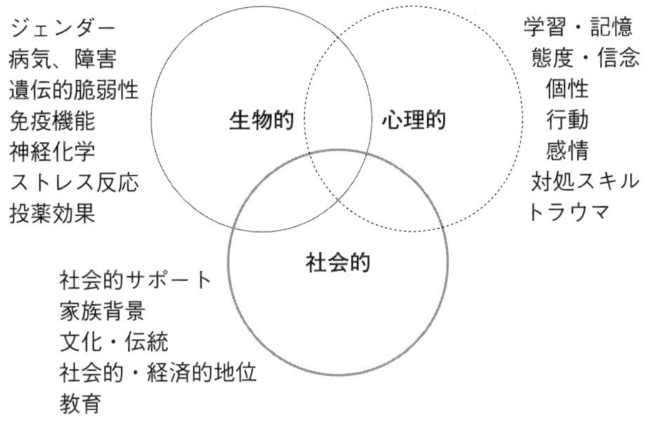

果的な支援が可能になります。

(4) システム論的アプローチ

コミュニティは「人と環境から成るシステム」ですから、介入対象は「人」と「環境」と両者の「関係」になりますし、必然的にシステム論的なアプローチ[1]になります。システムで捉える例として、「動作法」や「マインドフルネス」が挙げられます。これらは、脳へ影響を与えるBio-Psychoな働きかけと言えます。ホルモンと神経システム（Bio）が人間の心（Psycho）に直接影響を及ぼします。反対に、心理変化が免疫やホルモンのバランスなど神経系にも影響を及ぼしています。様々な心理的な訓練をすると交感神経と副交感神経のバランスを変えることができます。つまり、自律神経はある程度コントロール可能であることがわかっています。

また、社会的環境（Social）が人間の生物的側面（Bio）に大きく影響を与えることもわかっています。例えば、孤立した社会生活（Social）は身体（Bio）へ影響を及ぼします。心理的な影響はもちろんのこと、食欲がなくなったり動きが鈍くなったりと生物学的な機能を低下させます。このようにBPSもシステムと言えます。

以上をまとめると、人は、生態学的システムの一員であり、システム内存在であり、人自体もBPSシステムを持った存在です（図表2-3）。介入対象は人・環境・両者の関係であり、否が応でも「システム論的アプローチ」になります[1]。そして、様々な問題の理解に際しては、これらの考え方を適用します。心理支援者は主に心理の次元を担当しますが、コミュニティアプローチでは心理と社会の次元を扱います。これが「システム論的心理社会支援としてのコミュニティアプローチ（CA-SAPS）」と称する所以です。

1　システム論的アプローチ：Warren, R. L.は、コミュニティをシステムとして分析するための課題として、①コミュニティはどのような単位から成っているか、②構成単位がなす相互作用はどのような性質を持っているか、③コミュニティはどのような機能（課題）を遂行するかを挙げている。

図表 2-3　人と環境から成るシステム

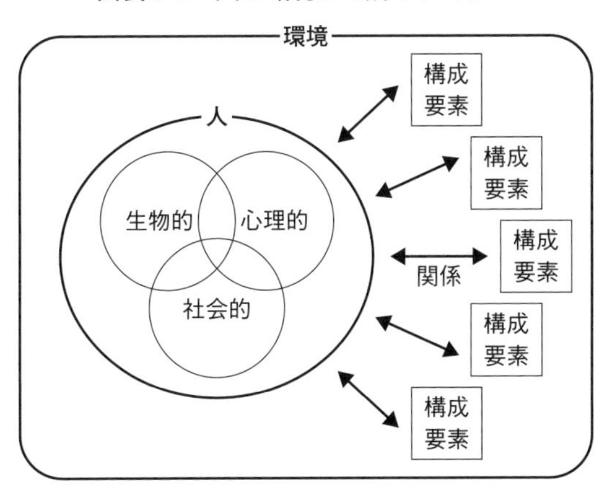

まとめ：人と環境の適合

1. 生態学的システムの一員としての人間
2. 文脈内存在（person in context）としての人間
3. Bio-Psycho-Social システムとしての人間
4. コミュニティは人と環境から成るシステム
5. 介入は、人・環境・両者の関係調整の全てに対して実施
6. コミュニティアプローチはシステム論的アプローチ
7. 病理・健康、不適応・適応、問題・困難、課題 etc. の理解に際してこの考え方を適用

2 密室から生活場面へ（関わりの場の拡大）

(1) 実験室、密室、心理主義パラダイムからの脱却

従来の心理学、とりわけ臨床心理学は密室主義や精神分析的な心理主義[2]の観点から、心の内面がすべての問題を決定すると考えていました。この場合、

専門家がいる診察室や相談室などの密室に訪れない限り、利用者は支援を受けることができません。このような専門家が待つ「ウェイティング・モード」で支援を受けられる人はごく一部に限定されてしまいます。また、密室での支援後も、生活場面には依然としてマイナス要因が残ります。たとえば対人関係による問題、環境との関係による問題などです。力のある一部の人は自力で対応できますが、支援が必要な人もいます。とすれば、最初から生活場面で支援する方が得策と言えます。そこで、密室における支援ではなく利用者の生活場面で支援する「シーキング・モード」をコミュニティアプローチでは大切にするようになりました。

コミュニティ心理学の初期のモットーは「密室からコミュニティへ」でした。この時のコミュニティとは「地域社会」を指していました。当時、面接室や診断室での支援の限界に気づき、地域社会による協働的な支援へと移行していきました。現在では、コミュニティの概念が地域社会だけでなく家庭や学校や職場などに拡大していますので、モットーは「密室から生活場面へ」に変更されています（図表 2-4）。なお、生活場面に提供するという意味を込めて、コミュニティ心理学では支援のことを「サービス」と表現することもあります。

(2) 生活者としての人間を対象とする

専門的な支援の提供の場が、密室から生活場面へと拡大されたことにより、

図表 2-4　関わりの場の拡大（密室から生活場面へ）

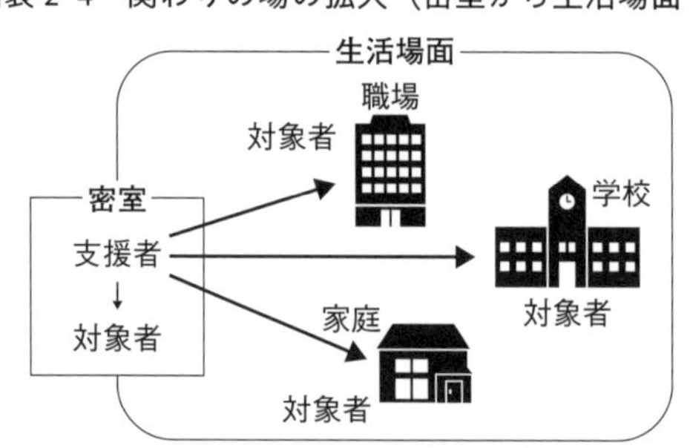

2　心理主義：人間を取巻く様々な社会現象を心理的プロセスに還元する考え方。

患者やクライエントを「生活者」として捉え直すようになりました。そして生活者に対応する際は、問題点に焦点を当てるだけでなく、生活支援を通じて問題を管理する意味合いも出てきました。生活支援では複数の問題があるため複数の専門家の助けが必要になります。また、問題が生じた際に即対応できる人も必要ですので、利用者の傍らにいる一般の人（非専門家）の協力も必要です。したがって、コミュニティアプローチでは複数の専門家や非専門家との協働を大切にしています。

なお、病者から生活者への変化はコミュニティアプローチに限ったことではありません。WHO も疾病（ICD-10）[3] から障害（ICIDH）[4] へ、さらには生活機能（ICF）[5] へと拡大しています。コミュニティアプローチの目的である QOL や Well-being の向上は、このような流れと合致していると言えます。

(3) QOL と Well-being の重視

手術によって命はとりとめたけれども今までのような生活ができなくなった。このように、問題は解決したけれど QOL は低下したというケースを踏まえると、問題解決の最終地点は特定の問題解決では済みません。生活者として大事なことは QOL や Well-being です。したがって、「生活者」を支援対象とするコミュニティアプローチにおいても究極の目的は QOL ／ Well-being の向上という結論になります。

この考え方に立てば、治療や支援をしない方がよい場合もあります。何らかの治療や支援によって QOL ／ Well-being や生活機能を低下させてしまうことが想定される場合です。これは、治療だけでなく心理支援も同様です。したがってコミュニティアプローチでは、QOL ／ Well-being を考慮して介入を検討していきます。

3　ICD-10：1992 年に WHO が刊行。国際疾病分類（International Statistical Classification of Diseases and Related Health Problems）。病因や死因の分類、統計データを体系的に記録し分析したもの。

4　ICIDH：1980 年に WHO が刊行。国際障害分類（International Classification of Impairments, Disabilities and Handicaps）。医学モデルによるマイナス面による分類が問題視され、国際生活機能分類（ICF）が 2001 年に作成された。

5　ICF：国際生活機能分類（International Classification of Functioning, Disability and Health）。人間の生活機能と障害について「心身機能・身体構造」「活動」「参加」の 3 つの次元及び「環境因子」等の影響を及ぼす因子で構成している。

まとめ：密室から生活場面へ

1. 実験室、密室、心理主義パラダイムからの脱却
2. 関わりの場、サービス提供の場を拡大
3. 生活者としての人間を対象⇒ QOL ／ Well-being を高めることが大切
4. WHO の「死因→健康・福祉に関する考え方」の変化
   ICD（国際疾病分類、1900）
   ⇒ ICIDH（国際障害分類、1980）
   ⇒ ICF（国際生活機能分類、2001）

3 強さとコンピテンス

(1) 治療モデルと発達・成長支援モデル

コミュニティアプローチでは、問題（ネガティブな特徴）の早期発見・早期改善の発想に加えて、本人の生き方や成長目標といったポジティブな変化を促す発想を大事にします。

「治療モデル」では、病理、欠陥、弱点を早期発見して改善、補強、強化します。これは臨床心理学が依拠してきたモデルです。その後、カウンセリングの登場により「発達・成長支援モデル」が注目されました（図表 2-5）。問題を治すだけではなく「強み」を伸ばし、「強み」により問題をカバーするという人間の総合力を高める発想が成立してきました。その方が現実的で有効であることが理解され、ノウハウ化されてきました。

(2) 全体として「大きく・強く・柔軟に」なる

問題があっても良い点を拡大すれば、問題は相対的に縮小して許容範囲に収まります。そうなると、むしろ問題が個性になります。健康診断で異常値が出ても、患者の個性として治療をせずに様子をみることもあります。異常値をすべて治療するわけではありません。したがって、弱点だけでなく強さとか能力

図表 2-5　発達・成長による問題の矮小化

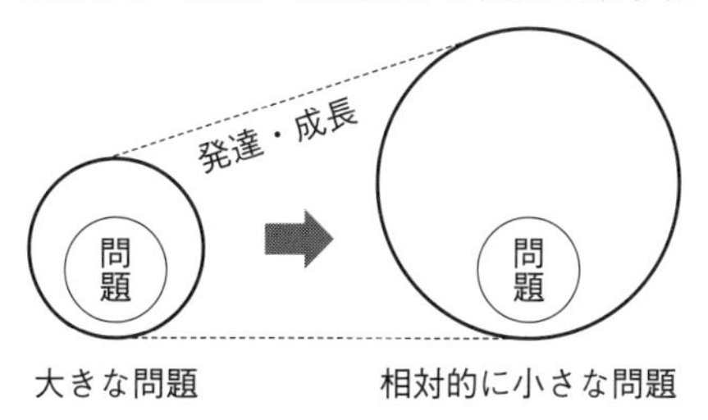

（コンピテンス）にも注目して、それを活用し伸ばしていきます。

つまり、傷や障害があること自体が問題ではなく、それらが個人全体に対して悪影響を引き起こしていることが問題と言えます。個体内においてもシステム論の視点に立っているわけです。元の問題に介入するだけでなく、その人が全体として大きく、強く、柔軟になれば問題ではなくなるという発想です。このような支援によって元の問題に触れなくても解決できることは沢山あります。

コミュニティアプローチでは、治療モデルと発達・成長支援モデルの両方を用います。状況に応じて、治療モデルだけを行う場合、治療モデルと発達・成長支援モデルを同時並行で用いる場合、あるいは発達・成長支援モデルだけを用いる場合もあります。どの場合が、効果的・効率的かを考えて用います。

まとめ：強さとコンピテンス

1. 治療モデル
   病理、欠陥、弱点の改善、矯正、補強、強化
2. 発達・成長支援モデル
   強さの確認、コンピテンス（能力）の確認、強みの積極的活用、さらなる強化、さらなる向上
3. 「治療モデル」+「発達・成長支援モデル」（適宜、使用する）
4. 全体として「大きく・強く・柔軟に」なることによって悪影響を軽減する！

4 治療中心から予防重視へ

第1章で述べた通り、「治療」よりも「予防」を優先するわけではありません。当然ながら治療は重要です。ただし、順番として予防を先行させる発想です。問題発生後の治療よりも、事前の予防の方が被害や負担が小さくて済むからです。予防できるものは予防するに越したことはありません。

(1) 介入スペクトルのすべてをカバー

コミュニティアプローチでは「治療」から「予防」までの介入のスペクトルという幅のある支援方法をカバーします。心理支援者は、医療現場における「治療的」なカウンセリングや心理療法、障害者教育における「療育的」アプローチ、学校教育や職場教育などにおける「教育的」アプローチ、本人のできない部分を補助する意味合いの「援助」、そして本人の努力や活動による力の獲得である「エンパワメント」への側面的な介入があります。このスペクトルでは心理支援者の主体者は異なりますが、これらをすべてカバーするのがコミュニティアプローチです。1人で同時にすべてを行えませんので、適宜選択したり、連携を図ったりします。

(2) prevention – intervention – postvention

「介入」は英語で「インターベンション（intervention）」になります。“inter”は「間」の意味ですから、“intervention”とは「物事が起きている最中の介入」を意味します。“prevention”は「物事が起きる前の介入」、“postvention”は「物事が起きた後の介入」です。“postvention”とは、例えば、自殺が起きた後や事故が起きた後、大災害が起きた後に、ダメージなどの影響を受けた人たちに対する支援です。したがって、介入にはprevention - intervention - postventionという段階があります。問題の発生とその影響を時系列で捉えると、介入は前倒しすべきことが理解できます。例えるならpreventionは津波から街を守る防波堤で、interventionは避難やケガ人への即時対応で、postventionは街の再建に相当します（図表2-6）。後手に回るほど被害は

図表 2-6　prevention – intervention – postvention の介入段階

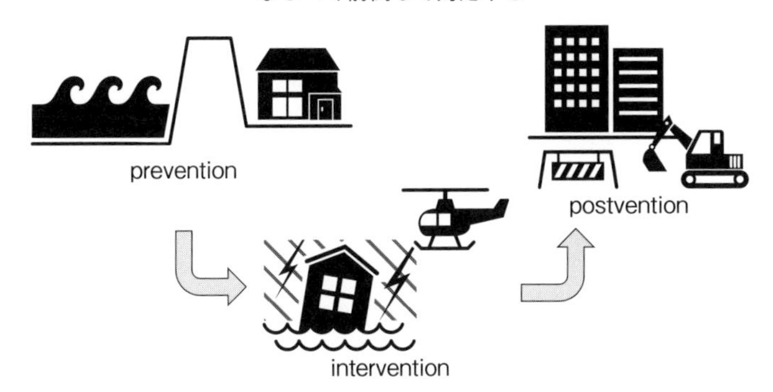

甚大で回復までに時間とコストがかかりますから、前倒しですべきことと今すべきことを判断して、その段階に応じた介入が求められます。

(3) 一次予防・二次予防・三次予防

Caplan（1964）が提唱した一次予防・二次予防・三次予防の概念は、コミュニティ心理学やメンタルヘルスの領域では今日でも共通の財産になっています（図表 2-7）。一次予防とは、発生予防であり、ある集団内において精神疾患などの問題が発生しないようにすることです。二次予防とは、重篤化予防であり、潜在的な患者や疾患の兆候を示す人に対して罹病期間を短縮して、問題を最小限に抑えることを目指します。つまり、早期発見・早期対応のことです。三次予防とは、再発予防であり、当該の問題が発生した後に、その残遺症状を軽減したり再発したりしないようにして、社会復帰を促進することです。リハビリテーションは三次予防の分かりやすい例です。一般的な「予防」の理解をすれば、問題の未然防止ですから一次予防がそれに該当します。ただここで重要なことは、問題への介入を一貫して「予防」で捉えることです。つまり、「何を予防するのか、そのために必要なことは何か」と捉える姿勢が重要です。この意味においても、コミュニティアプローチは「予防重視」だと言えます。

図表 2-7　予防の分類（Caplan, 1964 をもとに筆者が作成）

一次予防	発生予防。ある集団における精神疾患の発生を未然に防ぐこと。
二次予防	重篤化予防。潜在的な患者や疾患の兆候を示す人に対して、早期発見と早期対応を行って、罹病期間の短縮と重篤化を防ぐこと。
三次予防	再発予防。精神疾患による残遺症状を軽減して、再発を防ぐこと。 これにより早期の社会復帰を可能なものにする。

近年、一次予防よりもさらに根本的な予防として「ゼロ次予防」という言葉が登場し始めました（Bonita, Beaglehole, & Kjellstörm, 2006）。ゼロ次予防は社会，経済，文化要因といったもっと根本的なコントロールを意味するようですが、Caplan（1964）の一次予防の域を出ていないように思われます。

なお、一次予防が本当の意味での予防ですが、これを介入対象に応じて「普遍的予防（universal prevention）」すべての人々に対する予防や、「選択的予防（selective prevention）」何らかの疾患に罹りやすい集団に対する予防、「指標的予防（indicated prevention）」明らかなリスク要因を持っている人々に対する予防に分ける考え方もあります。

(4) 予防の重要性

治療と比較すると予防は効果的です。例えば、治療だと問題が悪化してからの対応になり、多くの専門家が動いてコストがかかりますし、成果もあがりにくくなります。予防活動にお金と専門的な知見を注ぐ方が、はるかにコストパフォーマンスが良くなります。アメリカではこのようなデータがたくさん出ています。アメリカは保険制度上、効果が科学的に証明されない療法には保険が適用されないからです。残念ながら、日本はまだこのエビデンスが弱い状況です。

予防の徹底が治療よりも効率的ではありますが、すべての問題を予防できるわけではありません。予防方法が確立されていない問題もあります。この意味では治療も大事です。治療技術の向上が予防技術を高めるという相互関係もあります。「治療よりも予防が良い」という単純な話ではありません。予防をするのに越したことはありませんが、状況を判断して使い分ける必要があります。

まとめ：治療中心から予防重視へ

1. 心理学的介入（支援）のスペクトラム 治療～療育～教育～援助～エンパワメント ⇒すべてをカバーできる必要がある 2. 予防の種類①：prevention ～ intervention ～ postvention 3. 予防の種類②：一次予防～二次予防～三次予防 4. 予防の種類③：普遍的予防、選択的予防、指標的予防 5. 予防の重要性⇒効果、コストパフォーマンス 6. 全てを予防することはできない！　予防以外の介入も必要

5 エンパワメントの重視

(1) エンパワメントの定義

エンパワメント（empowerment[6]）を正しく理解することは少々難しいので、逆説的に説明します。無力感、疎外感、抑圧感、統制の欠如感といった「力を奪われた状態＝ディスエンパワード（disempowered）」から脱して「力」を獲得することがエンパワメント（empowerment）です。別の表現をすると、「自分自身の生活についてコントロールする力」です。自己に対する「統制の感覚」や「自己決定力」と、環境に対する「働きかける力」や「自己主張をする力」、そしてこれらの能力を「自分自身で獲得すること」がエンパワメントです。この「自分自身で獲得すること」が肝心です。これが失われると他者に依存し、他者になされるままになり、社会的弱者に陥りがちになります。

6　山本（1997）はエンパワメントについて「環境との適切な折り合いをつけるために、環境側に積極的に働きかけ、環境から個人に適切な影響をうけるよう、環境側の変化を求める力を個人が獲得することにある」と強調している。

エンパワメントの代表例として、マイノリティの運動が挙げられます。アメリカなどの黒人を中心にした少数民族の運動や女性運動、反女性・女性差別への運動、障害者の権利回復などです。マイノリティ自身が社会から軽視される理由を改めて理解し、一般社会における自分自身について理解し、これを他者に伝え、自分たちの手で古い慣習や社会的行動を変えていき、他者との関係も変えていき、そして社会的な力や社会的能力を普通の人と同じように獲得して行きます。当事者たちの活動と学習を通じて、自他の認知と行動を変えていくことがエンパワメントの本来の意味です。

(2) 個人およびコミュニティの複層的エンパワメント

エンパワメントは、個人に限らずコミュニティにおいても行われます。子どもたちで作られるコミュニティ、男性・女性のコミュニティ、健常者・障害者のコミュニティ、あるいはLGBTQなどのマイノリティのコミュニティがあります。コミュニティは他のコミュニティと重複し、かつ階層的ですから、コミュニティにおけるエンパワメントも複層的になります。この時、あるコミュニティがエンパワーすると、そのコミュニティは上位のコミュニティから承認され、そこに馴染んでいきます。例えば、LGBTQのコミュニティがエンパワーすると、社会という上位コミュニティにおいて承認され、受け入れられ、権利が回復されます。この時、LGBTQのコミュニティと他の個人およびコミュニティと対立関係になったとしたら、それは真のエンパワメントではありません。単に特定の個人やコミュニティの権利さえ回復できればよいわけではなく、上位のコミュニティや重複するコミュニティに馴染む必要があります。エンパワメントは個人を含むコミュニティにおけるものも追及されているのでコミュニティの複層性を考慮する必要があります。

(3) 当事者の活動を通じて得られる変化・成長を重視

以上の通り、エンパワメントとは、当事者自身の力で努力して変化・成長していくことを指します。支援者による治療や教育、訓練などの働きかけによる変化・成長ではありません。心理支援者は、個人やコミュニティからの依頼に応じて、専門家が持っている知識や情報の提供、心理教育やファシリテーションなどのノウハウを提供する役割を担います。人を「助けてあげる」のではなく、「努力している当事者の活動に対して、専門家として側面から支援する」のです。

まとめ：エンパワメントの重視

1. エンパワメントのいくつかの「定義」の理解
   - 無力感、疎外感、抑圧感、統制の欠如感などからの脱出
   - 自分自身の生活全体について統制と支配を獲得していく過程
   - 個人的な統制の感覚と自分自身の生活に関わる自己決定力の獲得
   - 環境に積極的に働きかけ、環境に変化を求める力の獲得
2. 個人およびコミュニティの複層的エンパワメント
3. 支援者の支援プロセスではなく、当事者の活動を通じて得られる変化・成長を重視

6 多様性の尊重と選択肢の準備

現代はグローバル社会で多文化社会です。かつて個人が直面した固有の問題は「欠陥」とされましたが、現在ではそれを「個性」として受け止めるようになりました。多文化社会での人間は多様ですし、抱える問題・課題も複雑化しています。これに対して、単一の理論や方法をもって解決することは不可能です。それゆえ個人の多様な問題やニーズに応じて多様なサービスを準備しなければなりません[7]。1つの方法が有効でなかったら次の方法へと選べるように、複数の選択肢を用意する責任が専門家にはあります（図表2-8）。

多様なサービスの中から当事者に納得の上で選び取ってもらうのが望ましい

7　多様なサービスの準備について：Duffy & Wong（1999）は、「人々は異なっているという権利を持っているし、その異なっているとは劣っていることを意味するものではない。差異が人生の1つの事実として受け入れられるならば、資源はそれゆえこれらの異なる人々の全てに等しく分配されるべきである」と述べている。

図表 2-8　多様な人々への多様なサービスの提供

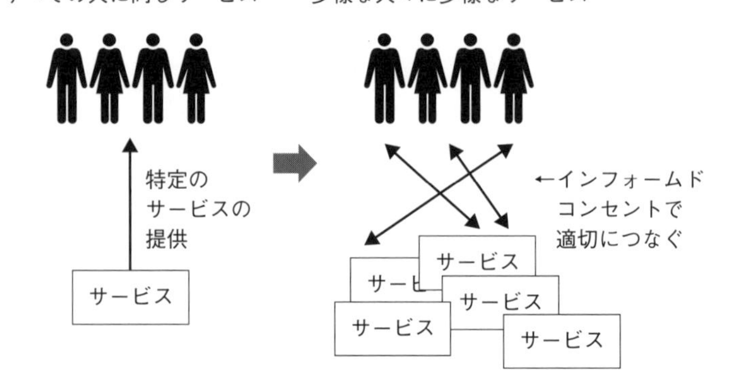

方法です。この時重要となるのがインフォームドコンセント[8]です。その手順はおおよそ次の通りです。まず、①当事者の問題を支援者はどのように見立てたかを当事者に説明します。当事者がこれに納得したならば、②問題解決された状態（＝ニーズ）について話し合い、③そのための複数のサービスを説明します。同時に、各サービスのメリットとデメリットを説明します。その後、④当事者に納得の上で選択してもらいます。

「こういう問題でしたら、お任せください」と支援者が勝手に方法を選択するようなパターナリズム[9]には陥ってはいけません。相手の問題やニーズに応じてクライエントがいくつかの方法から選択できるプロセスが必要です。

8　インフォームドコンセント：対象者に対して、支援方法や内容について詳しく説明をして十分理解を得た上で（informed）、対象者が自らの自由意志に基づいて支援者と方針において合意する（consent）こと。

9　パターナリズム（paternalism）：強い立場にある者が、弱い立場にある者の利益のためだとして、本人の意志は問わずに介入・干渉・支援すること。

まとめ：多様性の尊重と選択肢の準備

1. 人間は多様な存在
2. 直面する問題、課題も複雑
3. サービスにも多様性が必要
4. 1つのサービス（理論、実践）だけではすべてに対応できない
5. 代替物＝複数の選択肢が必要
6. 当事者が理解した上で、選択し意思決定できることが大切
   ⇒インフォームドコンセント（informed consent）が必要

7 アドボカシー

アドボカシーを日本語にすると、適切なニュアンスが伝わらないのでカタカナのまま「アドボカシー」と表記しています。意味は、「代弁すること」、特に「社会的弱者の権利を擁護するために社会に対して代弁をすること」です（図表2-9)。アドボカシーの行為者をアドボケーターと言います。社会的弱者は不当に不利益を被っています。弱者ゆえに不利益に対して抗議も自己主張もできないような社会構造が現実にはあります。その人たちに代わって社会に向けて声をあげて、最終的に権利を擁護しようとするのがアドボカシーです。結果的に当事者のためになるわけです。

政治家や弁護士、教師など様々な専門家がいますが、心理支援者も専門家としての影響力がありますから、アドボケーターとして期待されている存在です。これは専門家として担うべき活動の1つです。

なお、アドボカシーは専門家だけでなく、非専門家や一般市民が行うアドボカシーもあります。MINDという英国の精神保健福祉団体は、アドボカシーを「セルフ・アドボカシー」と「市民アドボカシー」、「法的アドボカシー」に分類しています（高畠，2007)。セルフ・アドボカシーとは「個人またはグループが、自らのニーズと利益を求めて主張し、行動する過程」とされています。代表的な例として労働組合が挙げられます。市民アドボカシーとは、当事

図表 2-9　アドボカシーによる権利擁護

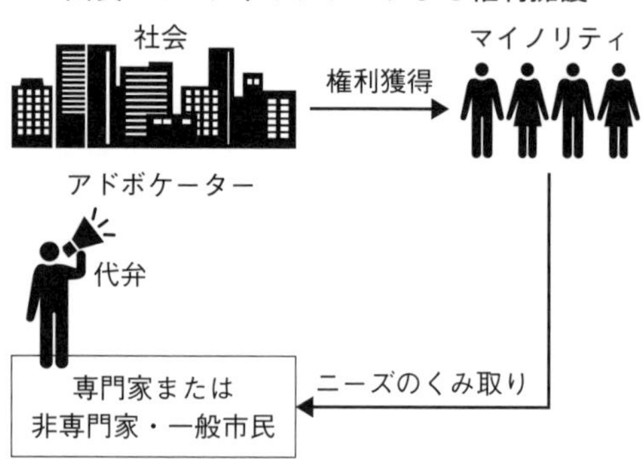

者と市民が1対1のパートナーシップを結ぶことによって市民が当事者のことを代弁することです。当事者と市民との関係が進むと、当事者の利益を市民自身の利益のように理解するようになり代理しようとし始めるわけです。法的アドボカシーとは、法に詳しい人（必ずしも弁護士とは限らない）が法的な見解を当事者に分かりやすく説明したり、当事者の精神的な代理人になったりします。

まとめ：アドボカシー

1. 代弁、権利（利益）を擁護すること
2. 専門家が社会的弱者のアドボケーターの役割を取る
3. 専門家だけでなく非専門家・一般市民も、
   セルフ・アドボカシー、市民アドボカシー、法的アドボカシー

8 コミュニティ中心主義

コミュニティ心理学の初期では「地域中心主義」でしたが、現在ではコミュニティの定義が拡大したので「コミュニティ中心主義」と表現します。家族や学校、職場あるいは会社、地域、そして国レベル、あるいは様々なグループも

図表 2-10　メンバーの問題はコミュニティ全体の問題

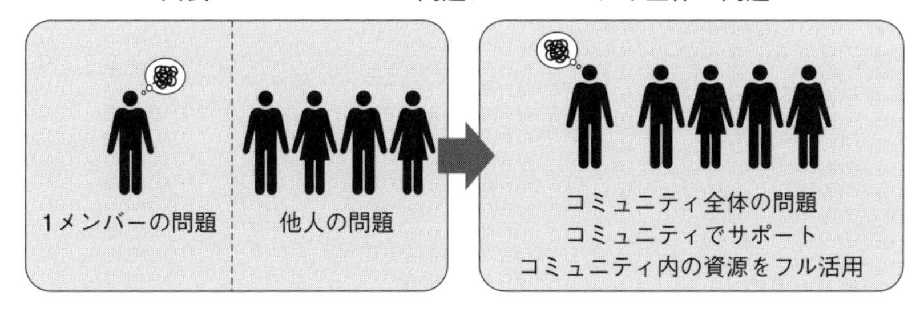

コミュニティと捉えます（広義のコミュニティ）。人は、所属コミュニティに対する帰属意識（コミュニティ感覚）があり、その構成員同士が互いに影響を与え合っています。そのようなコミュニティを中心に問題を捉えます。

(1) 個人の問題はコミュニティ全体の問題

個人が抱える問題は、一見、個人に全責任があるように思われます。しかし、個人はコミュニティの構成員ですから、「個人の問題」は同時に「コミュニティ構成員の問題」でもあります。さらには、「個人の問題はコミュニティ全体が抱える問題の１つ」と捉えることが可能です（図表 2-10）。なぜなら、個人の問題は環境との相互作用との結果だからです。「個人の問題」が常に「コミュニティ全体の問題」だという固定的な考え方ではありません。ある問題では、個人的要因が大きい場合もあれば、コミュニティの要因が大きい場合もあります。あるいは、個人とコミュニティの関係自体がこじれていて、どちらの原因かを判断できない場合もあります。これはとりもなおさず、コミュニティが人と環境からなるシステムだからです。問題を捉えるとき、コミュニティアプローチではこのような柔軟な視点を取ります。

ある構成員の問題が解決したことによって、コミュニティ全体がより良い状態になるのであれば、コミュニティの責任で対処する価値が十分あります。またそうなるように支援することが望まれます。常にコミュニティ全体の問題として扱うわけではありませんが、このように考えた方が合理的で、多様な介入手段を検討することができます。個人資源（知的、感情的、行動的能力）だけに任せず、その個人が所属するコミュニティにある多様な社会資源を意識的に活用します。家族から、居住地域、さらにはそれ以外のコミュニティまで広げて社会資源を探索します。社会資源の中にはフォーマルな支援制度や支援機関もあれば、プライベートな関係の中で期待できるインフォーマルな資源もあります。利用できる資源が多く見つかると、適切な支援が可能になりますし、類似の問題を抱えた他の構成員にも利用可能になります。結果として、コミュニティ全体のQOL／Well-beingの向上が期待できます。コミュニティアプローチでは、問題にかかわる当初から、個人の力とコミュニティの力の両方を見据えて、利用可能な資源をフル活用していきます。この点もコミュニティアプローチを「欲張りアプローチ」と称する所以です。

コミュニティの力（資源）を活用するには、各種資源の所在について情報収集をして、それらの活用可能性を判断し見極める必要があります。これは、個人とコミュニティのニーズを考慮して行う専門的な活動であり、心理支援者がなすべき仕事です。同時に、専門家に期待される活動でもあります。

(2) コミュニティ感覚

前述のコミュニティ中心主義による関わりに不可欠なことは「コミュニティ感覚[10]」です。コミュニティ感覚とは、自分がこのコミュニティの一員である、このコミュニティに愛着があるといった帰属意識のことです。問題を抱える当事者やその関係者にコミュニティ感覚がないと、コミュニティアプローチが理解されなかったり、働きかけを受容してもらえなかったりします。例えば、家族の一員としての帰属意識が希薄な人や、学校が大嫌いで早く辞めてしまいたい、学校へは行かないと言う生徒にとって、家庭や学校はコミュニティではありません。コミュニティ感覚の希薄な状態でコミュニティ中心主義を強調してもうまく機能しません。

コミュニティアプローチを行う際は、「この場はどういうコミュニティか」を構成員に確認する作業を行って、コミュニティ感覚を取り戻す必要がありま

10　コミュニティ感覚：構成員が持つ所属感、構成員が構成員相互あるいは集団に対して持っている重要性の感覚、集団に関わることによって構成員のニーズを満たすことができるという信念のこと（McMillan & Chavis, 1986）。

す。構成員とコミュニティの間で貢献し合う互恵関係があって、個々の構成員間のニーズの共有とコミュニティによるニーズ達成の場の提供がなされた結果、コミュニティ感覚が形成されます（McMillan & Chavis, 1986）。このようなコミュニティ感覚の回復を前段で行う必要があります。この場合、支援者はコーディネーターとなって、構成員のニーズを確認して、共有する場を作り、互恵関係を構築していきます。「軽快なフットワークと綿密なネットワークと少々のヘッドワーク」というコミュニティアプローチの有名なスローガン（山本・原・箕口・久田, 1995）体現することになります。

まとめ：コミュニティ中心主義

1. 個人の問題　⇒コミュニティ構成員の問題
　　　　　　　⇒コミュニティ全体の問題
2. コミュニティの問題だから⇒コミュニティの責任で対処・解決する
3. コミュニティ資源を活用する：
   個人資源（自我資源）、家族資源、社会資源の活用
   一般資源、フォーマル／インフォーマルな資源
4. コミュニティ感覚の醸成と共有が大切

9 おわりに

以上、コミュニティ心理学における８つの基本的発想を解説しました。個人支援と比較すると、その範囲をはるかに超えた支援が示されました。反対に、コミュニティ心理学の発想から個人支援を見ると、心理療法やカウンセリングが極めて限定された範囲内で支援を行っているのかが分かります。８つの発想を持って問題を捉えると、対応すべき方法が拡大します。問題解決に向けて可能なことは何でも行う「欲張りアプローチ」だからこそ、本質的な問題解決が可能になります。

一方で、８つの基本的発想は、「ＡだけでなくＢも」、「状況に応じて使い分

ける」というように、多様で広範囲な介入を専門家に求めます。これに応えるには、特に次の3つのことが重要です。第1に、問題の発生・維持のメカニズムを把握する「アセスメント」です。問題は人と環境の相互作用によって生じますから、このメカニズムを把握すると、どこにどのような介入をすべきかの検討が容易になります。第2に、これもアセスメントの一部ですが、介入の方向性や使い分けの目安となる3次元介入、6レベル介入、4側面介入を理解することです。最後に、1人の専門家では実施が難しいため、多職種連携・地域連携が不可欠です。他の専門家や非専門家も含めて、支援ネットワーク（支援チーム）を作る必要があります。これらを理解することで、コミュニティアプローチに対する敷居が下がると思います。

引用文献

Bonita, R., Beaglehole, R., & Kjellström, T. (2006). *Basic epidemiology.* World Health Organization: Geneva.（WHO（編）木原雅子・木原正博（訳）(2008). WHOの標準疫学第2版 三煌社）

Caplan, G. (1964). *Principles of preventive psychiatry.* Basic Books: NewYork（カプラン, G., 新福尚武（監訳）(1970). 予防精神医学 朝倉書店）

Duffy, K. G. & Wong, F. Y. (1996). *Community psychology.* Allyn and Bacon: Boston.（Duffy, K. G., & Wong, F. Y., 植村勝彦（監訳）(1999). コミュニティ心理学—社会問題への理解と援助 pp. 21 ナカニシヤ出版）

Engel, G. L. (1977). The need for a new medical model: A challenge for biomedicine. *Science, 196* (4286), 129-136.

McMillan, D. W., & Chavis, D. M. (1986). Sense of community: A definition and theory. *Journal of community psychology, 14*(1), 6-23.

Rappaport, J. (1977). *Community psychology: Value, research, and action.* Holt, Reinhart, & Winston: New York

高畠克子 (2007). 人権擁護領域　日本コミュニティ心理学会［編］コミュニティ心理学ハンドブック 東京大学出版会

WHO (1980). *International classification of impairments, disabilities and handicaps.* World Health Orgonization: Genova.

WHO (1992). *International statistical classification of diseases and related health problems.* Tenth Revision. World Health Orgonization: Genova.

WHO (2001). *International classification of functioning, disability and health.* World Health Orgonization: Genova.

山本和郎 (1997). エンパワーメントの概念について コミュニティ心理学研究, 1

(2), pp. 168-169.
山本和郎・原裕視・箕口雅博・久田満（1995）．臨床・コミュニティ心理学―臨床心理学的地域援助の基礎知識 ミネルヴァ書房

第3章

介入方略のための視点

高橋 浩・原 裕視

コミュニティアプローチは、多様な介入方法の中から適宜選択して必要な介入を行います。この時、何を基準にどの介入方法を候補とするかが課題になります。そこで必要なのが介入方略のための視点です。アセスメントから介入の方略を立てるまで、コミュニティという社会システムに対する一貫した視点を持つ必要があります。「システム論的心理社会支援としてのコミュニティアプローチ（CA-SAPS）」では「3次元介入」、「6レベル介入」、「4側面介入」の3つの視点を基準とします（図表3-1）。これらは、「〜介入」と表現していますが、アセスメントにおいても介入方略を立てるうえでも用いられる基本的な視点になります。本章ではこの3つの視点について解説をします。なお、介入方法については次章で扱います。

図表3-1　介入方略のための3つの視点

- 3次元介入
- 6レベル介入
- 4側面介入

1 3次元介入

(1) BPS間の相互作用

「3次元介入」とは、既述の「BPSモデル」で、個人に生じる現象をBio-Psycho-Socialの3次元のシステムとして理解することです。Bio・Psycho・Socialのそれぞれがシステムであり、また3つが影響し合っているシステムでもあります。介入の際にはこのモデルに基づいて介入方法を検討します。心理支援者であっても、Psychoだけではなく3つのシステムの相互作用を把握して介入します。

旧来の心理主義では「心の問題は心に介入する」と考えます。代表的なものが三大理論と言われている精神分析理論や学習理論、人間性心理学です。なお、学習理論に基づく認知療法が、その後、認知行動療法になり、さらに認知情動行動療法と発展して、コミュニティアプローチに馴染みやすいものになってきました。認知情動行動療法では身体面もカバーをし、認知・感情・行動・身体の4つのレベルで捉えている点で、BPSモデルと重なります。したがって、認知情動行動療法とコミュニティアプローチは相性が良いといえます。両者とも全人的な視点をとる点で共通します。

さて、BPSモデルのポイントは、生物的な介入は薬物、心理的な介入はカウンセリングや心理療法、社会的な介入は職場や家族への介入と言われます(図表3-2)。ただし、それだけではコミュニティアプローチとしては不十分です。BPSモデルは、Bio・Psycho・Socialが相互作用をして影響を及ぼし合っている3次元のシステムとして理解することが肝心です。介入の際は、単純に心理だけ、身体だけでなく、心と体を同時にアプローチする場合もありますし、社会的行動のコントロールによって心理的な作用や生物的な影響を与えることもあります。したがって、コミュニティアプローチにおけるBPSモデルでは、単に領域ごとの専門家に分担するという理解ではなく、各次元がそれぞれ相互作用し合っている前提で介入を検討します。このように、一般的な理解とはやや異なるため、本書では、BPSモデルではなく、「3次元介入」と表現

図表 3-2　3 次元介入（BPS モデル）（Engel, 1977 をもとに筆者が作成）

□ 薬物療法（生物）
- 抗うつ薬
- 抗不安薬（睡眠薬）
- 抗精神病薬

□ 心理療法（心理）
- 認知行動療法
- 対人関係療法
- 来談者中心療法

□ 社会的介入（社会）
- 職場への介入
- 家族への介入

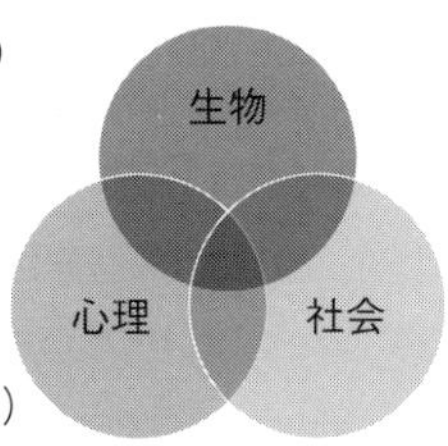

生物

心理

社会

介入（治療）
３つのシステムから成り立つ

各システムでの介入は独自の効果は期待できるが、各介入がコラボすると効果はさらに期待できる
＝ 他職種による連携

します。

(2) 3 次元介入とは

3 次元介入では、問題理解のために BPS モデルを用いて、心理支援者として可能な介入を複数の次元にまたがって行います。問題理解の際には、まず BPS のそれぞれの問題とその相互作用を把握し、次に BPS の 1 側面からアプローチするならどのような介入が可能かを検討し、さらに 3 次元を関連づけてアプローチするならどのような介入が可能かを検討していきます。

ここで、「心理支援者は心理だけではなく、他の 2 領域も介入すべきなのか」という疑問がわきます。そこまで要求はしません。例えば、心と体をセットにしたアプローチとして運動療法や身体療法などがあります。認知情動行動療法においても心と体の両方にアプローチしますし、様々な社会的行動と心理的変化を絡めたアプローチも多くあります。さらに、生活習慣病を例にすると、社会的行動が病気や健康状態といった身体に影響することがわかります。このような相互作用を考慮しながら介入を検討するのが 3 次元介入の真意です。

また、BPS のすべてを 1 人で行う必要はありません。特定の領域や特定のアプローチを得意とする専門家に担当してもらい、その専門家たちと連携を図ればいいのです。このように考えると、連携体制は多様な専門家の組合わせが考えられますから、その中から有効な連携体制を検討することになります。

このように、コミュニティアプローチは多様ですが、介入方法を整理・分類するために3次元介入を用いて簡素化することができます。多様な問題、複雑な問題に対応するためには、3次元を組み合わせて同時にアプローチする方法（Bio-Psycho、Psycho-social、Socio-Bio、Bio-Psycho-Social）を列挙して、具体的な介入方法を検討します。次に、そのアプローチを誰がどのように実施するのかを検討することになります。つまり、コミュニティアプローチは、専門家同士が連携することを前提としているのです。

2 6レベル介入

(1) 個人と環境の関係

介入方法を選択し活用する視点は3次元介入だけではありません。コミュニティ心理学は、第1章で述べた通り、人間はシステム内存在であり（人間観）、問題はその中で生じると考えます（問題観）。問題は個人の内的世界でひとりでに生じるものではなく、生活場面の脈絡の中で、環境との相互作用の中で、あるいは特定の人や集団との関係の中で生じます。したがって、個人や個人の内界への介入だけで解決するとは限りません。カウンセリングや心理療法によって個人を変化させても、生活場面に戻ると本人の思い通りに生きられないことは往々にしてあります。例えば、衰弱した金魚を取り出して治療しても、水槽に戻すと再び衰弱してしまうことがあります（図表3-3）。それは、水槽内の環境が劣悪だからです。つまり、金魚だけでなく水質にも手を加える必要があります。個人介入は当然のことながら、環境介入も不可欠といえます。

(2) 介入の範囲としての6レベル

個人の問題は、複数のコミュニティとの関連で発生している可能性があります。介入の際には、コミュニティのどのレベル[1]までを介入対象とするのかを確認しなくてはなりません。この時の有効な視点としてコミュニティの「6レベル」（Murrell, 1973）があります（図表3-4）。この6レベルは、微視的か巨

---

1 コミュニティのレベル：次項の「6レベル」という意味と、Bronfenbrenner（1979）のいうミクロ・メゾ・マクロのレベルという意味がある。本文は前者の意。

視的かというシステムの視座の違いを表していて、支援の順番や支援の適切さとは関係ありません。かかわる問題が、どのレベルまで対応すべきかを検討するための目安と介入の方向性を示すものです。各レベルについて次項から詳述

図表 3-3　治療しても衰弱する金魚

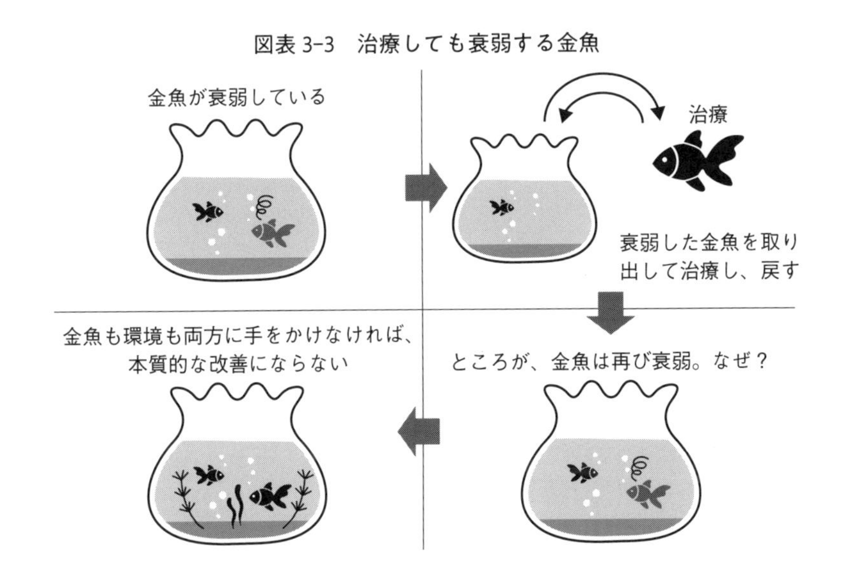

図表 3-4　コミュニティへの 6 レベル介入（Murrell, 1973 をもとに筆者が作成）

レベル	介入の対象	介入の内容と方法
Ⅰ	個人の再配置	個人を「より適合的な」「別の環境に」移す
Ⅱ	個人介入	個人が環境に適合できるように、発達・成長・変化を促す
Ⅲ	リスク集団介入	「リスクを抱える特定の人々」が環境と適合できるように介入
Ⅳ	個別システム介入	個人の問題解決が促進されるように、特定のシステムに介入
Ⅴ	システム間介入	複数のシステム間の、葛藤解消や円滑な関係の促進
Ⅵ	ネットワーク介入	諸システムをネットワークすることにより、心理・社会的感受性の高いシステムの集合体を新たに設計

します。

(3) 第1レベル：個人の再配置

・個人もコミュニティ（システム）も、矛盾や困難の解決に対して能力不足の時、個人をより適合的な別の環境に移行させる

問題によって個人介入が難しい場合があります。個人が環境に適合できない、あるいは環境が個人に適合するような変化を起こせない場合に、個人と環境の組み合わせを替えるのが個人の再配置です（図表3-5)。個人と環境のいずれに対してもアプローチできなければ、個人と環境の組み合わせをより良いものへと替えざるを得ません。

例えば、中学3年生のいじめ事件に対応するとしたら、いじめられている当事者のケアはもちろんのこと、いじめている側のケアも必要ですし、それを傍観していたクラスの生徒たちへも介入が必要です。傍観者の中にも、面白がってはやし立てていた生徒もいれば、自分とは無関係に見ていた生徒もいます。このような生徒たちのすべてに介入しなければ本当の問題解決にはつながりません。このような正攻法で進めたくてもできない場合があります。3年生の12月なら、入学試験や卒業を無事に行うことが学校にとって優先順位が高く、介入に多大なエネルギーをかけてまでいじめ問題解決の提案に乗ってくれないことが多いと思います。そうすると最後の手段として、いじめている生徒かいじめられている生徒のどちらかに転校してもらうしかありません。これはいじめの根絶にはなりませんが、これ以上の悪化を防ぐ介入としては有効です。職場

図表3-5　第1レベル：個人の再配置

より適合する環境Bへ個人を再配置する

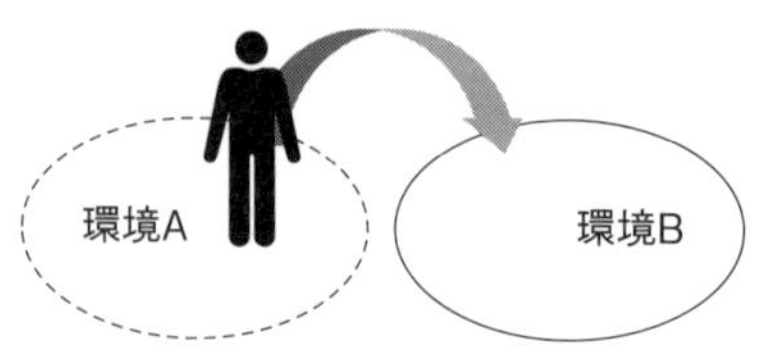

でも同様です。ハラスメント問題の対応策として、当事者を引き離す方法として「異動」があります。個人介入や環境介入が難しい場合に、個人と環境の組み合わせを替えることによって問題は維持されなくなるわけです。

もちろん、単純に個人と環境の組合せを替えさえすれば良いわけではありません。再配置の判断には、①現在のコミュニティにおける問題の発生・維持のメカニズムを把握したうえで、②再配置とそれ以外の介入を比較検討し、③再配置の対象者やその関係者のニーズの確認をし、④そのニーズを踏まえて再配置先が対象者にとってより馴染みやすく、より適合的な環境であるかを確認します。このように、個人の再配置は「人と環境の適合」を目指す介入の中でコミュニティのベースにある介入と言えます。

(4) 第2レベル：個人介入

- ・伝統的な臨床心理学的、心理援助学的方法
- ・個人の内的資源（性格、知的能力、感情、適性など）や行動様式（方略やソーシャルスキル）などを対象とする
- ・個人を変化、向上させる。あるいは新たなものを獲得させ環境との適合性を高める

個人介入は一番伝統的な支援方法ですが、これもコミュニアプローチの1つです（図表3-6)。個人の内的資源（性格、知的能力、感情、適性など）や、行動様式（方略、ソーシャルスキル）が環境に相応しくなるように発達・成長を促す介入です。これによって「人と環境の適合」を実現します。したがって、個人介入であってもクライエントの生活場面を視野に入れた介入が求められます。

心理学的な個人介入の方法は約100年の歴史がありますから、これらを学ぶだけでも大変なことです。しかし、心理支援者はこれに加えて環境へのアプローチも学ぶ必要があります。それは、個人介入には限界があるからです。社会には対応すべきニーズがたくさんあり、これを個人カウンセリングや心理療法だけではほんの一部分にしか応えられません。コミュニティアプローチでは

図表 3-6　第 2 レベル：個人介入

対象者が生活場面に戻ったときに、環境に適合できるように介入

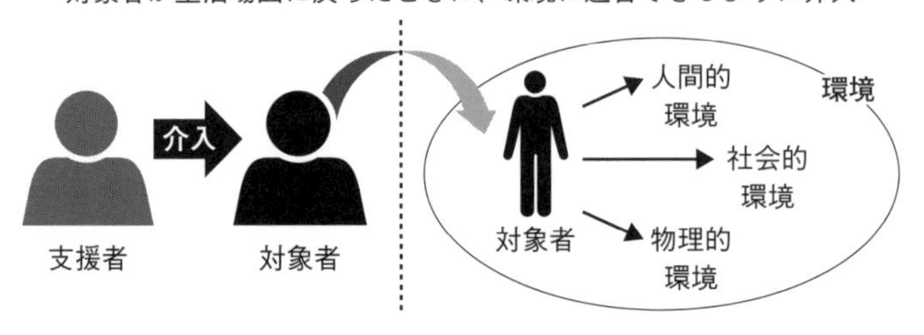

多くのニーズに応える方法の１つとして個人介入が位置づけられていますから、個人介入が唯一とは考えません。多様な社会の要請に応えてこそ心理支援の専門家と言えます。

(5) 第 3 レベル：リスク集団介入[2]

- コミュニティ（システム）とすでに不適合・不調和な関係になっている集団、あるいは将来その可能性が高いと思われる集団（リスクポピュレーション）を対象とする
- 個人資源および社会的資源を変化・強化させる、あるいは新しく準備・提供することで人と環境の適合性を高める

特定の共通のリスクを抱えた集団に対する介入です（図表 3-7）。リスクを抱えた集団のことを、リスクポピュレーション[3]と言います。例えば、これから結婚直後の人たちは、生活環境の変化によって仕事と家庭生活の両立など、さまざまな問題を抱えることが予想されます。他には、初産の母親や夫婦、病気や障害を抱えながら就職が決まった人たち、海外駐在する本人および家族など、新しい体験をする人や新しいコミュニティに参入する人たちは、何もしな

2　リスク集団介入：Murrell（1973）は「ポピュレーション介入」としているが、本書では意味を明示するために「リスク集団介入」とした。

3　リスクポピュレーション：共通のある特徴を持ち、その特徴を持っているが故に、何の対応も講じないと、この特徴をもっていない人たちに比べて、極めて高い確率で問題が発生する可能性がある人たち（集団）のこと。ハイリスクポピュレーションともいう。

図表 3-7　第 3 レベル：リスク集団介入

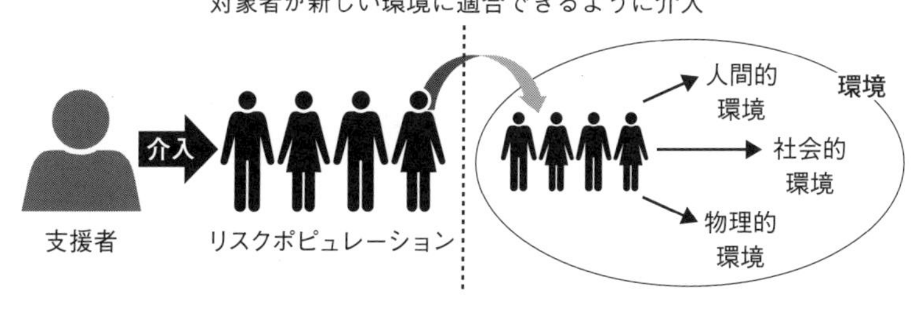

ければ問題が発生する可能性があります。

リスク集団介入の例を挙げます。大学の新入生の例です。高校と大学ではかなり異なるコミュニティですから、期待されることや行動パターンは異なるものになります。そこで不適応を起こす学生が出てきます。この時、大学は新入生歓迎会やガイダンスなどを行い、新しい環境に馴染むようにしています。新入社員の例では、「リアリティショック」や「七五三現象（早期離職）」の問題が挙げられます。仕事内容や会社生活に関する説明会、仕事で必要な知識・スキルを習得する新人研修など、新しいコミュニティに適応できるような対応策を数多く実施します。

リスクポピュレーションへの対応は、①対象者がどのようなリスクを抱えているか、どのような問題が発生しうるかを支援者は理解しておきます。次に、②リスクに対する対応策を複数検討します。リスクについての知識・情報を提供してレディネスを高め、対処行動を学んでもらいます（情報提供、心理教育、ノウハウの提供）。③利用可能な支援サービスの準備、増強をし、それらが利用しやすいように工夫します（社会資源の変化・強化）。その結果、リスクポピュレーションがリスクを回避し、あるいはリスクが発現しても早期に対処できるようにします。

(6) 第 4 レベル：個別システム介入[4]

・特定のコミュニティ（システム）そのものを対象とする
・機能的変化・構造的変化を永続的に起こし、特定の個人との適合性を改

善する
・キーパーソンの変容、個人の許容範囲の拡大、解決方法の多様化を通じてコミュニティ（システム）に変化をおこす
＝最適なコミュニティ（システム）の設計

これは、人々が共通の所属感を持っている特定のコミュニティ（システム）への介入です（図表3-8）。例えば、学校や職場、あるいは生活圏である地域社会などが介入対象になります。システムの最もプリミティブなものは家族です。家族療法とりわけシステムズアプローチでは、家族全体をシステムと捉えてその機能回復を目指します。家族内の特定の誰かに原因を求めるのではなく、システムの構造や相互作用に原因があると考えます。コミュニティアプローチもシステム論の考え方に基づいて、家族だけでなく学校や職場、地域社会に対しても介入します。

介入によるシステムの変化には「機能的変化」と「構造的変化」があります。「機能的変化」とは、システムの構成要素（構成員）の役割や行動を増強することによって変化を起こすことです。そのために意識改革も行われます。例えば、ある問題に対する構成員の対応能力を向上させて解決を図ることで

図表3-8　第4レベル：個別システム介入

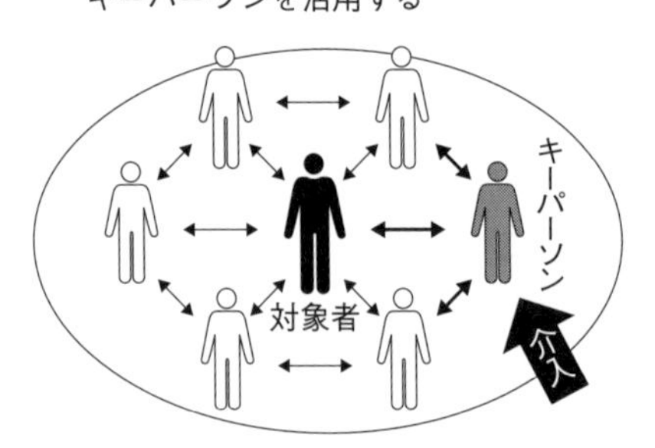

4　個別システム介入：Murrell（1973）は「社会システム介入」としているが、本書ではシステム間介入と相違を明確にするために「個別システム介入」としている。

す。一方、「構造的変化」とは、システムの構成自体を変化させることです。新しいセクションの設置やセクション間の上下関係、構成員の配置を変えることによって変化を起こすことです。より問題への対応ができるような体制づくりや人員配置によって解決を図ります。システムの構造を変えることは大変ですが、だからこそ一度適切な構造を形成すると継続的な効果が期待できます。コミュニティアプローチでは機能的変化と構造的変化のどちらも適宜用います。

機能的変化を起こすには、問題の当事者や周囲の人たちに対する知識・情報の提供や訓練などを行います。可能ならば、問題に対応できる人を参入させます。一方、構造的変化を起こす際に重要なのがキーパーソン[5]です。多くの場合、専門家はそのコミュニティの構成員ではありませんから、常時、コミュニティにかかわれませんし、コミュニティ全体を把握することができません。そこで、専門家がかかわれない間その代わりとなって見聞きし動いてもらえる内部のキーパーソンを作ります。学校であれば校長先生や、教頭先生、教育相談の先生、養護教諭、担任教師などが候補ですが、単純に役職等で決めることはできません。キーパーソンとしては、専門家の介入の価値観が共有可能で、かつ内部の人間としての影響力を持つ人がふさわしいです。そして、キーパーソンを早期に作れるかが個別システム介入の成否にかかっています。

個別システム介入の際に注意すべきことは、クライエントや特定の個人を問題の原因として捉えないことです。家族療法ではクライエントのことをIP: Identified Patient（患者とみなされた人）と呼び、システムの改善を促すサインと捉えます。個別システム介入も同様です。クライエントに現れた問題は、人と環境との相互作用の問題であり、潜在的な問題がシステム内に生じている可能性を示唆するものです。したがって、①問題の発生・維持に誰と誰／何が作用し合って、誰にどのような意味の問題が生じているかをアセスメントする必要があります。これに基づいて、②問題構造（問題のからくり）を明らかにしていきます。問題のからくりが明確になると、③キーパーソンにどう動いて

---

5 キーパーソン：そのコミュニティ内において、コミュニティ全体に対する影響力を持ち、かつ専門家の考え方や価値観を理解してくれる人物のこと。介入の際にキーパーソンの協力が得られると効果的となる。

もらうか、④どのような「機能的変化」や「構造的変化」を起こすべきかが検討可能になります。

専門家が個人介入に優れていたとしても、個別システム介入の場合は１人では不可能です。システム内部にキーパーソンを作ることが必須です。これにより、専門家がその場にいなくてもできることが増えます。機能的変化・構造的変化によって、最終的には専門家が抜けてもそのコミュニティが自律的に良い状態を維持できるようにします。

(7) 第５レベル：システム間介入

- 複数のコミュニティ（システム）を対象とする
- 複数システムに所属することによって生じる役割葛藤を軽減し、円滑な交流を促進
- 突然のシステム間移行やシステム間の拮抗状態など、システム間の調整を図る
- 各種システムにまたがるコミュニティ活動プログラム

複数のシステム（コミュニティ）の間に生じる問題への介入です（図表3-9）。個人は複数のコミュニティに所属していることが少なくありません。複数のコミュニティから個人に対して、それぞれ異なる影響を与えることによって個人に問題が生じます。例えば、家庭からは卒業後の就職を勧められ、学校からは進学を勧められるという食い違いがある場合では、子どもはどちらに従うべきかの葛藤が生じます。どちらのコミュニティも「よかれ」と思ってのことですが、各コミュニティで前提となっている価値観や子どもへのニーズが食い違っています。この場合、２つのシステム間の調整を図り、個人にとって矛盾がなく整合性の取れた状態を作り出します。それぞれのコミュニティの価値観、子どもや相手のコミュニティへのニーズ、譲歩可能な点を把握して、これを関係者間で共有して相互理解を深め、全体最適になるよう調整を図っていきます。

システム間介入には「突然のシステム間移行」や「システム間の拮抗状態」

図表 3-9　第 5 レベル：システム間介入

役割葛藤の軽減・円滑交流の促進、突然のシステム間の移行・システム間の拮抗状態の調整、コミュニティ活動プログラムの関与

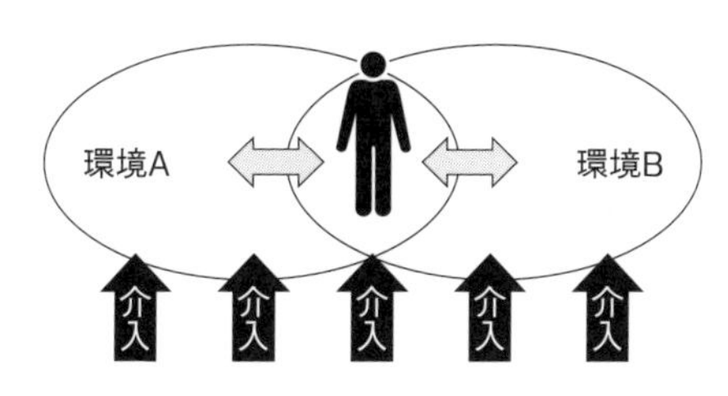

という問題にも対応します。まず、「突然のシステム間移行」この好例としては「入院」が挙げられます。入院は、慣れ親しんだ生活場面から病院という特別なコミュニティへの急速な移行です。この時、入院患者に不安や恐れが生じます。特に、子どもならなおさらです。この時、母親が子どもに付き添って看護を手伝えるようにしたり、病室に子どもの好きなぬいぐるみを持ち込んだりします。つまり、移行する本人に対する準備状態を作り、また受け入れる側には本人の負担や脅威の少ない環境づくりが求められます。人間的環境として病院スタッフが受容的で、家族・友人との面会ができること。社会的環境としてルールや習慣、生活のリズムについて事前に伝えて本人に準備させること。物理的環境として、部屋の構造や配色、使い慣れた物の導入などを工夫することなどが考えられます。

また、「システム間の拮抗状態」とは、複数のコミュニティが上手く協働できず対立して活動が停滞することです。例えば、学校内のいじめや非行がらみの問題において、学校と少年警察では立場や支援の価値観が違っているために、かつては協力関係が成立しませんでした。学校側は警察の力を借りることを「教育の敗北」と捉えて拒絶していました。それぞれのコミュニティが、「子どものため」という共通目標を持っていながら拮抗状態になることがあり得るわけです。しかし、学校の支援には限界があり警察の力を借りる方が良い場合もあります。

拮抗状態を解消するには、共通目標と互恵関係を構築することが必要です。

そのためには、①それぞれのシステムにおける問題に対する認識、価値観、解決の目的・目標と手段、その限界、そして相手のシステムへの要望とそれに応じられるものを確認します。次に、②双方の共通目標や相互に助け合える部分について検討します。協力の意思が確認できたら、③各システムの構成員が共通目標に基づいて実行計画を立てて役割分担を行って協働していきます。

複数のシステムにまたがっている特定の問題に対して、各システムの構成員や専門家・専門機関、行政機関などが協力して解決を図ることを「コミュニティ活動プログラム」と言います。このプログラム設計にかかわったり、活動を促進したりすることも専門家の役割の１つです。

以上のようにシステム間介入では、システム間の相互調整を行って、複数のシステムから求められるニーズを整合させたり優先順位をつけたり、あるいは各システムの認知と行動を変えたりと、様々な介入をしていきます。

(8) 第６レベル：ネットワーク介入

・全コミュニティ規模の介入
・関連する複数のコミュニティをネットワーク化する
・個人に対する「コミュニティ側の心理・社会的感受性」を高める
（敏感な応答性のあるシステムづくり）

ネットワーク介入は全コミュニティ規模の介入です（図表3-10）。社会は複数のコミュニティのネットワークによって構成されています。これを新たに構築したり、大きく作り変えたりするのがネットワーク介入です。代表例は都市開発です。都市開発では、様々なインフラが整備されるわけですが、住民のニーズに応じて施設などが配置されるのが理想です。もし、住民のニーズが届かなかったり、届いてもそれを満足させる施設などがなかったりすれば、住みやすい都市にはなりません。つまりネットワーク介入とは、個人のニーズに応じて生活圏にある複数のコミュニティに新たなコミュニティを追加したり、コミュニティ間のネットワークを新たに設けたり、つなぎ直したりして、個人および個別のコミュニティにとってより良い構造に作り変えることです。

図表 3-10　第 6 レベル：ネットワーク介入

構成員のニーズに対して感受性・応答性の高いサービスを提供できるようにコミュニティを構築する

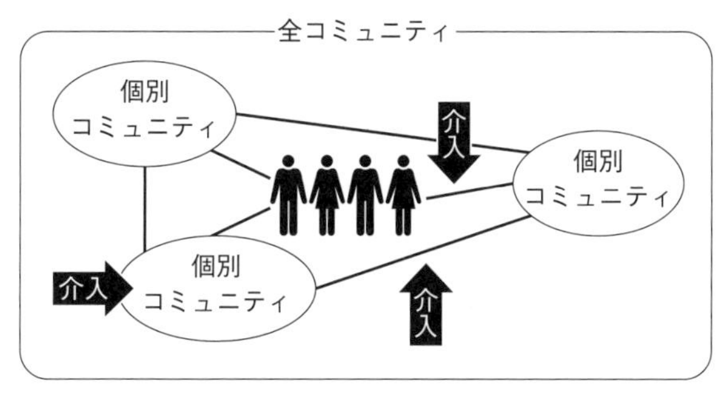

この時、個人のニーズや問題に対して感受性と応答性の高いネットワークを構築することが求められます。個々人の問題や不満やニーズを敏感に受け止めて、これを迅速に対応できるように、個別のコミュニティ間をネットワーク化することです。例えば、民生委員による訪問活動は住民の生活状況を定期的に確認するので、個人のニーズに対して感受性が高い仕組みと言えます。問題があれば、行政の医療・福祉部門のサービスに素早くつなげることができます。このような仕組みを、都市計画や街づくりの際に最初から計画して作るわけです。

具体的には、①全コミュニティにおける生活機能を考慮して発生しうる問題とその問題の影響を事前に洗い出し、②その問題に対応するために必要な機能を持つ個別のコミュニティを用意し（機能的変化）、③その個別のコミュニティをどのように配置してつなげるかを検討します（構造的変化）。③これらがどのように影響して合うかも考慮して感受性・応答性の高いコミュニティ全体を検討していきます。

ここで言う全コミュニティとは必ずしも都市計画規模のように壮大なものばかりではありません。目安として3つ以上の個別のコミュニティが関連するならば、ネットワーク介入の対象にすることは可能です。例えば、新しいオフィスビルを建築する場合は、これを全コミュニティと捉えて、最初からネットワーク介入が可能です。ビル内に企業や飲食店を入れるだけでなく、保育所や医療機関を併設すれば、育児中の社員、体調不良の社員にとっては感受性と応答性の高いコミュニティになります。オフィスビルに入居している各企業の安全衛生管理、労務管理、産業医、キャリアやハラスメントなど各種相談窓口と連携が図れるとさらに利便性が高まります。そして、これらをいつでも利用できるような、あるいは利用によって本人に不利が生じないような制度やルールの設定も必要です。このように、個別コミュニティが複数集合するコミュニティであれば、ネットワーク介入は実践可能です。

(9)「6レベル介入」のまとめ

以上、6レベル介入について解説しました。かかわる問題がどのレベルに相当するかを見定めることによって、具体的な介入方法の規模や方向性を判断することが可能になります。再配置をすれば済む問題なのか（レベル1）、それとも個人に大きな変化が求められる問題なのか（レベル2）、類似の問題を抱えている人が複数いる問題なのか（レベル3）、特定のコミュニティの機能や構造を変えるべき問題なのか（レベル4）、個人が所属する複数のコミュニティに対して同時に調整や整合をすべき問題なのか（レベル5）、そして、全コミュニティに対して個別のコミュニティの関連性を適切なものへと作り上げるべき問題なのか（レベル6）。問題に介入する際には、その問題が6レベルのどこに関わる必要があるのか、あるいはどのレベルとどのレベルを組み合わせるべきか検討します。一言にコミュニティアプローチと言っても、レベルによって動き方がまったく異なるものになります。

3 4側面介入

介入の4側面は、アメリカのルイス夫妻ら（Lewis, Lewis, Daniels, & D'Andrea, 2003）が提唱しました。彼らは「コミュニティ・カウンセリング[6]」と称していますが、個人介入としてのカウンセリングとは異なり、環境にも介入す

6　コミュニティ・カウンセリング：「個人の発達とすべての個人およびコミュニティの幸福を促進する介入方略とサービスを総合的に援助する枠組み」（Lewis, Lewis, Daniels, & D'Andrea, 2003）. Lewisらは、支援対象をクライエントかコミュニティかに分け、支援方法を直接的サービスと間接的サービスに分け、介入方法を4つに分類した。

図表 3-11　4 側面介入（Lewis et.al., 2003 を参考に筆者が作成）

	環境	個人
直接	**支援者が人間的環境に接触して、個人に対するコミュニティ全体の理解力・支援力を高める** 心理教育、危機介入 コンサルティング	**支援者が対象者（個人）に対して、直接的に支援する** コーチング　カウンセリング コンサルティング　セラピー アウトリーチ　危機介入
間接	**支援者が社会的・物理的環境に対して、個人に対するコミュニティ全体の理解力・支援力を高めるための工夫をする** 公共政策立案、システム設計・変更 コンサルテーション	**支援者が対象者を直接支援せず、他者を介して支援する** アドボカシー コンサルテーション

ることを想定しています。4 側面介入では、個人と環境を介入対象とし、それぞれに対して直接的および間接的な介入を行います。つまり、コミュニティアプローチでは、図表 3-11（表内の介入方法は主な例）に示す 4 つの視点で介入します。

(1) 個人への直接的介入（個人－直接介入）

個人への直接的介入とは、「支援者が対象者（個人）に対して、直接的に支援する」ことです（図表 3-11 右上枠）。ここには、カウンセリングや心理療法、コンサルティング、コーチングが含まれます。

ただし、コミュニティアプローチでは、常に個人への直接的介入をするわけではありません。それが最善とは限らないからです。間接的支援の方が回りまわって有効な場合がありますし、それしかできない場合もあります。大事なことは、「個人への直接的介入は数ある支援方法の内の 1 つでしかなく、方法は他にもある」ということです。

(2) 個人への間接的介入（個人－間接介入）

個人への間接的介入とは、「支援者が対象者（個人）を直接支援せず、他者を介して支援する」ことです（図表 3-11 右下枠）。個人への間接的介入の代表はコンサルテーション[7]です（図表 3-12）。これは、コンサルタントが他の専

図表 3-12　コンサルテーション

他の専門家に対して助言等をすること
によって対象者を間接的に支援する

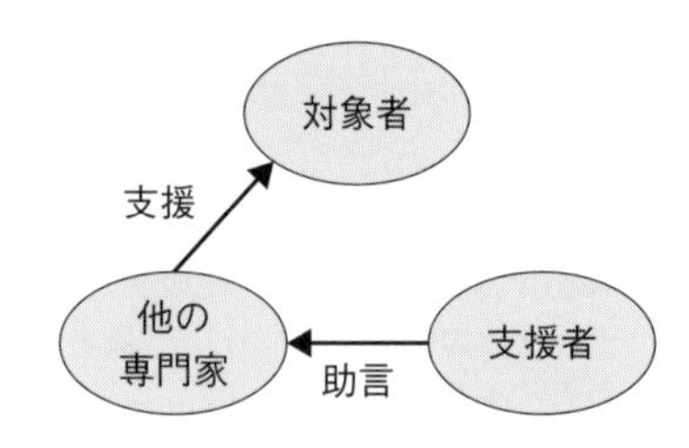

門家や関係者（コンサルティ）に助言などをして間接的に対象者を支援する方法です。対象者を直接的に支援するのはコンサルティになります。これはコンサルティングとは異なります。コンサルティングは専門的なノウハウを用いて対象者の実務的な解決を行う直接的な支援です。

次に代表的なものとしてアドボカシーがあります。アドボカシーとは、対象者が関係者に対して主張したくても直接的には言えないことを支援者が代弁し、対象者の権利を擁護することです。これは、特にマイノリティが専門家に期待する役割です。

(3) 環境への直接的介入（環境－直接介入）

コミュニティアプローチの大きなテーマでもある環境へのアプローチです。環境への直接的介入とは、「支援者が人間的環境に接触して、個人に対するコミュニティ全体の理解力・支援力を高める」ことです（図表 3-11 左上枠)。環境が個人に対して負の影響を及ぼしている状況を是正し、さらには正の影響を及ぼすように改善すれば、個人の問題は軽減します。個人による環境改善が困難な場合や、問題が個人に起因しているとは限らない場合に有効です。構成員の個人に対する認知と行動が支援的に変化すれば、それを受けた対象者個人の

7　コンサルテーション：異なる領域の専門家の間の相互作用の１つの過程で、コンサルタントがコンサルティに対して相談・助言・指導をすることによって、コンサルティのクライエントを援助すること。援助の責任はコンサルティにある。

図表 3-13　環境－直接介入

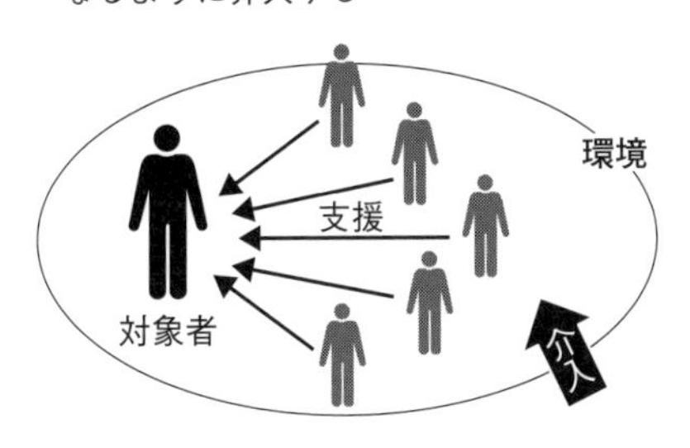

認知と行動もポジティブに変化していきます（図表3-13）。

具体的な方法として、まず「心理教育」が挙げられます。コミュニティの構成員に対する講座や講習会によって、特定の個人が抱える問題の特性やかかわり方を学び、構成員の認知と行動をよりサポーティブなものに変化させます。

次に挙げられる方法が「危機介入」です。個人が抱える問題に対して個人の努力では対応しきれなくなった状態が危機状態[8]です。ここからは早く脱しないと病的な平衡状態に移行してしまう恐れがあります。そこで、危機介入は多くのことを短時間で一気に行います。個人に対してだけでなく、環境に対して、例えば職場全体や学校全体、特定の地域社会に対して実施します。そのためにはカウンセリングや心理療法とは明らかに異なる能力が求められます。

コンサルティング[9]を行う場合も、個人に対してだけでなく、グループやコミュニティを対象にします。支援者が問題を解決するためのノウハウを提示して、関係者に行動してもらうこともあります。

(4) 環境への間接的介入（環境－間接介入）

環境への間接的な介入とは、「支援者が社会的・物理的環境に対して、個人

8　危機状態：人生上の重要目標の達成が妨げられたとき、はじめに主観的な対処方法、課題解決方法を用いて解決をしようとするが、それでも克服できない結果、発生する状態である（Caplan, 1962）。

9　コンサルティング：専門的なノウハウを用いて実務的な解決を行うこと。

に対するコミュニティ全体の理解力・表現力を高めるための工夫をする」ことです（図表3-11左下枠）。例えば、コミュニティの構造や制度、規則、文化が個人やコミュニティにとってサポーティブになるように新規に構築したり改善したりします。例えば、行政が福祉施策を作成・見直しする際に、心理の専門家が知見を提示したり提言したりすることも含まれます。

虐待防止法の例です。最近、虐待件数が統計上増加していますが、数字どおりに虐待の事実が増加しているとは限りません。かつて、虐待を疑いながら通告できなかった人が相当いたからです。虐待の真偽が不明で、誤通告によって逆に人権問題にされてしまう恐れがありました。ところが、虐待防止法が制定されて国民に虐待の通告義務が生じました。誤通告であっても通告者の不利益にならないことが法律で定められました。これにより、従来、控えられていた通告が促進されて、潜在的にあった虐待が計上されるようになったわけです。

つまり、「個人にとって支援的な行動を社会が奨励する」、「間違いによって当事者が不利益を被ることはない」という制度を社会に準備してもらえれば、安心して問題提起ができるようになります。専門家はもとより、当事者や周囲の人たちも、より多くの問題を顕在化させて支援につなげられるようになります。また、この制度自体が１つの抑止力としても働きます。

このように、環境－間接介入は、他の３つの介入（個人－直接介入、個人－間接介入、環境－直接介入）を促進する仕掛けにもなります。心理支援の専門家にとって、面接室におけるクライエントの支援が大事な仕事であるのと同様に、社会の中でより良い環境を構築・整備することも大事な仕事です。心理支援の現場を熟知している専門家こそ、その知見を活かして積極的に環境－間接介入に参画することが求められます。

（5）４側面同士の関係について

環境－間接介入が他の３領域に影響を及ぼすことは前述しました。同様に、4側面の各介入は、他の側面に影響して効果が表れる可能性があります。それはコミュニティがシステムだからです。また、コミュニティアプローチの３つの切り口では、「人」と「環境」の他に両者の「関係」にも介入します。この「関係」を考慮すると４側面は独立した介入の視点を与えるだけでなく、それ

図表 3-14　4 側面間の相互の影響

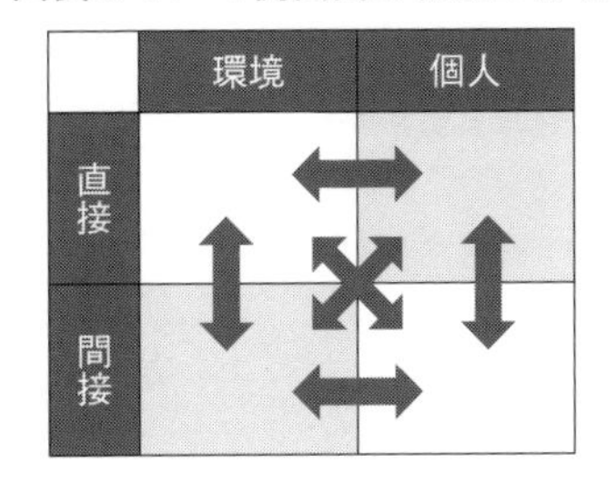

らが相互に影響を及ぼし合っていると言えます（図表3-14)。介入の際は、まずは4側面のそれぞれでできることを可能な限り列挙して、その中から4側面の相互作用を踏まえて有効な介入を取捨選択して実施します。相互作用には促進的なものと阻害的なものがあります。どの介入が促進的／阻害的になるかを見立てて、コミュニティの全体最適化を図ります。

なお、人と環境の「関係」には認知と行動がかかわっています。人と環境が相互にどのように理解し受け止めているか（認知)、相互にどのような行動をし合っているか（行動)、それらに誤解や対立はないか、仮に相互理解があったとしてもすぐに行動を変えられない事情はないかなど、人と環境の関係における課題を理解する必要があります。支援者は、課題とその達成に必要な変化についての共通理解を促します。人と環境がそれぞれの思い思いで変化するのではなく、「共通の理解と行動パターン」で進めることが肝心です。

(6) 4 側面介入の例～産業コミュニティの場合～

最後に、4側面の介入について産業領域の例を示します（図表3-15)。各側面に記載された介入方法について簡単に説明をします。産業領域の心理支援者にとっては、すでに行っている介入がいくつかあることに気づくかもしれません。つまり、コミュニティアプローチで行う介入は、特殊で未知のものではないということです。

たとえば、全般的にストレスフルな会社での心理支援だとします。個人－直接介入では、1対1の面談としてカウンセリングやコーチング、メンタリング、コンサルティングによって、コーピングの促進や仕事の進め方の支援をす

図表 3-15　4側面介入の例（産業領域）

	環境（組織）	個人
直接的	・ストレスマネジメント・プログラム ・健康増進プログラム ・傾聴訓練　アサーション訓練 ・ソーシャルスキル訓練 ・外部専門機関の紹介	・カウンセリング（メンタル／キャリア） ・コーチング　・メンタリング ・コンサルティング　・危機介入 ・アウトリーチ　・電話／SNS 相談 ・レファラル・サービス
間接的	・法令遵守の励行 ・労働環境／職場慣行の改善 ・就業規則／諸制度の改訂 ・組織風土の変革 ・職場ストレスの軽減	・上司・先輩・同僚へのコンサルテーション ・管理職教育訓練 ・従業員自助プログラムの支援 ・地域援助ネットワークとの連携

ることが考えられます。最近では、電話やSNS、Eメール、Web会議システムを使用した面談も出てきました。アウトリーチは、相談室に自発的に来談できない対象者のために、支援者が相談室を出て職場などへ出向いて支援することです。うつ病など治療を要する場合は、レファラル・サービスによって適切な専門家・専門機関を紹介します。職場や組織で事件・事故、死者が出た場合は、危機介入によって短期間に一気に一定の安定状態へと戻す介入をします。

次に個人—間接介入です。コンサルテーションでは、対象者と関係の強い上司や先輩・同僚にラインケアやメンタルヘルスについて助言をして対象者を支援します。管理職教育訓練では、管理職がより適切なマネジメントをできるように教育・訓練することによって部下を適切に支援できるようにします。従業員自助プログラムの支援では、同様の課題を抱える従業員同士が自らエンパワメントしようとする自助グループを作っている場合に、そこに対して求められる支援を行います。地域援助ネットワークとの連携では、病院（主治医）や臨床心理師、ソーシャルワーカなど地域にある援助ネットワークと連携を図って仕事・健康・家庭など多角的な支援を従業員へつなげます。

環境－直接介入は、職場のメンバー全体の支援力を向上させるかかわり方です。ストレスマネジメントプログラムや健康増進プログラムによって、メンバー全体がストレスや健康に対する理解とストレス耐性・健康維持力を向上させます。傾聴訓練やアサーション訓練、ソーシャルスキル訓練はメンバーのコミュニケーション力の向上を図り、メンバー同士の相互理解と相互支援を促進します。外部専門機関の紹介は、メンバーに各種の外部専門機関を活用してもらい職場の士気向上やメンタルダウンの予防などをします。

最後に、環境－間接介入では、適切な行動を推奨するための法令遵守の励行、よりよい職場環境となるような労働環境／職場慣行、就業規則／諸制度の改善・改訂があります。また、明文化されていない組織風土や規範意識の改革や、ストレスチェックのように職場全体のストレスを軽減する仕組みの導入などがあります。

以上、4側面の介入例を列挙しました。もちろん、どのような介入方法を発想し採用するかはケースバイケースですが、個人介入に比べてはるかに多様な介入が可能になります。これにより、個人のストレス耐性や職場のケア力を向上させ、組織全体のストレスレベルを低減させて、問題の本質的な解決を実現することができます。

4 まとめ

ここまで、コミュニティアプローチの方略にかかわる視点として3次元介入、6レベル介入、4側面介入を紹介しました。これらの視点は、問題を捉えるアセスメント視点であり、介入方略を立てるための視点でもあります。また用いる順番は、3次元介入→6レベル介入→4側面介入になります。具体的には、3次元介入では個人の問題がどのように形成されているかを把握することができると同時に、BPSの3領域とどのような連携を図るかを検討します。6レベル介入では、システムとして問題を捉えて、その問題がどのレベルまで影響しているかを確認し、介入すべきレベルと介入内容を特定します。4側面介入では、問題を人と環境とその関係で捉えて、そして3次元介入と6レベル介入で見えてきた介入も含めて、どこにどのように介入すべきかを4側面で整理しながら検討します。このように、3つの介入の視点は多様にある介入方法から、何をどこに対して適用するべきかの指針になり、最終的な介入方略立案の助けになります。その意味で、この3つの介入は「システム論的心理社会支援としてのコミュニティアプローチ（CA-SAPS）」の中核となる視点になります。

引用文献

Bronfenbrenner, U. (1979). *The ecology of human development: Experiments by nature and design.* Harvard university press: Cambridqe, Mass. (ブロンフェンブレンナー，U., 磯貝芳郎・福富護（訳）(1996). 人間発達の生態学―発達心理学への挑戦　川島書店)

Caplan, G. (1962). *An approach to community mental health.* Routledge: New York. (キャプラン，G., 山本和郎（訳）(1968). 地域精神衛生の理論と実際 医学書院)

Engel, G. L. (1977). The need for a new medical model: a challenge for biomedicine. *Science, 196* (4286), 129-136.

Lewis, J. A., Lewis, M. D., Daniels, J. A., & D'Andrea, M. A. (2003). *Community counseling: Empowerment strategies for a diverse society.* Brooks/Cole Publishing Company: Pacific Grove, CA. (ルイス，J. A., ルイス，M. D., ダニエル，J. A. & ダンドレア，M. A., 井上孝代（監訳），石原静子・伊藤武彦（訳）(2006). コミュニティ・カウンセリング―福祉・教育・医療のための新しいパラダイム ブレーン出版)

Murrell, S. A., (1973). *Community psychology and social systems: A conceptual framework and intervention guide.* Behavioral Publications: New York. (マレル，S. A., 安藤延男（監訳）(1977). コミュニティ心理学―社会システムへの介入と変革 新曜社)

第4章

介入方法のバリエーション

高橋 浩・原 裕視

前章では、「システム論的心理社会支援としてのコミュニティアプローチ（CA-SAPS）」の介入方略にかかわる視点として3次元介入、6レベル介入、4側面介入を解説しました。これらの視点に基づいて、支援の目標を設定し、実施すべき介入方法を選択していきます。本章では、数ある介入方法の中から、コミュニティアプローチで使用される有効かつ必要最小限の7つの介入方法を取り上げて解説します（図表4-1）。これがすべてではありませんが、この7つを習得しておけば、おおむねコミュニティアプローチが実践可能になります。なお、各介入方法の詳細な実践方法については、紙面の都合上割愛しますので、各専門書を参考にしてください。

図表4-1　コミュニティアプローチの7つの介入方法

<table>
<tr><td colspan="2">アセスメント・心理査定</td></tr>
<tr><td>カウンセリング／心理療法</td><td rowspan="3">相手支援
のための3C</td></tr>
<tr><td>危機介入</td></tr>
<tr><td>コンサルテーション</td></tr>
<tr><td colspan="2">心理教育</td></tr>
<tr><td colspan="2">自助グループへの支援</td></tr>
<tr><td colspan="2">支援ネットワーキング3C</td></tr>
</table>

1 介入方法の概要

前章まで、コミュニティアプローチのベースを述べてきました。ここからは、実践活動について述べていきます。実践活動では、まず問題を「アセスメント・心理査定」する必要があります。これを踏まえて介入に入ります。コミュニティアプローチではカウンセリングを否定していませんから「カウンセリング／心理療法」も介入の１つとして位置づけています。その他、コミュニティアプローチにおいて代表な介入として、「危機介入」、「コンサルテーション」があります。この２つは、カウンセリングとは異なりますが極めて有効です。そして、個人介入だけではなく、環境・集団に対する「心理教育」も必要です。さらに、専門家の対象者に対する「～してあげる」関係だけでなく、当事者自身の努力に対して専門家が側面的な支援をする「自助グループへの支援」も大事です。つまりコミュニティアプローチは、専門家中心から当事者中心までの「介入のスペクトル」（第１章参照）を念頭に、多様な介入を取ります。最後に、専門家あるいは非専門家とのネットワークを形成して支援する「支援ネットワーキング 3C」も、従来の個人介入とは大きく異なり、コミュニティアプローチらしい手法です。次節から各手法について解説していきます。

2 アセスメント・心理査定（Assessment）

(1) 査定／心理査定

アセスメント[1]とは、一般的には「査定」や「心理査定」と訳されます。かつては心理診断と表現されていましたが、「診断」は医療用語ですので、臨床心理学では「アセスメント」と表記されるようになりました。アセスメントは

1 アセスメント：アセスメントの中に見立てを含める立場や、アセスメントと見立ては独立した別物と考える立場など、研究者・実践者によって見解が異なる。本書は、アセスメントの中に見立てを含める立場をとる。

臨床心理学に限らずコミュニティアプローチにおいても重要な行為です。

ところが、カウンセリングにおいては意識的なアセスメントが行われなくなってきています。カウンセリングの初期の学習では、クライエント・センタード・アプローチの傾聴力訓練から入ることが多く、「傾聴によってクライエント自身が答えを見出す」という考え方に固着してしまうからです。実際は、クライアント・センタード・アプローチであってもアセスメントが暗黙的に行われているはずです。アセスメントがなければカウンセリング・プロセスを管理できないからです。

心理支援においては、単なる日常的な相談とは異なり、目的・目標を設定してそこに至るプロセスをマネジメントすることが求められます。そのためには、現状（問題）を把握して、今後どうなりたいのかをアセスメントする必要があります。問題を把握しなければ支援に関する説明責任を果たせませんし、目標を共有できなければクライエントとの共同作業ができなくなります。専門家として対人支援をするならば、アセスメントは不可欠です。もちろん、このことはコミュニティアプローチにおいてもあてはまります。まずはアセスメントや心理査定などによってクライエントや問題、それに関連する情報を収集して、理解と評価をすることから始めます。

(2) アセスメントの方法

心理学的なアセスメントにはいくつかの方法があります。まずは「行動観察」です。所定の視点から対象者の行動を観察することです。ただし、同一場面を複数者に観察してもらうと、その報告内容にはかなり相違が生じるので、行動観察は客観的とは言えません。そこで、ある程度のクオリティコントロールを図り、より客観的に観察・考察するための訓練が必要になります。次に、「面接法」です。クライエントの支援のためではなく、クライエントやその問題を理解し評価するための面接です。例えば、採用面接はアセスメントのための面接と言えます。第３番目は「記録・作品」です。人が産出してきた様々な作品、例えば日記や生活の記録などは、その人をアセスメントするうえで重要な資料になります。代表的なものにアートグラフィーがあります。その作家の心理的あるいは病理的な特徴を作品から読み取っていくのです。これは芸術家に限らず、一般の人の記録・作品についても対象にできます。残念ながら、以上の３つのアセスメント方法は客観性の保証がありません。実施者のスキルにかかってきます。

これを解決するために「心理検査」が登場しました。心理検査は、単なるチェックリストとは異なり、客観的な測定のために統計的な信頼性・妥当性が担保され標準化がなされ、各種の得点が被験者の特定の特徴に対応するようになっています。心理検査によって十分な客観性が担保され、一般的にアセスメントとして使用されるようになりました。なお、心理検査の使用にあたっては、その検査の特徴や対象を理解して使用方法の訓練を受ける必要があります。

さて、コミュニティアプローチのアセスメントでは、心理検査のみならず他の３つのアセスメントも適宜用いて情報収集を行います。その結果に基づいて問題を同定し、課題を把握します。つまり、見立てを行うということです。

(3) 見立て、ケースフォーミュレーションのためのアセスメント

アセスメントは単なる情報収集ではありません。「見立て」あるいは認知行動療法で言う「ケースフォーミュレーション[2]」を含みます。コミュニティアプローチでは、人間理解や環境理解そして両者の相互作用について情報を収集し、「なぜ問題が発生し維持し続けるのか」という「問題のからくり」を説明します。つまり、問題の発生・維持の「なぜ」を説明する仮説を立てるのがアセスメントの目的であり、情報収集はその手段になります。

コミュニティアプローチでは徹底的に見立てを行います。カウンセリングや心理療法などの個人介入と異なる点は、３つの切り口（人と環境とその関係）で見立てる点です。コミュニティアプローチでは人の内面だけでなく環境へと視野を広げてアセスメントを行い、問題の発生・維持にかかわる人と環境の相互作用を明らかにしていきます。

なお、クライエントの不足点や欠点を列挙して「見立て」と称する支援者が

2　ケースフォーミュレーション：介入の対象となる問題の成り立ちを説明する仮説のこと。アセスメント情報を整理し、再構成することによって、問題が、発展し、具体的な問題行動として発現し、更に問題が維持されているプロセスに関する仮説。（下山，2016）

図表 4-2　見立て（問題のからくり）の例

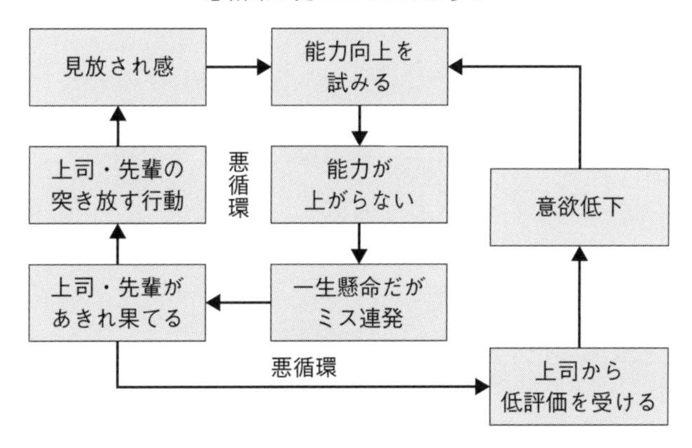

います。これらは見立てのための情報の一部ですが、それだけでは見立てになりません。それらがどのように問題を生じさせて、なぜ今も消えずにあるのか、そのメカニズムを説明してはじめて見立てになります。図表 4-2 は、問題のからくりの例です。周囲の人との関係において悪循環が発生しているために、クライエントの困りごとである「見放され感」が維持あるいは悪化する循環的因果関係を表しています。この図表で表した各枠に対して介入すれば、悪循環を断つことが期待できます。更には好循環に転じる可能性もあります。このように、見立てができると必然的に介入すべき点も見えてきます。したがって、「見立てのない介入はあり得えません」し、反対に、「介入方法の見えない見立ては真の見立てではない」と言えます。

まとめ：アセスメント・心理査定

1. 査定／心理査定
   目的・目標を設定して援助をするためには、問題（人と環境の相互作用）についての情報収集とその理解・評価（＝アセスメント）が不可欠。
2. 方法：①行動観察

②面接法（ヒアリング）
③記録・作品
④心理検査（客観的な測定方法）
使える方法はすべて使う。
3. 見立て、ケースフォーミュレーションとしてのアセスメント
問題の発生・維持する理由（問題のからくり）を説明する。
コミュニティアプローチでは不可欠。

3 カウンセリング／心理療法（Counseling / Therapy）

(1) 治療的カウンセリングと開発的・成長促進的カウンセリング

コミュニティアプローチでは、カウンセリングや心理療法を環境内にある資源（リソース）として位置付けています。コミュニティアプローチにおいても、伝統的なカウンセリングや心理療法を行うことはありますが、徹底的に行う場合は適任の専門家にリファーします。なぜなら、個人に起因する悩み（成育歴の問題や認知の問題など）よりも対人関係に起因する悩みの方が圧倒的に多く、後者に関わるほうがコミュニティとしては効果的だからです。

例えば、学校内でスクールカウンセラーに期待されることは、生徒一人ひとりへの対応はもちろんですが、学校内の多様な問題（いじめや不登校など）を解決につなげるコミュニティへの介入です。ところが、スクールカウンセラーの導入当初、カウンセラーは週に半日から１日、２～３件の相談をするのがせいぜいでした。このような状態ではコミュニティへの介入を充分には果たせません。

したがって、コミュニティアプローチにおけるカウンセリングでは、長期にわたる治療的なカウンセリングよりも、短期間の開発的・成長促進的なカウンセリングでコミュニティ内の問題解決に焦点を当てなくてはなりません。その意味では、ブリーフセラピーや解決志向的なカウンセリングがなじみます。更に言えば、１人の個人に対して行うより、同様の問題を抱えるグループ（リス

クポピュレーション[3]）に対するグループ・カウンセリングや、全構成員に対する方策の方が効果的・効率的と言えます。

(2) カウンセリング・マインドを持ったかかわり

コミュニティの構成員にはカウンセリング・マインドを持ったかかわり方をしてもらうことも大切です。カウンセリングに通じる考え方である「カウンセリング・マインド」を学習してもらい、それに則った対人関係の理解や支援の仕方、関係の持ち方を担ってもらいます。教師が生徒に、上司が部下に接する際にカウンセリング・マインドを持ってかかわると、対応の幅が広がり生徒や部下の反応が違ってくるからです。

つまり、一人ひとりへの徹底的なカウンセリングを実施するよりも、コミュニティにカウンセリング・マインドを導入して構成員間のかかわり方とその関係性を変化させることも、コミュニティアプローチのカウンセリングに対する考え方の１つなのです。

図表 4-3　カウンセリング理論とコミュニティアプローチ
「カウンセリング理論の全体見取り図」（諸富，2022）を参考に
筆者が作成

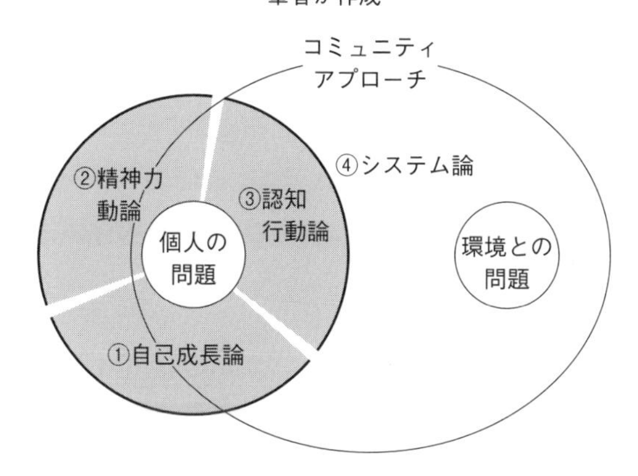

3　リスクポピュレーション：初産の母親、新任管理職など、今後、生活や仕事を進めるうえで同様のリスクに遭遇する可能性がある集団のこと。

(3) カウンセリング諸理論とコミュニティアプローチとの関係

カウンセリング理論の視点からコミュニティアプローチはどのように位置付けられるのかを示します（図表4-3)。諸富（2022）は、カウンセリングの諸理論を「自己成長論」と「精神力動論」、「認知行動論」、「システム論」（家族療法、ブリーフセラピー、ソリューション・フォーカスト・アプローチ、ナラティブセラピーなど）の4つの立場に分類しています。自己成長論と精神力動論、認知行動論は、個人の問題を中心にその周囲に位置付けられています。諸富（2022）は、システム論が自己成長論や精神力動論のように人間の「内面」に目を向けるよりは「外面」を理解する点で認知行動論に近く、とはいえ個人の理解を超えてシステムの理解と改変をすることから、システム論を認知行動論の付近の外側に位置付けました。

この時、コミュニティアプローチは、人と環境からなるシステムを介入対象としますから、システム論を包含する立場をとります。さらに、個人の認知や行動、自己成長も考慮しますので、これらもある程度包含する立場になります。ただし、コミュニティアプローチは、個人の問題を対象とするカウンセリング理論を俯瞰して、適宜カウンセリング理論を活用する立場をとります。

まとめ：カウンセリング／心理療法

1. 治療的カウンセリング（1つの資源として扱う）
2. 開発的・成長促進的カウンセリング
3. 短期療法／ブリーフセラピー／解決志向的
4. グループ・カウンセリング
5. カウンセリング・マインドを持ったかかわり
6. システム論的カウンセリング
7. コミュニティアプローチは上記2～6になじみやすい。

図表 4-4　危機状態と危機介入のタイミング

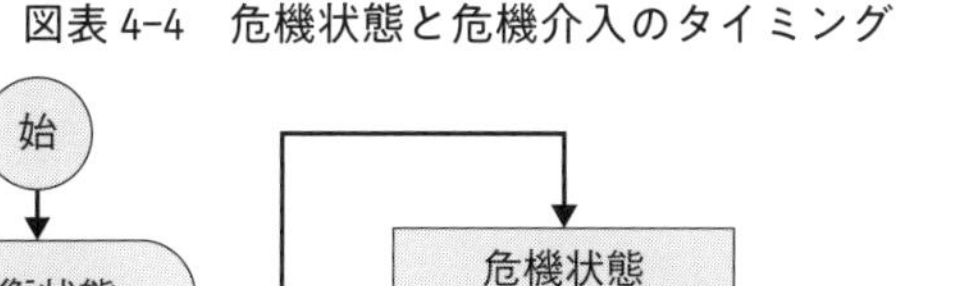

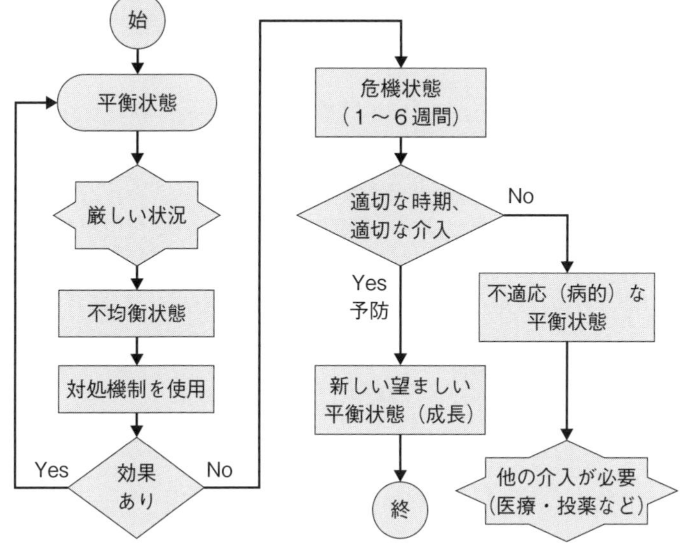

4 危機介入（Crisis Intervention）

(1) 危機状態と危機介入のタイミング

まず、危機状態になるプロセスについて説明します（図表 4-4）。人は、①厳しい状況に直面すると従来の認知的・情緒的な平衡状態が崩れます。この不均衡状態の回復のために、人は自分が保有する内的・外的資源を総動員して対処します（対処機制の使用）。②それでも解決できない場合に「不安に満ちた無力で不均衡な状態」、すなわち「危機状態[4]」になります。危機状態はとても居心地が悪いため、均衡回復のための新たな対処方法が求められる時期です。何をしなくても 1～6 週間で何らかの平衡状態に戻るため、このタイミングでの危機介入が重要です。③この時、適切な介入がなければ多くは不適応で病的

4　危機状態：人生上の重要目標の達成が妨げられたとき、はじめに主観的な対処方法・課題解決方法を用いて解決をしますが、それでも克服できない結果、発生する状態です（Caplan, 1961）。

な平衡状態に陥りますが、適切な介入がなされれば「新しい、望ましい平衡状態」に移行します。つまり、上手く危機を克服すると、危機に遭遇する以前よりも健康で成長した状態になるわけです。今後遭遇する類似の出来事への対処が可能になるので予防効果も期待できます。

危機状態での介入が重要な理由は2つあります。1つは、危機状態は長くは耐えられないので、外部からの介入を受け入れやすくなっているからです。なお、上手くいっている状態では、心理的に安定していて自信を持っているので、介入を受け入れにくい状態になっています。もう1つは、それ以降の平衡状態を左右する分岐点だからです。「クライシス」という言葉は、ラテン語のKairosで「分岐点」を意味します。「クライシス」とは危険な状態ではなく、「危険」か「好機」かの分かれ目を意味します（図表4-5）。危険に陥れば不適応や病気になり、好機に至れば予防や成長になります。したがって、分岐点である「危機状態」は介入すべき絶好のタイミングと言えます。

(2) 生活場面での危機介入

「本人が困るまで待つ」ことも支援の原則の1つです。その状態が新たな問題を誘発しない限り放置して、困り切ってから介入をするわけです。このタイミングの見極めには、生活場面における早期発見と適切な介入が必要です。生活場面が重要なのは、相談室が来談するのを待っていては危機介入の旬が過ぎてしまい早期発見ができないからです。旬を過ぎるとより時間とエネルギーを

図表4-5　分岐点としての危機状態

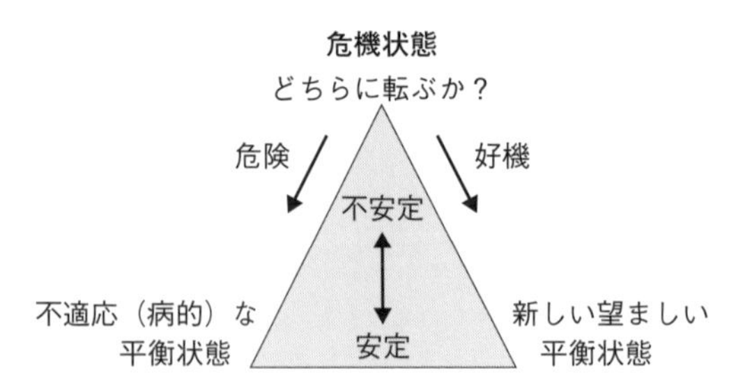

かけた介入が必要になります。したがって、危機介入を行う人は、本人に近いところ（生活場面）にいる人になります。例えば、看護師やソーシャルワーカー、学校の教師などであり、カウンセリングルームで待っている専門家ではありません。生活場面にいる専門家が、カウンセリングの他に危機介入について習得していると大きな効果が期待できます。

危機介入の背景には危機理論があり、それに基づいた介入を行います。危機には、事故や事件、自殺などの「状況的危機[5]」と、発達課題を達成できないことによって生じる「発達的危機[6]」があります。この両方を危機介入では介入対象にします。状況的危機であれ発達的危機であれ、危機状態は一時的な不均衡状態なので、一旦、平衡状態に戻す必要があります。そうでないと、カウンセリング的な支援は受け入れてもらえませんし、平衡状態になると本人が次第に力を発揮し始めるからです。

(3) 危機介入のステップ

危機介入のおおよそのステップを示します（図表 4-6)。①本人の危機状態の程度や状況の認知の仕方、これまでの対処行動の内容、緊急保護の必要性など全体像をアセスメントして（危機状態の査定)、②認知のリフレーミング、

図表 4-6　危機介入の 5 つのステップとサイクル（原, 2006)

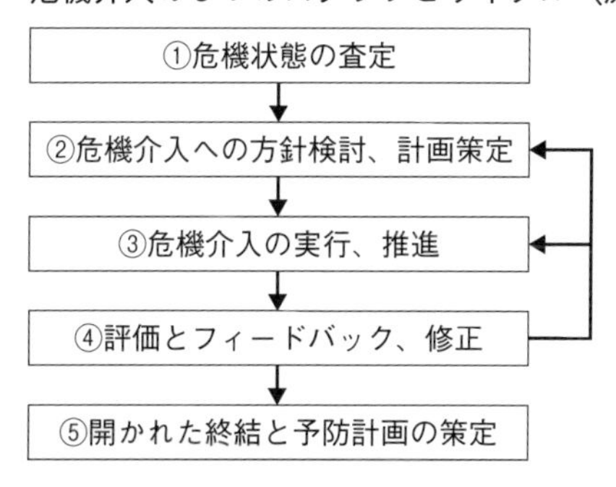

5　状況的危機：予測できない突然の出来事が原因ないし契機になって発生する危機（原, 2017)。

6　発達的危機：人生の成長過程で経験する顕著な社会的、身体的、心理的な変化に伴う、あるいは個人のライフサイクルの節目で直面する、生活上の挑戦、障害となる出来事によって発生する危機（原, 2017)。

個人内の資源や外的資源の活用方法の検討、新たな問題解決方法などの検討を行い（方針検討・計画策定）、③これに基づいて専門家主導で短期間に介入していきます（危機介入の実行、推進）。④評価を行い、望ましい平衡状態にならない場合には、必要なステップに戻って修正をかけて実行しなおします（評価とフィードバック、修正）。望ましい平衡状態に戻ったら、⑤その後いつでも将来の緊張、不安、困難に対して対処・解決ができるようにして、後日じっくりと支援をしていきます（開かれた終結と予防計画の策定）。

まとめ：危機状態と危機介入

1. 危機には、発達的危機と状況的危機がある（危機発生の理由）
2. 厳しい状況に直面し、これまでの対処ノウハウが無効化すると不均衡状態（不安に満ちた不安定な状態）が出現＝危機状態
3. 対処しなくても新しい平衡状態に（危機状態は長くは耐えられない）これは、不適応で病的な平衡状態
4. 適切なタイミングで介入して、「新しい、望ましい平衡状態」への移行が大切
5. そのためには、生活場面での、早期発見と適切な介入が必要
6. うまくいくと、予防と成長につながる！

5 コンサルテーション（Consultation）

(1) コンサルテーションとは

「コンサルテーション[7]」も予防と成長につながるコミュニティアプローチの

---

[7] コンサルテーション：Caplan（1970）は、コンサルテーションを4つに分類した。①クライエント中心のケース・コンサルテーション（コンサルタントもコンサルティもともに異なった領域の専門家として、クライエントにケース責任を負う）、②コンサルティ中心のケース・コンサルテーション（コンサルタントはコンサルティの抱えるクライエントの理解や働きかけに対して援助する。コンサルティを専門家として尊重し、その専門性をより強化する）、③コンサルティ中心の管理的コン

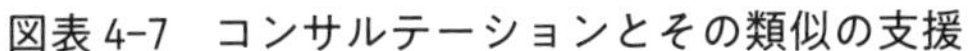
図表 4-7　コンサルテーションとその類似の支援

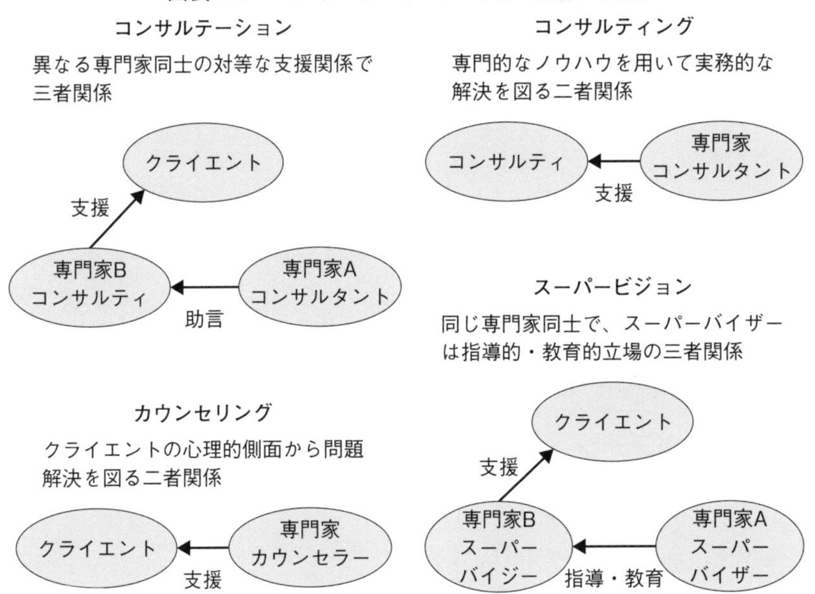

代表的なノウハウです。コンサルテーションとは、「一方をコンサルタント、他方をコンサルティと呼ぶ、異なる領域の専門家の間の相互作用の1つの過程」です（山本, 1986）。「コンサルティング」とは異なるものです。コンサルティングは、専門的なノウハウを用いて実務的な解決を行うことです（図表4-7）。元々はCaplan（1970）のコミュニティメンタルヘルスの領域の概念で、当時のコミュニティメンタルヘルスの専門家である精神科医と臨床心理学者と精神科看護師が、異なる専門家、例えば親（親業の専門家）、教師（教育指導の専門家）、上司（マネジメントの専門家）に心理的なノウハウを提供することが支援になることから考えだされました。

コンサルテーションの例を挙げます。教師（コンサルティ）が「自分の生徒（クライエント）をどのように理解し、どのように対応してよいのか解らない」

サルテーション（コンサルティの抱えている組織管理上の対策・活動計画上の困難に対し、コンサルタントが専門家の立場から援助する）、④プログラム中心の管理的コンサルテーション（プログラムそれ自体に関与する）。本書は②について述べている。

と教師自身のノウハウでは対応できなくなった場合に、心理の専門家（コンサルタント）に相談すれば解決の糸口がつかめるかもしれません。コンサルテーションは対等な関係なので、心理の専門家が教師を指導するわけではありませんし、ノウハウを提供してもその通りに実行してもらうわけでもありません。コンサルタントのアドバイスを採用するかどうかはコンサルティ次第です。コンサルタントは、コンサルティの抱える問題や課題に対して心理学的な見地からノウハウを提案し、教師がそれに賛同すれば実施されることになります。もちろん、確実な実施のための支援も行います。なお、クライエント支援の責任はコンサルティにあり、コンサルタントにはありません。また、コンサルティの内面的な問題も扱いません。

(2) コンサルテーションのメリット

コンサルテーションにより、コンサルティが従来よりもクライエントの理解や対応の幅が拡大したとすれば、心理の専門家が影響力を発揮したことになります。クライエントを支援したのはコンサルティですが、そのための資料、財産を提供したのはコンサルタントですから、この点ではコンサルタントは間接的支援をしたことになります。コンサルテーションは、コンサルタントによるコンサルティの代行ではなく、あくまでもコンサルティの強化をすることなのです。

これが一度成立すると、次にコンサルティが類似の問題に遭遇した場合に自力で対応が可能になります。コンサルタントは不要になります。コンサルテーションを何人かに実施すれば、コンサルティが他の構成員に伝えていくので、このコミュニティ内の問題対応力がネズミ算式に蓄積されていきます（図表4-8）。対応能力を持ちながら、たまたま心理的なノウハウが不足している人はたくさんいます。このような人たちを支援する意味がコンサルテーションにはあります。

コンサルテーションによって、コミュニティ内の支援力が増えますから、コミュニティのパワーアップにつながります。面談によって支援者が１人のクライエントに対して時間を費やすよりも、コンサルテーションは効率よく貢献できます。また、専門家（コンサルタント）に限定された能力やノウハウを遥か

図表 4-8　コンサルテーションによる支援力の蓄積

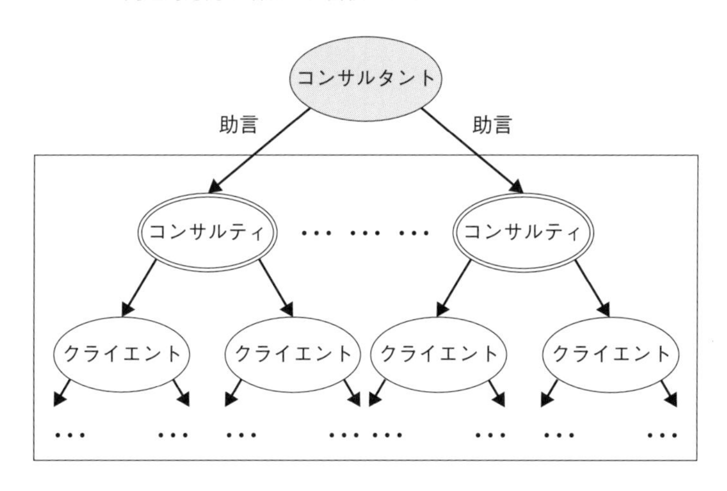

に広く活用することができます。そして、コンサルティを介すことによって、コミュニティ内の支援的な資産を作り出すことができます。まさにコミュニティアプローチ的な支援になります。何でも支援者だけでやろうとせず、支援者の限られた能力と時間をどこに向けると効果的・効率的かを検討する方が得策と言えます。

「危機介入」と「コンサルテーション」は、従来の個人介入とは異なる新しいスタイルの支援であり、これらの習得がコミュニティアプローチにおいては重要です。また、これらを習得すると他の専門家から相談相手として信頼されるようになります。特に危機介入は一気に適切な均衡状態に持っていくので、知らない人から見ると一種のマジックのように見えます。これによって、異なる専門家との関係作りがしやすくなります。

(3) コンサルテーションの手順

コンサルテーションの手順は、どの理論に依拠するかによって手法に違いがあります。久田・丹羽（編）(2022) では、精神分析的、行動論的、システム論的、解決志向的、アドラー心理学的の５つのコンサルテーションが紹介され

図表 4-9　コンサルテーションの 8 段階（Brownら，2010）

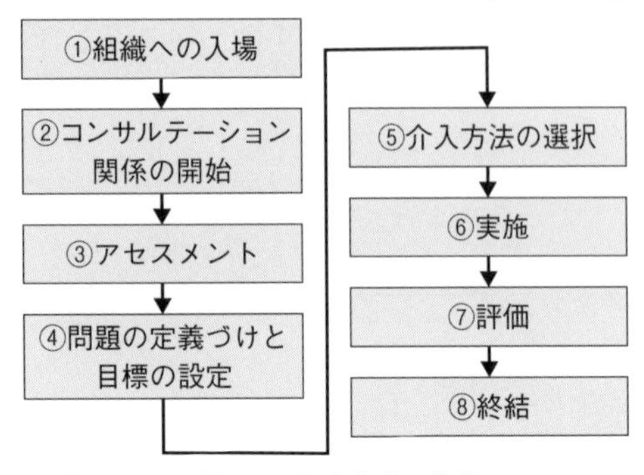

※（久田・丹羽編，2022）を参考に作成

ています。また、特定の心理療法理論によらない汎用的な手順としては Brown, Pryzwansky, & Schulte（2010）の 8 段階が紹介されています。8 段階とは、①組織（コミュニティ）への入場、②コンサルテーション関係の開始、③アセスメント、④問題の定義づけと目標の設定、⑤介入方法の選択、⑥実施、⑦評価、⑧終結です（図表 4-9）。

外部のコンサルタントを前提としていますので、①では対象となる組織の代表から活動の承認を得たり、構成員から受け入れられたりする必要があります。②構成員からの要請を受けてコンサルテーションが開始されます。相手のニーズや相互の役割を確認し、合意形成を行います。③アセスメントでは、コンサルティと環境、クライエントの視点で問題に関する情報収集と見立てを行います。④問題の定義づけと目標の設定では、相手の問題、ニーズを確認して目標設定をします。⑤介入方法の選択では、具体的にどのように対応するかをコンサルタントとコンサルティの共同作業によって決定します。⑥実施では、⑤で決めた介入方法を原則としてコンサルティの責任で実行していきます。⑦評価では、計画通りか、介入の有効性、コンサルティとクライエントの満足度などを評価します。そして、コンサルタントとコンサルティがともに問題解決を確認出来たら⑧終結となります。各段階の詳細については久田・丹羽（編）（2022）を参照して下さい。

なお、8 段階は必ずしも 1 から順番にすべてを行うわけではありません。必要な段階を取捨選択したり、あるいは並行実施したり、戻ったりします。必要に応じて適宜進めていきます。

まとめ：コンサルテーション

1. コンサルテーションとは、異なる専門家同士の対等な支援関係
   コンサルティの例：親、教師、上司、先輩、…
2. コンサルティの業務支援が中心であって、コンサルティの内面には立ち入らない
3. 類似の支援との違い
   - コンサルティング：専門的なノウハウを用いて実務的な問題解決を図る。二者関係の支援。
   - カウンセリング：クライエントの心理的側面から問題解決を図る。二者関係の支援。
   - スーパービジョン：同じ専門家同士だが、スーパーバイザーは指導的・教育的立場の支援関係。三者関係でスーパーバイザーにも責任がある。
4. クライエントに対しては間接的支援となる
   クライエントの例：子ども、児童・生徒、部下、…
5. 既存の支援者・援助者の支援力・援助力のアップを計る
6. コミュニティ（システム）全体の対処能力の向上、問題の発生予防に貢献できる

6 心理教育プログラム（Psycho-educational Programs）

(1) 心理教育の種類

心理教育[8]プログラムは、個人だけでなくグループの底上げもできる点が特徴です。心理教育には2つあります（図表4-10）。1つは精神障害、統合失調

図表 4-10　2つの心理教育プログラム

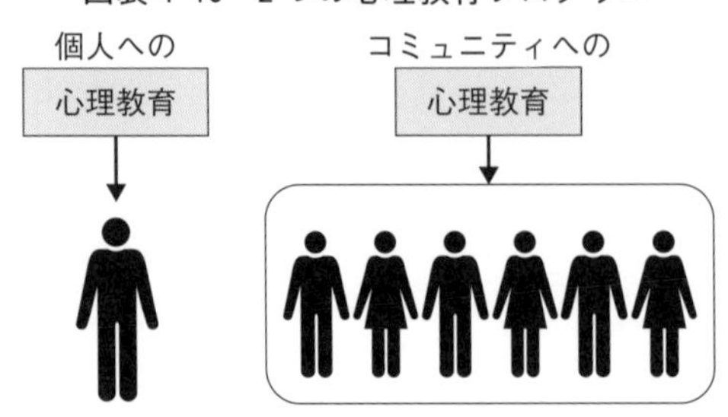

症などの社会性やソーシャルスキルがかなり低下している個人に対して、社会復帰を行う心理教育プログラムです。もう1つは、問題を持っている個人の周囲の人たちに対して、当該個人の理解力や関係能力、対処能力を向上させるものです。心理的に必要な諸能力についての目標を設定して、その能力を開発するために必要な体験や訓練を計画的に体系的に実施します。コミュニティの構成員に対する心理教育はコミュニティのパワーアップになります。このことは、4側面介入の環境－直接介入に相当し、コミュニティのパワーアップがその構成員と環境の適合を促進することになります。

(2) コミュニティの変化を生みだす

心理教育は、マネジメントの一環として導入することもあれば、自発的な構成員の活動として行う場合もあります。例えばマインドフルネスは、マネジメントの一環として実施している企業もあれば、サークルのように有志で行っているところもあります。そのような場所へ専門家として呼ばれて協力してあげることは大事です。

コミュニティアプローチに携わる心理の専門家は、コミュニケーションが難しい人たちと会話できる能力が求められますが、それだけではなくその周囲の人たちに対して一定の能力開発をする能力も必要です。それによってコミュニティに変化を起こすことができます。その意味で、「危機対応」、「コンサル

8　心理教育：心理学的な専門的な知識や対人関係のスキルを広く教授することを通して、個人の抱えている問題や、今後起こり得る問題に備えて、より良く豊かに生活するための教育（心理学専門校ファイブアカデミー，2019)。対処スキルの向上や問題の再発防止が期待できる。

図表 4-11　心理教育プログラムの 6-ステップ（Furr, 2000）

①目的の宣言 A. 焦点化すべき内容 B. 利益を得る対象者 C. 介入の目的 D. 期待できる結果	④内容の選択 A. 構造化された説明 B. 体験的活動 C. 詳細な検討
②ゴールの確立 ・参加して得られる変化	⑤エクササイズをデザインすること ・理論とゴールの確認
③目標の設定 ・ゴールへ到達するステップ	⑥評価 A. プロセス評価 B. 結果の評価

※（宮崎，2013）を参考に作成

テーション」に続きコミュニティアプローチにとって３番目に重要なものが「心理教育」なのです。

コミュニティアプローチでは個人介入に限定せず、可能な介入のすべてを行います。１人でできないことは他者と協力してでも行います。それが専門家としての能力を活かすことであり、社会の要請に応えることになります。

(3) 心理教育の手順

宮崎（2013）は効果的な心理教育プログラムのために、Furr（2000）の「6-ステップモデル」を紹介しています（図表 4-11）。その 6-ステップとは、①「目的の宣言」、②「ゴールの確立」、③「目標の設定」、④「内容の選択」、⑤「エクササイズをデザインすること」、⑥「評価」です。以下、Furr（2000）の 6-ステップの各ステップについて、筆者による要約を示します。

①「目的の宣言」では、A. 焦点化すべき内容、B. 利益を得る対象者、C. 介入の目的（改善／予防／発達）、D. 期待できる結果（認知／感情／行動／価値観／身体の変容）を明確にします。②「ゴールの確立」では、参加した結果として得られる変化を具体的に示し、参加者のニーズと心理教育との齟齬が生じないようにします（例、「ストレスの軽減」ではなく「不安を増加するような自身への言葉掛けを軽減する」）。③「目標の設定」では、ゴールに到達すべき目標やステップの輪郭を設定します。④「内容の選択」では、効果的な心理教

育になるように次の3つを適切にバランスさせます。A.構造化された説明（心理学的原理のミニレクチャー）。B.体験的活動（理論に基づく体験的なワーク）。C.詳細な検討（質問による参加者の体験の確認・共有と学習定着）。⑤「エクササイズをデザインすること」では、既存のエクササイズを組み入れて良いわけですが、そのエクササイズの背景にある理論とゴールを確認し対象者のそれと一致していることを確認します。⑥「評価」では、進行中のグループのA.プロセス評価と、終了後の効果を確認するB.結果の評価があります。詳細は、宮崎（2013）を参照して下さい。

まとめ：心理教育プログラムのポイント

1. 心理的諸能力の計画的・体系的開発をめざす
   学力伸張の場合と同様
2. 日本社会に必要なソーシャルスキルとして
   学習能力、問題解決能力、情緒的発達
   情緒的コントロール力、アンガー・コントロール
   コミュニケーション能力、対人関係能力
   ストレスマネジメント能力、自己表現力、自己主張力
   などの心理的諸能力の開発・伸張

7 自助グループへの支援（Support for Self-help Group）

(1) 自助グループ（Self-help Group）とは

自助グループとは、なんらかの障害・困難や問題、悩みなど、同様の問題を抱える当事者同士が自発的に集まり、問題を分かち合ったり、理解し合ったりして、問題を乗り越えるために支えあうことを目的としたグループです。そのグループの運営は専門家にゆだねず、あくまでも当事者で行っていく点が特徴です。

少数民族や障害者、女性や病者などマイノリティは、当然享受されるべきさまざまな力を奪われてしまい、適切な扱いがなされない状態にあります。当事者らもその状態が当然だと思い込まされてきた経緯もあります。マイノリティはマジョリティから「あなたたちはこういう特徴を持っていて、元々一人前ではなく助けられる存在であって…」という論調で位置づけられて来た歴史があります。それに対して、人種差別反対運動や女性解放運動、障害者運動などによって、「私たちはそう信じ込まされていたが、実は違うのではないか」と発言する人が増えてきました。そして、同様な生きづらさを持つ当事者同士が情報を共有し、支え合うようになってきました。それが自助グループです。

(2) 自助グループにおけるエンパワメント

この自助グループに関連する概念として「エンパワメント[9]」があります。エンパワメントとは、他者から力を付与されるものではなく、当事者自身によって力を獲得していくプロセスです。当事者が自分たちについて勉強し、研究し、理解していく中で、自分たちが従来社会から言われてきたような存在ではないことに気づいていきます。これまでの不当な扱いに気づき、それを止めるよう自己主張をはじめ、他者に働きかけたり社会的な活動をはじめたりします。その結果、理解者が現れ、社会に様々な変化が生じ始めます。そして、社会的なパワーを少しずつ行使できるようになります。

このような活動なしに専門家からの援助で力を獲得することはエンパワメントではありません。自助グループに対して「エンパワーしてあげる」と表現する人がいますが、それはエンパワメントの正しい理解から外れています。

(3) 自助グループへの支援とは

当事者同士のグループですから実際には様々な限界があります。何でも当事者だけで分かるわけではありませんから、身近に専門家がいれば相談したいことは出てきます。専門家から必要な知識やノウハウを提供してもらい、学問的

9　エンパワメント：個人や家族やコミュニティが、自ら生活状況を改善することができるように、個人的に、対人関係的に、あるいは政治的に力を増していく過程である（Gutiérrez Cox, Parsons, 1998）。

図表 4-12　自助グループへの支援（新しい専門性）

な根拠や裏付けをしてもらいたいニーズがあります。その活動段階におけるニーズに応えるために、当事者の仲間としての専門家という「新しい専門性」が必要になります。

ここでの専門家とは、教える、指導するという「ウエ」の存在ではなく、当事者の仲間として自身の専門性を説明し、それを当事者にとって本当に活かすことができる「ヨコ」の存在です（図表 4-12）。当事者が主体的に活動できるようにするには、必要な知識やノウハウを直接提供するだけでなく、当事者自身でできることと専門家に依頼することを仕分けることや、当事者が専門家を使いこなせるようになることも必要です。これらのことができるように支援することも専門家に求められます。また当事者の活動の段階に応じて必要なことも変わっていきます。したがって、当事者との対話を通じてニーズを把握し、その活動段階におけるニーズに応じて役立つ支援をすることが求められます。

まとめ：自助グループへの支援

1. エンパワメントは、他者からの支援、援助よりも
   当事者の活動によって力を獲得していくことである！
2. 個人・組織・コミュニティのエンパワメントに関与する
3. 当事者の認知、感情、行動、関係性が変化するのを支援できることが
   大切！（エンパワーしてあげるではない）

病的状態の治療、不適応の改善、欠陥の矯正、弱点の補強などに対して必要な対応を行う

4. 自助グループ（Self-help Group）を支援できることが大切
5. ニーズに応じた支援 「ウエ」の存在としての専門家から「ヨコ」の存在としての専門家へ⇒「新しい専門性」の必要性

8 支援ネットワーキング 3C（Support Networking, 3C）

(1) チーム／ネットワークを強化するために

これまで述べてきた数々の介入をすべて１人で担うことは困難です。そこで「多職種連携[10]」が必要になります。その多職種の中には、専門家の他に非専門家（一般の人たち）も含まれます。なぜなら、週１回１時間だけ会う専門家よりも、日常的にかかわる身近な非専門家の方が専門家に比べて何倍も影響力があるからです。非専門家の中でも「重要な他者（significant others[11]）」はクライエントに大きな影響を及ぼすので特に重要です。この専門家と非専門家が「支援ネットワーク[12]」を構築して、連携して問題解決にあたります。この支援ネットワーキングの代表的なものを本書では「支援ネットワーキング 3C」と表現します。すなわち、コーポレーション（cooperation）、コラボレーション（collaboration）、コーディネーション（coordination）の３つの頭文字のことです（図表 4-13）。

コーポレーションは非専門家の協力を得て支援をすることです。非専門家の役割は、日常生活の中でクライエントに対して容易にできる支援を分担してもらいます。２つ目のコラボレーション[13]は異なる専門性を持った専門家が同じ

---

10 多職種連携：保健医療、福祉、心理、教育などのさまざまな専門職種が互いの専門性を活かしつつ密接な連携の下で１つのチームとして働きかけること。

11 重要な他者：ある人の人生や幸福感に重要な影響を及ぼす人のこと。

12 ネットワークとは、われわれを結びつけ、活動・希望・理想の分かち合いを可能にするリンク。ネットワーキングとは、他人とのつながりを改正するプロセス（Lipnack, & Stamps, 1982）。ネットワーキングは動態的である。

図表 4-13　支援ネットワーキングの 3C

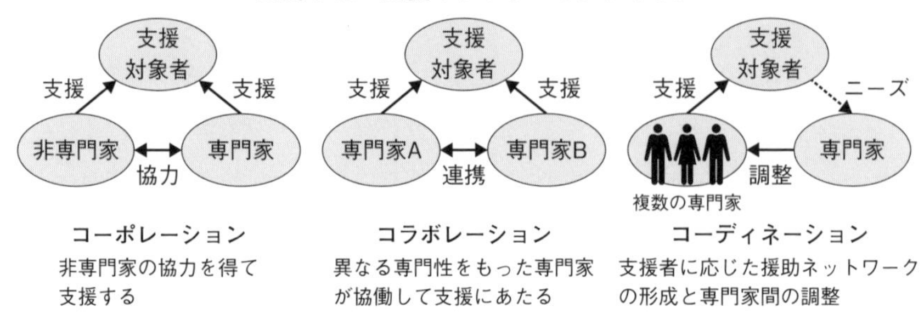

目標を目指して各専門性を発揮していきます（なお、非専門家も含めてコラボレーションと称する研究者もいます)。最後にコーディネーションは、クライエントのニーズを確認して必要な専門家を調達して支援対象につなげていきます。さらに、コーディネーションには、複数の専門家による介入の衝突や矛盾が生じないように、目標に向けてその力を収斂するようなマネジメントや調整も含みます。この役割はプロジェクトマネジメントと似ています。これらの支援ネットワーキング 3C を用いて専門家・非専門家の力を発揮することによって、相乗効果を生み出すことが可能になります。

(2) ソーシャルサポート（社会資源、Social support）

ソーシャルサポートとは、当事者の日常的な関係の中で支援を提供してくれる資源のことです。これには家族、友人、隣人、職場の人、学校の先生などのインフォーマルな資源と、専門家や専門機関などのフォーマルな資源があります。ソーシャルサポートを活用するには、事前に「当事者のソーシャルサポートの分析」が必要です。つまり、ソーシャルサポートの中で動けそうな人、役に立ちそうな人などを洗い出します。ソーシャルサポートの理論では、資源を「道具的・具体的なサポート」と「情緒的・心理的なサポート」に分ける考え

13　コラボレーション：高畠（2017）は次のように定義している。さまざまな臨床現場で続出している困難な問題に対して、その解決が 1 人の専門家の力量だけで不可能である状況を踏まえて、さまざまな専門家ときには非専門家も交えて、積極的で生産的な相互交流や相互対話を重ねながら、共通の目標や見通しを確認し、問題解決に必要な社会資源を共有し、必要ならば新たに資源や社会システムを開発する活動。

方があります。仕事を手伝う、勉強を教えるなどは道具的・具体的なサポートです。一方、話をよく聞く、一緒にいるなどは「情緒的・心理的なサポート」です。このようなサポートをしてくれる存在が、その人のネットワークの中にどのくらい居るかを分析し、有効活用を図ります。

(3) ケースマネジメントの考え方の援用

コミュニティアプローチでは、ソーシャルサポートの見極めと活用が重要です。すなわち医療・福祉領域で言うところの「ケースマネジメント」の考え方で、「援助を必要とする当事者が迅速、かつ効果的に必要とされるすべてのサービスが受けられるように調整を図ること」です。そのためには、当事者を中心に、様々な専門家や様々な人間関係などのソーシャルサポートと、個人の内的資源も含めてすべてアセスメント[14]します。アセスメントができれば、その中でどの資源をどの順番で集中させると成果が期待できるかを戦略的かつ論理的に考えることができます。当事者の「ニーズと社会資源の全体像」を把握しなければ資源の活用を検討できないので、アセスメントは不可欠です。また、アセスメント当初から、その後の戦略立案に有効と思える情報を収集するとか、ニーズに対応すると思える資源を見極めるといった意識を持ちながら行う必要があります。

支援ネットワーキングの方法には、①既存のネットワークからサポートを引き出す方法（周囲の人への協力依頼)、②新しいサポート源を当事者につなぐ方法（医療機関やボランティア組織の紹介)、③新しいサポート資源を作る方法（自助グループの立ち上げ)、④サポートネットワークを調整する方法（当事者の問題と各サポート資源の役割の話し合い・共有）があります。

(4) 支援ネットワークの作り方

コミュニティ内の資源は探せばそれなりに見つかります。地区行政や地域における支援機関、専門家のリストが用意できれば、支援ネットワークは容易そうに思えます。しかし、単にリストを用意するだけで有効な支援ネットワーク

14　サポートネットワーキングのアセスメント：当事者の支援ネットワークについて、その関係、援助の意欲、援助内容、接触の頻度、交友期間などのアセスメントが必要（Maguire, 1991)。

図表 4-14　支援ネットワークの作り方

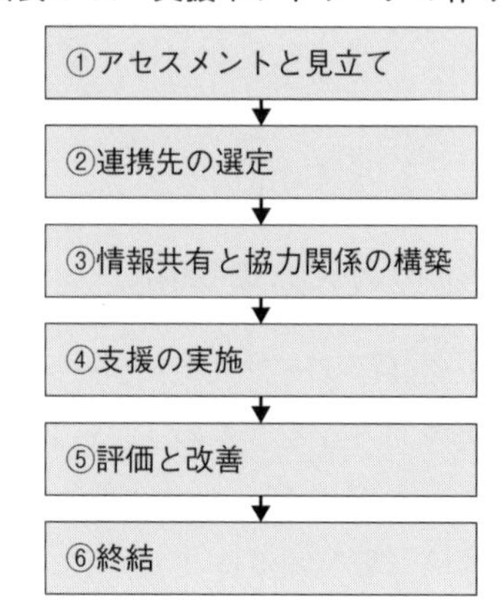

を作れるとは限りません。同じ目標を共有した協力関係が不可欠だからです。

そこで、支援ネットワーク形成のステップを示します（図表 4-14）。①アセスメントと見立て：人と環境の相互作用、生物－心理－社会の視点から、ニーズの把握と必要な支援を確認します。②連携先の選定：公的機関・専門家だけでなく、クライエントにとって味方になる周囲の非専門家の協力者も候補になります。その中から、連携先となりそうな候補を選定します。③情報共有と協力関係の構築：協力してくれる専門家・非専門家に対して見立て・支援方針や協力体制の案を伝えて、連携先とのすり合わせや合意を得ていきます。なお、合意が得られなければ、あるいは連携先に必要な能力がなければ、別の候補に変更します。④支援の実施：協力関係の合意が得られたら、何を目的に、誰がいつ、どのように介入するかの作戦会議を経て、クライエントへのインフォームドコンセントののちに介入を行います。⑤評価と改善：実施後の反応や変化を評価して、必要に応じて①～④の見直しを行います。⑥終結：関係者とクライエントから十分な効果の確認ができたら終結します。クライエントと当該コミュニティだけで自律的に良い状態を維持できる状態にするのが理想です。

このように、支援者は連携先リストを用意するだけでなく、随時、支援ネットワークを作れる力をもつ必要があります。連携先と見立てを共有しながら、随時、協力関係を作れるスキルが必要です。また日ごろから、共に仕事をしたり日常的な交流を図ったりしながら、支援ネットワークの連携先候補を作ることも重要です。それは、誰が、どの分野で、どんな方法で、どの程度の支援が可能な人物かを見極めていくことになります。

(5) 情報共有と守秘義務

このような支援ネットワーキングの際の守秘義務は、ネットワーク内の構成員全体（＝チーム）で負うことになります。守秘義務を負う専門家同士（医師、カウンセラー、弁護士など）が「チームでの守秘義務」を遵守することは当然のことです。守秘義務を負わない非専門家には、専門家と同等の守秘義務を負う必要性を説明し、守秘義務の誓約をしてもらう場合もあります。チームでの守秘義務では、メンバー全員が同じ情報を持つわけではありません。共有する情報と共有範囲について、必要最小限にとどめる必要があります。それは、メンバーの役割や信頼度から検討することになります。

(6) 相手支援のための3C

上記のチーム／ネットワークを強化するための「支援ネットワーキング3C」の他に、既に当事者に直接支援する「相手支援のための3C」があります。それは、カウンセリング（Counseling)、危機介入（Crisis Intervention)、コンサルテーション（Consultation）です。コミュニティアプローチにおいては、「相手支援のための3C」と「支援ネットワーキング3C」の両方が専門家に求められます。それは、相乗効果があると考えるからです。

なお、「3C」という呼称は、コミュニティ心理学としてオーソライズされているわけではなく、覚えやすいように本書で使用している言葉です。

まとめ：支援ネットワーキング　3C

1. チーム／ネットワークを強化するための支援ネットワーキング3C
   - Cooperation 非専門家との協力
   - Collaboration 専門家同士、他職種との協働
   - Coordination 問題ごと、対象者ごとの支援ネットワークの形成と調整
2. ソーシャルサポート（Social Support)

・道具的・具体的なサポート＆情緒的・心理的なサポートの活用
3. ケースマネジメントの考え方の援用
4. 相手支援のための3C：
・カウンセリング（Counseling）
・危機介入（Crisis Intervention）
・コンサルテーション（Consultation）
が支援ネットワークの中で機能すると極めて効果的である。

9 おわりに

以上、コミュニティアプローチにおける介入方法の7つのバリエーションを挙げました。他にも活用可能な手法・手段はありますが、これらを習得していればコミュニティアプローチの理解と実践として十分だと考えます。アセスメントを除けば、毎回すべてを実施するわけではありません。アセスメントに基づいて、どのような介入方法を用いるべきか、取捨選択や組み合わせ、優先順位を検討して実施することになります。

本書では頁数の都合上、各介入方法の解説は概要にとどめました。詳細については、巻末の参考図書やその他の研修会で深めてください。支援者として、多くの介入方法に通じていることに越したことはありませんが、自分にできない介入は対応可能な専門家・非専門家に協力すればよいと考えるのもコミュニティアプローチです。そのためにも、コンサルテーションに代表される間接的支援や多職種連携、支援ネットワーキング3Cは優先的に習得してほしい技能です。これにより、支援者としての対応の範囲を広げることができ、頼れる支援者になることができます。

コラム：メディエーション～関係性への介入

コミュニティアプローチでは、関係性への介入が求められます。その方法の1つであるメディエーションを紹介します。メディエーションとは、日本語にすると「調停」となり、法的な用語になりますが、法的なものに限らず、一般に二者間の問題や紛争を解決する手法のことを指します。ここでは、安藤・田中・和田（2015）に基づいて、個人と個人の対人関係のメディエーションの概要と方法を解説します。

メディエーションの基本的な原理は、両者のニーズを取り上げてこれを両者が受容し合い、理解し合い、満たし合って、両者の望む関係を再構築することです。しかし、関係が悪い状態の当事者は、自身のニーズを自覚していないことや、ニーズを攻撃的な表現で伝えることが往々にしてあります。例えば、「もっと自分の努力を認めてほしい」というニーズがある場合に、相手に対して「あいつは馬鹿だ。何もわかっていない。それでよく評価者になれたものだ」など、つい批判的、攻撃的な表現をするわけです。このような表現では、売り言葉に買い言葉になって、関係が悪化していきます。これを回避するためにメディエーターは、①一方の言い分を受容・共感しつつニーズを言語化するよう質問をしていきます（傾聴と質問によるニーズの明確化）。次に、②そのニーズに焦点を当ててポジティブな表現で相手に伝えます（焦点化とリフレーミング）。例えば、「あいつは馬鹿だ。何もわかっていない」という発言に対して、「それは相手にどうしてほしいということでしょうか？」と質問してニーズを明確化します。「つまり、もっと自分が努力したことを理解してほしい、という意味なのですね」とポジティブに言い換え、それを相手にも伝えます。当然のことながら、これを両者に対して行っていきます。

また、③両者の非言語表現をよく観察して、それを取り上げることも行います（観察とリフレクション）。これは、本人が無意識に感じている本音や感情、言い分、ニーズを拾い上げて意識化する意味があります。例えば、「いま、A さんの発言に対して、表情を曇らせたようですが、どんな気持ちになったのでしょうか」といったかかわり方です。この回答を糸口に、非言語の感情やさらにその奥にあるニーズも言語化していきます。

お互いのニーズを十分に出し合って、相互の受容と理解が十分に進んだら、④両者のニーズをどのように満たしていくか、どんな関係になりたいのかを両者に問いかけます（自己決定の促進と関係改善の工夫）。その場ですぐに満たすことが可能なニーズもあります。例えば、当事者の一方が「あなたの今の話を聞いて、初めてあなたが相当な努力をしていることが分かった。気づかなかったことについて謝罪したいし、改めて認めたい」と発言することで収まる場合もあります。中にはもう少し複雑で、いろいろなアイディアを出し合って解決しなければならないものもあります。その場合は、メディエーターも含めて三者でアイディアを出し合って、関係改善の良い方法を検討します。

実際には、いきなり三者で会うのではなく、メディエーターが１人ひとりとの面談を通じて、各自のニーズの明確化と相手への伝言を何度も繰り返して両者の相互理解を進めていきます。その中で、落としどころが見えてきて、両者が話し合ってよいとの合意が取れてはじめて三者面談に至ります。三者面談までの期間が重要で、ここで妥協点が見えるようにすることが肝心です。なお、メディエーションは、少なくとも当事者の一方が関係改善を望んでいることが大前提です。そうでない場合は別の方法を用いたほうが良いと言われています。また、メディエーターの立場は、どちらか一方の肩を持つのではなく、あくまでも両者の味方であり関係改善の支援者という立場を貫きます。

引用文献

安藤信明・田中圭子（著），和田仁孝（監修）(2015)．調停にかかわる人にも役立つメディエーション入門　弘文堂

Brown, D., Pryzwansky, W. B., & Schulte, A. C. (2010). *Psychological consultation and collaboration: Introduction to the theory and practice* (7th ed.). Allyn & Bacon: Boston, Mass.

Caplan, G. (1961). *An approach to community mental health*. Tavistock: London.（キャプラン，G., 山本和郎（訳）(1968)．地域精神衛生の理論と実際 医学書院）

Caplan, G. (1970). *Theory and practice of mental health consultation*. Basic Books: New York.

Furr, S. R. (2000). Structuring the group experience: A format for designing psychoeducational groups. *Journal for specialists in group work,* 25(1), 29-49.

Gutiérrez, L. M., Cox, E. O., Parsons, R. J. (1998). *Empowerment in social work prac-*

tice: A sourcebook. Thomson Learning: Pocific Grove.（グティエレス，L. M.，コックス，R. J.，パーソンズ，E. O.，小松源助（訳）(2000). ソーシャルワーク実践におけるエンパワーメント―その理論と実際の論考集 相川書房）
原裕視（2006）. 危機介入　植村勝彦・高畠克子・箕口雅博・原裕視・久田満（編）よくわかるコミュニティ心理学　初版 V章2節 ミネルヴァ書房
久田満・丹羽郁夫（編）(2022). コンサルテーションとコラボレーション（コミュニティ心理学シリーズ第2巻）金子書房
Lipnack, J., & Stamps, J. (1982). *Networking, the first report and directory.* Doubleday Books: Garden City, NY.（リップナック，J. & スタンプス，J., 正村公宏（監訳）(1984). 社会開発統計研究所（訳）ネットワーキング プレジデント社）
Maguire, L. (1991). *Social support systems in practice: A generalist approach.* Nasw Press.（マグワィア，L., 小松源助・稲沢公一（訳）(1994). 対人援助のためのソーシャルサポートシステム 川島書店）
宮崎圭子（2013）. サイコエデュケーションの理論と実際　遠見書房
諸富祥彦（2022）. カウンセリングの理論（下）―力動論・認知行動論・システム論　誠信書房
下山晴彦（2016）. 心理職のための認知行動療法ケースフォーミュレーション入門 臨床心理フロンティア サンプル動画集 retrieved from 2023年6月22日 https://www.youtube.com/watch?v=iKO5Uyp1c0Q
心理学専門校ファイブアカデミー（2019）. 一発合格！ 公認心理師対策テキスト＆予想問題集 ナツメ社
高畠克子（2017）. コラボレーション 植村勝彦・高畠克子・箕口雅博・原裕視・久田満（編）よくわかるコミュニティ心理学　第3版 ミネルヴァ書房（pp. 48）
山本和郎（1986）. コミュニティ心理学―地域臨床の理論と実践 東京大学出版会

第5章

コミュニティアプローチの手順

高橋 浩・原 裕視

本章では、「システム論的心理社会支援としてのコミュニティアプローチ(CA-SAPS)」の実施手順について解説します。実施手順の全体像を図表5-1に示します。原則として大きくは「A. アセスメント」→「B. ニーズ確認と

図表5-1　コミュニティアプローチの手順

段階	手順	内容
A. アセスメント	1. 現状理解（問題の同定・課題の把握）	a. 理解する対象
		b. システムとしての個人の確認
		c. 関連するコミュニティの確認
	2. 関係・相互作用の可視化	
	3. 見立て（ケースフォーミュレーション）	
B. ニーズ確認と目標設定	4. 望ましい状態（目標）の設定	
C. 介入準備（対応策の立案）	5. 介入するポイントの確認（介入の3つの切り口から総合的へ）	
	6. システムへの介入を検討	
D. 介入方略の策定と実施・評価	7. 個別の介入方略	
	8. 全体方略（実施案）の組み立て	
	9. 実施計画の策定	
	10. 実施と評価	

目標設定」→「C. 介入準備（対応策の立案）」→「D. 介入方略の策定と実施・評価」の順で、細かくはその下位項目1〜10の順で進めます。以下にて、これらの詳細を解説します。

図表5-1の手順はあくまで原則であり、実際は状況や必要に応じて再帰的に進めていきます（図表5-2）。もし、「B. ニーズ確認と目標設定」に進んだ際に、目標設定が困難だとしたら「A. アセスメント」に戻ることになります。このように、上流が不十分だと下流において不都合が生じたりしますので、前段階に立ち戻ることになります。反対に、現段階を完璧に行ってから次の段階に進むことが難しい場合もあります。時間的制約や実施困難な事項があるからです。その場合は、ある程度で見切りをつけて次の段階に移ることも必要です。例えば、ある程度の見立てができたらアセスメントを切り上げて次の段階に入ることや、ある程度介入をしたらどのような変化が生じたかを確認して見立てをし直すなどの柔軟さも必要です。複数の問題がある時は、1つに焦点を当てて変化を起こすと、残りの問題が解決するという場合もあり得ます。

また、例えばAアセスメントは、B〜Dを実施する中での獲得する情報に基づいて、見立ての精度が増したり、見直しに迫られたりすることがあります。それによって以降のプロセスを変更することになります。つまり、A〜Dは順次に進むだけでなく、並行して重なりあって進んでいく場合もあります。実践ではむしろこちらの方が多いと言えます。

図表5-2　コミュニティアプローチの再帰的プロセス

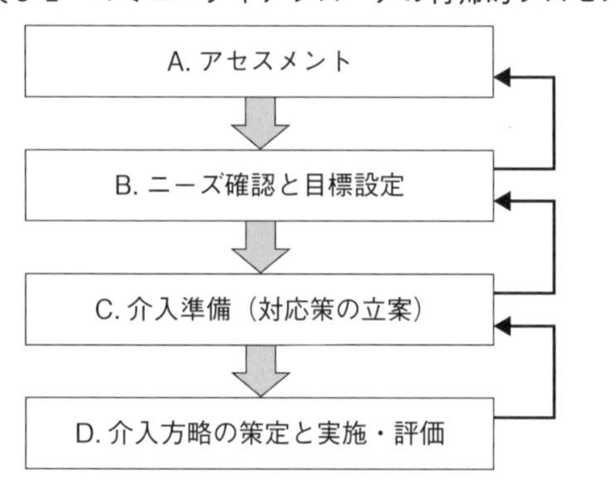

したがって、A～Dの流れはあくまで理想的な原則であり、適宜、進めたり立ち戻ったり、あるいは並行しながら、小さいPDCAを数多く回すようにして進めます。

第1章の人間観・問題観・解決目標や第2章の8つの基本的発想は手順の大前提になります。第3章の3次元介入・6レベル介入・4側面介入は、アセスメントでの視点でもあり、介入方法の方略にも影響します。第4章の介入方法は「C. 介入準備」、「D. 介入方略の策定と実施・評価」で適宜、選択的に用いられることになります。

A. アセスメント

1 現状理解（問題の同定・課題の把握）

- 見立てに必要な情報を収集する（単なるヒアリングではない）
- 誰との／何とのどのような相互作用があるのか？（理解）
- 誰にとって、何がどのように問題なのか？　どのような課題があるのか？（評価＝問題の同定・課題の把握）

(1) 見立てに必要な情報を収集する

アセスメントで最初にすることは「現状理解」です。現在、人（クライエント）およびその環境において、誰と誰が、あるいは誰と何がどのような相互作用があるのかを理解するために必定な情報をアセスメントします。さらに、誰にとって、何がどのように問題があるのかを理解し、どのような達成すべき課題があるかを評価します。

この時、何の目的もなくヒアリングするわけではありません。アセスメントの最終目的は「見立て」ですから、「見立て」に必要な情報を収集します。「見立て」とは問題の発生・維持のメカニズム（＝問題のからくり）に関する仮説です。そのメカニズムとして、人と環境の相互作用によって生じる「悪循環」が考えられます（図表5-3）。この悪循環を探求する意図をもって情報収集を行います。したがってアセスメントは、「問題のからくり」や「悪循環」を明らかにするために、何の情報が必要で、それは誰から得られるか、どのような手段（面接法、心理検査など）で収集すべきかを見定めて行うことになります。

クライエントの「来談経緯」や「主訴」は最初の情報になります。この場合においても問題のからくりを探求する視点で話を聴き取ります。これによって、ある程度の見立て（仮説）が可能になります。この初期の仮説に基づいて、さらなるアセスメントを行い、見立ての確度を高めていきます。コミュニティアプローチに限ったことではありませんが、見立てができると取るべき対応策が検討できるようになります。逆に言うと、「見立てのない介入はあり得ない」ことになります。

(2) 誰にとってのどのような意味での問題か

加えて留意すべきことは、問題とされる事象が「誰にとって、どのような意味で問題なのか」です。同じ事象であっても、人によってその問題が持つ意味が異なるからです。例えば、不登校という事象に対して、教師や保護者にとっ

図表5-3　問題のからくり（悪循環）

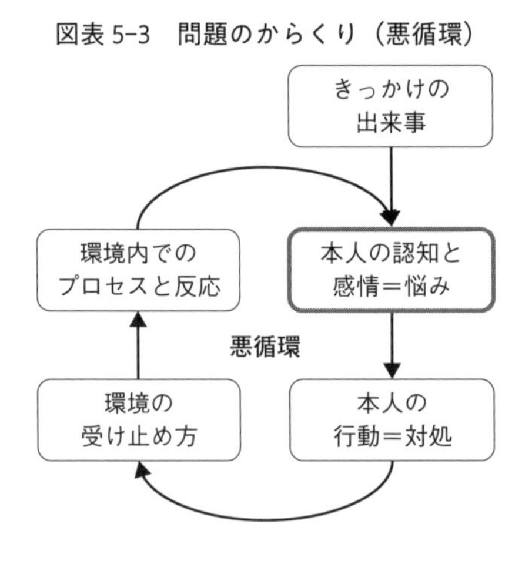

ては「学校に行くべきなのに行ってくれない」という「社会規範からの逸脱」として問題を捉えているかもしれませんが、当の生徒は「不登校がいじめから逃れる唯一の手段」で「いじめの脅威」を問題としているかもしれません。このように人により問題の意味は異なるものです。コミュニティアプローチは多様性を重視しますから、問題についても多面的に「問題の意味」を確認します。なお、問題の意味を捉えるうえで、当事者の「語り」を重視するナラティブ・アプローチは注目すべき手法です。

(3) どのくらい情報収集すべきか（完璧は目指さない）

1回の情報収集によって十分な見立てができることは稀です。不明点や疑問点が多く残っていて次のステップに移ることができない場合は、さらなる情報収集をします。「ある程度の情報を収集して、ある程度の見立てを行う」ことができるのなら、このサイクルを繰り返して、見立ての確度を高めていきます。つまり、情報収集と見立ては相補的な関係にあります（図表 5-4）。

とはいえ、必ずしも完璧な情報収集をしなければ次に進めないわけではありません。どのようなケースでも、限られた時間内で介入を行う必要があるからです。残された時間も考慮して、ある程度の見立てができたら次の段階に進み、その段階の中で並行してアセスメントをしたり、介入後にアセスメントに戻ったりします。コミュニティは「人と環境の相互作用からなるシステム」ですから、介入を行えば何らかの変化が生じて、結果的に問題が解消されること

図表 5-4　情報収集と見立ての相補的関係

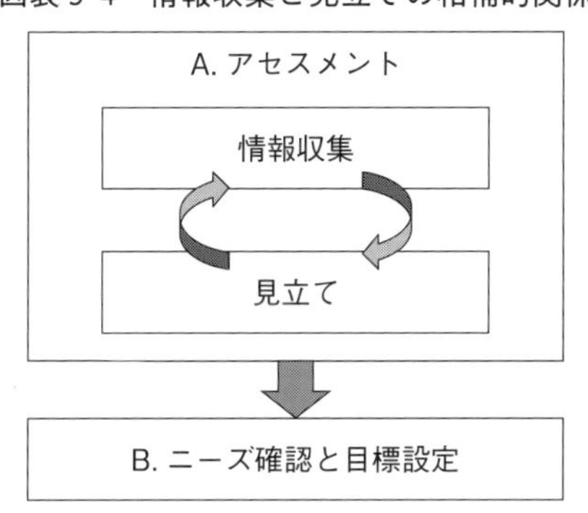

もあります。緊急性や重要性なども考慮して、アセスメントの継続か、次の段階への移行かを検討します。そして、次の段階へ移行したとしても、情報収集は続けていき随時アセスメントの参考にします。

1-a. 理解する対象：システムとして理解するために

①個人
②対人関係（二者関係、多者関係）
③個人と環境の関係
④環境およびシステム全体（関連している複数のコミュニティ）

アセスメントでは、「人と環境の相互作用」を確認します。具体的な視点として①「個人」、②「対人関係」、③「個人と環境の関係」、④「環境およびシステム全体」が挙げられます。①「個人」（＝主にクライエント。クライエント以外の関係者の場合もある）については3次元介入（BPSモデル）でアセスメントします（1-bを参照）。②「対人関係」については、個人と他の誰かとの「二者関係」だけでなく、複数者との「多者関係」も確認します。これは、個人の他者に対する認知と行動、および他者から個人への認知と行動などを確認します。③「個人と環境の関係」は、個人と環境が互いをどのように認知して関わっているか（認知と行動）を確認します。個人から環境だけでなく、環境から個人への認知と行動もです。環境には人間的環境の他に、社会的環境や物理的環境がありますから、これらの環境が個人をどのような存在とみなしているか、どのように扱っているかを確認するということです。最後に④「環境およびシステム全体」ですが、これについては1-cで述べます。

なお①～④の視点を持つと、環境やシステム全体が個人の延長線上にあり、両者が二項対立の関係ではないことが理解できます。

1-b. システムとしての個人の確認

- 3次元介入（BPSモデル）の視点で、どこに、どのような問題が起き

ているか？　生物・心理・社会のそれぞれにおけるニーズの確認

- 当該の問題では、生物・心理・社会システムにどのような相互関係／相互作用があるか？

（1）3次元介入（BPSモデル）の視点と個人のニーズ

まず、個人にとって、生物－心理－社会の各視点でどのような問題が起きているかを確認します。それぞれの問題の解決像を知るとその人のニーズを多面的に確認することができます。例えば、心理的側面において、自責の念（問題）に苦しむ人は、自己肯定感（ニーズ）を求めていると言えます。適切な介入のためには、ニーズを確認して、これを満たすような目標を設定します。

（2）BPSの相互作用

BPSモデルは3次元のシステムですから、生物－心理－社会の各問題がどのように影響し合っているのか、その因果関係や相互作用についても確認していきます。クライエント本人から聞くことが第一ではありますが、本人が自覚していない問題や正確に把握できていない問題、あるいは意図的に話題にしない問題も考えられます。そのような場合は、観察法や適切なアセスメントツールを活用したり、あるいはクライエントの関係者から情報を得たりして、多角的なアセスメントをします。そして、得られたBPSの情報が、相互にどのように関係し合っているかを見定めていきます。

1-c.　関連するコミュニティの確認

1. ステークホルダー（直接・間接の）は誰・どこ？
   個人、集団、団体、組織、…
2. ミクロ～メゾ～エクソ～マクロのどのレベルが関与しているか？
   家族、地域の集団、職場の組織、自治会、管理組合、町内会、学校、部活、趣味のグループ、行政組織、SNSグループ、…
3. この問題の発生、解決可能性に関連するコミュニティは？

(1) ステークホルダーは誰・どこ？

情報収集をするうえで注目すべきことは、ステークホルダー（利害関係者）を洗い出すことです。クライエントが主訴や来談経緯を語る中にその多くは語られるはずです。いつ、誰と、どのようなやり取りがあって、どのようにして問題に至ったのか確認していきます。クライエントは、すべてのステークホルダーについて語りきれない場合がありますし、あるいは無意識的に特定のステークホルダーのことを話題にしない場合もあります。タイミングをはかって、丁寧に、そしてつぶさに質問をしてステークホルダーを明らかにしていきます。関係するステークホルダーについては、氏名、年齢、性別、役割、クライエントの問題に対する認識と対応、その人のニーズ、価値観、強み、言動などを明らかにします。これは、見立てに役立つだけでなく、「問題を理解してもらう、役割を果たしてもらう、強みを発揮してもらう、支援の協力をお願いする」ことによって、外部リソースとしての活用が期待できます。

また、家族として、学校として、企業として、地域社会としてクライエントに大きな影響を及ぼすだろう「重要な他者」、あるいは当然関わるべき組織や機関、支援者とはつながっているのか、つながっているならばどのような関係にあるのか、つながっていないのであればなぜなのかを確認することも重要です。

(2) 階層的・重層的コミュニティ

問題の発生に関与・関連するコミュニティについて俯瞰で捉えることも重要です。問題が複雑なほど、複数のコミュニティが絡んでいる場合が多いからです。人は複数のコミュニティに所属していて、そしてコミュニティは階層的で重層的ですから、人は様々なレベルのコミュニティからの影響を受けています。具体的には家族レベル、学校レベル、職場レベル、地域レベル、あるいはもっと大きなコミュニティのレベルからの影響をすべて受けています。同時に、個人は、家族や学校や職場、地域社会に変化を起こすことができる能動的な存在でもあります。

そして、家族や学校、職場などで生じる問題では、ミクロ～マクロのコミュニティが関連し合っているケースが往々にして見られます。クライエントは、それぞれのコミュニティから異なる複数の期待を受けて、それらが衝突して葛藤を生み出したりします。例えば、成績優秀な高校生が、学校の教師から大学進学を奨められる一方で、親から家業を継ぐように求められて葛藤して、その結果何らかの問題行動をとっているようなケースです。どのコミュニティが問題の発生・維持に関わっているのかを見定める必要があります。

(3) 関連するコミュニティを見定める

コミュニティは階層的・重層的ですから、アセスメントをする際には対象者の所属しているコミュニティはどれで、現在起きている現象（問題）はどのレベルのコミュニティと密接に関係していて、どことどこのコミュニティで衝突や葛藤が生じているのかを確認します。介入の際は、個人だけではなく、問題に関連するレベルのコミュニティに対して介入します。家族レベルまで介入するのか、職場全体に介入するのか、あるいは家族と職場の両方に介入するのか、家族と地域社会、学校まで介入する必要があるのか。果ては、日本の教育制度に直接介入した方がいい場合もあるかもしれません。このように、問題の発生・維持に関連するコミュニティをアセスメントでは確認する必要があります。これは、後述の6レベル介入とも関連します。

2 関係・相互作用の可視化

- エコマップ（ecomap）生態図
- ジェノグラム（genogram）家族図
- ソシオグラム（sociogram）相互関係図、組織図

ここまでに得られた情報に基づいて全体像を可視化します。クライエントの周囲にどれぐらいのステークホルダーおよび外的資源が存在して、それぞれはどのような特徴があり、どのような関係になっているかを全部書き出します。可視化によって不明点も見えてきて、さらにアセスメントが必要だということ

に気づくこともあります。反対に、十分にアセスメントされていると、なぜ問題が発生して継続しているのか（＝問題のからくり）も浮かび上がってきます。

可視化のツールとして、エコマップとジェノグラム、ソシオグラム[1]が挙げられます（図表5-5）。家族関係では血縁関係や婚姻関係を表すことができるジェノグラムが良く使われます。学校におけるクラス内の人間同士の関係を表すにはソシオグラムが良く使われます。周囲の人々や各種外的資源との関係を描くにはエコマップが有用です。またエコマップは、複数のコミュニティとの関連も表現できるので、コミュニティアプローチで汎用的に使用できます。

図表 5-5　エコマップ、ジェノグラム、ソシオグラムの描画例

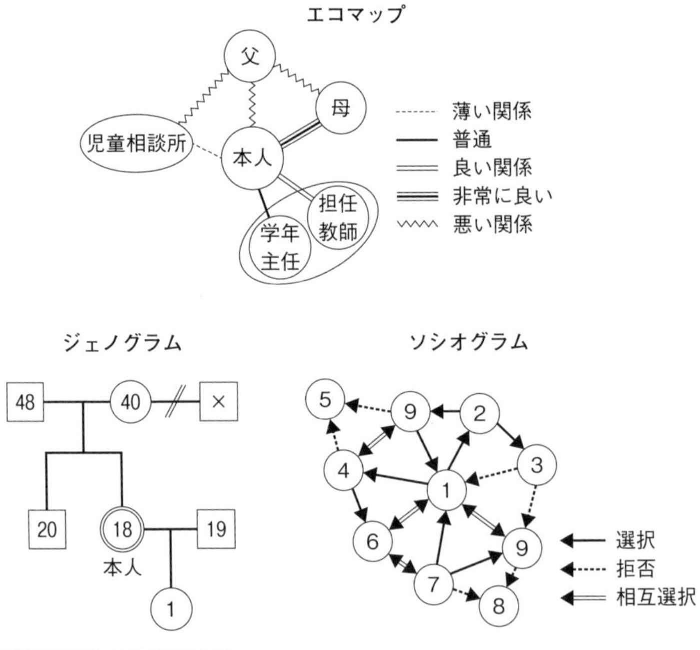

1　ソシオグラム：ソシオメトリック・テストによって得られたデータに基づいて、これを可視化したもの。このテストでは、集団全員に対して、自分のグループに入れたい人（選択）とそうでない人（拒否）を回答してもらって、すべての二者関係を明らかにします。そして、相互に選択、相互に拒否、一方が選択で一方が拒否の関係を線で表していき、集団全体の関係性を把握することができます。

どのツールを用いても構いませんが、当事者やステークホルダーが互いにどのような認知と関わりあいなどがあるかを整理して確認します。この後、見立てによって「問題のからくり」を明らかにしていき、「B. ニーズ確認と目標設定」や「C. 介入準備」において、実施可能な介入をすべて洗い出し、介入の優先順位や、各介入で期待される効果を検討します。その作業を楽にするためにも、この可視化がとても有用です。

もし可視化をして、「全体像が見えない」あるいは「問題のからくりが見えない」という場合は情報不足が原因です。「1 現状把握」、1-a ～ 1-c を再確認し、情報を追加します。

3 見立て（ケースフォーミュレーション）

- ここまでで収集した情報をいったん整理・分析する
- ループ図（loop diagram）：循環的因果関係で表現する
- 問題のからくり（問題の発生・維持の原因）を明らかにする

見立てとは、問題の発生・維持の原因を構造化（簡素化）して示す仮説です。なぜ問題が発生したのか、なぜ問題は維持されるのかという「問題のからくり」を明らかにします。前項の可視化によって、ある程度、頭の中で問題のからくりが浮き彫りになっているはずです。これを改めて問題のからくりとして整理・分析していきます。

問題のからくりを表現するには、言葉で説明して構いませんが、ループ図で表現するとより明確になります（図表 5-6）。ループ図は、循環的因果関係（原因の結果が、その原因となる関係）を図で示すものです。情報収集によって得られたクライエントの体験、認知、行動、ニーズ、そして、周囲の人たちの発言、認知、行動、ニーズなどの要素がどのような因果関係になっているのかを矢印（矢印の元が原因、先が結果）でつなげていき、その結果が元の原因に帰ってくるようなループ関係を表現します。ループがあるからこそ悪循環という形で問題が維持されるということです。

図表 5-6　ループ図の描画例
上司のストレスが維持されるループ図

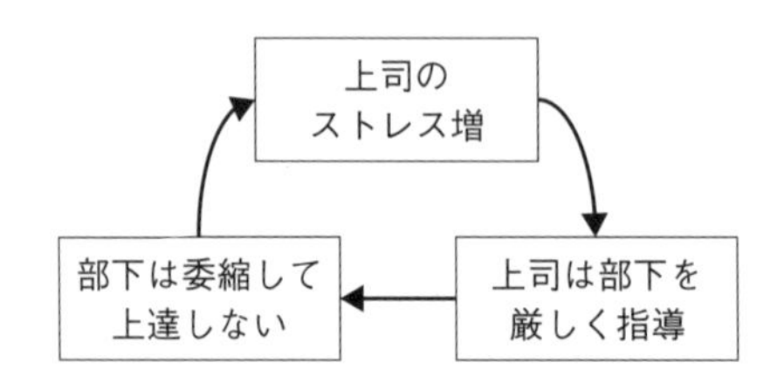

なお、認知行動療法におけるケースフォーミュレーションは環境に対するクライエントの内面である認知・感情・行動を中心に図示していきます。これに対してコミュニティアプローチは、個人の認知・感情・行動についてもある程度記載しますが、個人と環境との相互作用に重きを置いて図示します。

コラム：エコマップの描き方

エコマップは人と人との関係、あるいは人と資源とのつながりを線で結んで可視化する手法です。エコマップは手軽で自由度の高い表現ができますので、人と環境の相互作用を可視化するうえで大変便利です。必要十分な情報が集まるとエコマップから問題の発生と維持のメカニズムである「問題のからくり」を読み取ることは可能になります。ただし、エコマップは問題のからくり自体を表現するものではありません。エコマップはアセスメント結果を整理する１つの方法にすぎず、対人関係や資源とのつながりを表現するものです。

(1) インフォーマントを決める

エコマップの作成に当たっては情報提供者（インフォーマント）が必要です。クライエントだけでなく、クライエントの話に登場した人物に対してアセスメントが必要になります。しかし、まずはクライエントをインフォーマントとして、問題の発生直前から現在に至る経緯について、特にクライエントと環境（人間的環境・社会的環境・物理的環境・資源）とのやり取りに注目して話をうかがいます。傾聴を基本にしますがアセスメントですから、人と環境の相互作用を明らかにし、問題のからくりを明らかにするつもりで面接調査をします。なお、アセスメントの方法には面接法だけでなく、心理検査など他の手段もありますが、ここでは面接法で進めていくことにします。

(2) クライエントやステークホルダーを線でつなぐ

調査の結果、見えてきたことをエコマップに描きだします。クライエントを中心にして、ステークホルダーとの関係やその他の環境や資源とのつながりを「線」で結んでいきます。関係を表す「線」は5種類あります。①非常に良い関係は三重線、②良い関係は二重線、③普通の関係は一本線、④薄い関係は破線、⑤悪い関係は波線で、⑥無関係の場合は線を引きません（図表C-1)。通常は人物名を丸内に書いて線でつなげていきます。関係をより分かりやすくするために、各線に対して簡単な補足説明を記入することを勧めます。

「Aさんから B さんを見ると良い関係だけど、B さんから A さんに対しては悪い関係の場合」は扱う問題にとって重要な方を描きます。また、両者の捉え方の違いが問題にとって重要であれば、双方向に矢印を描いても構いません。書式を守ることよりも、重要な情報を漏らさず書くことが大事です。

(3) ステークホルダーの特徴を記入

通常は、ステークホルダーは丸内に名前を書くのですが、コミュニティアプローチの場合は四角い枠にステークホルダーの名前だけでなくプロフィールや特徴を書き入れています。それは、個人の認知・感情・行動も重要視しているからです。筆者の場合は、枠内に以下の項目を可能な限り記載します。

- 氏名・年齢・性別
- 役割・職位

- ニーズ・価値観
- 能力・強み
- クライエントおよびクライエントが抱える問題に対するステークホルダーの認識と対応
- 言動の特徴（性格）など

これにより人間関係や各人の行動の理由と予測を把握しやすくなります。人が行動するのは、「～すべき」という役割や義務感、価値観があるからです。また、「～したい」というニーズがあるからです。「～できない」からこの行動しかできないという能力・強みが関係することもあります。このように、役割、価値観、ニーズ、能力・強みを知ることでその人の行動の理由を推察することができます。

さらに、ステークホルダーの役割・職位、強みは、問題解決で活用可能な資源として検討することができます。また、クライエントが抱える問題

図表 C-1　エコマップの描画例（厚生労働省, 2018 をもとに筆者（高橋）が加筆・修正）

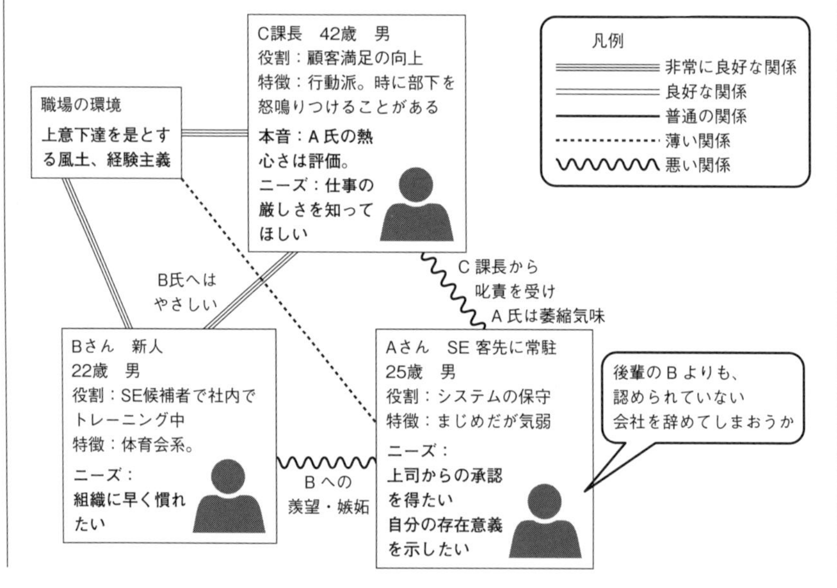

に対するステークホルダーの認識と対応とは、ステークホルダーが問題自体に気づいているかどうかが表れます。気づいていない、気づいていても支援したくない／支援したいが何もできていない／支援したいしすでに支援をしているという場合が考えられます。またニーズ・価値観は、その人が何を求めて・どのような基準で行動する傾向があるかを知ることができます。これらは、ステークホルダーに協力を得るうえで必要です。問題への理解を促し、その人のニーズや価値観に沿うように、かつ問題解決に寄与するように協力依頼をしています。

外部の専門機関・専門家との関係については、どのような方法でどのような支援があるのか、どのくらいの頻度で利用しているのかなどを記入しておきます。

(4) 全体像を眺める

エコマップを描き終えたら全体像を眺めます。ここまで、クライエントの「問題のからくり」を明らかにすることを目的として情報収集してきたのであれば、エコマップからその片鱗がつかめてくるはずです。もし、それがつかめないのであれば、情報不足かもしれません。あらためて問題のからくりに注目して情報を収集あるいは再確認します。また、クライエントから見えないこと、言えない情報もありえます。ステークホルダーの誰から何の情報を引き出せるかを工夫します。

さて、エコマップを眺めるうえで大切な視点は、つながっているところに注目するのは当然ながら、つながっていない箇所や、そもそもエコマップに登場して然るべきなのに、あるいは登場したら有益なのに描かれていない人物や資源も含めて検討することです。コミュニティには、良くなる力が内在されています。「本来どのようなつながりがあれば問題は生じなかったのか」を考えると、問題のからくりのヒントが与えられるはずです。

4 目標設定：望ましい状態（目標）の設定

それぞれの問題・課題が、

- 誰（クライエント／各ステークホルダー／コミュニティ全体）にとって？
- 結果的にどうなることが、どのような意味で望ましいか？

(1) 目標設定の意味

目標設定では、今回の介入において何を目指すのか、最終的な到達状態を明確にします。目標設定を明確にする理由は３つあります。１つ目は、専門家が介入するにあたって、何をどこまで行うのかゴールを明確にするためです。これにより、介入の方向性とエネルギーを集中させることができます。２つ目は、１つ目と類似しますが、多職種連携を効果的に行うためです。多職種連携の際に、各専門家がそれぞれ別の目標を持って別々の方向に時間とエネルギーを注いでしまうと、介入が非効率かつ非効果的になってしまいます。各専門家がそれぞれの考え方と技術を持っているため、これらを効果的に用いていくには共通目標が不可欠です。各専門家のアセスメントを共有することや、BPSモデルを用いて共通理解をすると目標設定がしやすくなります。３つ目は、設定した目標が介入後の評価基準になるからです。コミュニティアプローチでは評価を重視します。目標が曖昧だと介入後の効果を正しく評価することができません。

(2) それぞれにとっての問題・課題

ある問題が誰にとっても同じ意味で問題であるとは限りません。これはとりもなおさず、誰にとってどのような状態が望ましいかも異なることを意味します。この「誰」とはクライエントだけに留まりません。ステークホルダーも対象ですし、クライエントやステークホルダーが属するコミュニティ全体も考慮する必要があります。例えば、クライエントにとって100％良い状態をつくったために、コミュニティのメンバー（ステークホルダー）に多大な負担がかかったとすれば、コミュニティ全体としては非常にアンバランスな状態になってしまいます。したがって、誰にとって、どのような状態が、どのような意味で望ましい状態なのかを総合的に判断して、クライエントとステークホルダーとコミュニティ全体にとって丁度良いポイント（良い意味での妥協点、落としどころ）を目標として設定します。

(3) 目標設定の留意点

目標設定は1度決めたらそれを貫き通さなければならないわけではありません。システム内に生じる変化に応じて目標も変更・再設定していきます。その観点を以下に示します。

- 本人のニーズ・目標が変化することにより再設定する
- 相互理解が成立すると、その結果、目標も変化する
- 関係が変化すると、新しいニーズ・目標が出現する
- コミュニティの価値観、判断・評価基準を変化させる
- 関係を意識的に調整することを目標にする

システムは介入する／しないにかかわらず、常に変化をしています。支援者がアセスメントで関わっただけでも変化します。何らかの変化に応じて本人のニーズや目標は変化する可能性があります。本人のこの変化に影響されてステークホルダーやコミュニティのニーズも変化していきます。そうなると、支援者はこれらの変化に応じて介入の目標設定を再設定することになります。

また、クライエントと環境との相互理解が進んでいくと、当初の訴えは問題ではなくなり、別の問題や課題へと焦点が移っていきます。より深い意味でのニーズに気づくこともあります。関係が変化すると新しいニーズが生じるので、これに応じて目標を再設定することになります。

人と環境の関係は、認知と行動で捉えることができます。この認知・行動は、価値観や判断や評価の基準と言えます。つまり、個人とステークホルダーの価値観や判断・評価基準をうまく調整すれば、相互理解の関係に持っていくことができます。したがって、関係に介入する場合は価値観や判断・評価基準を意識的に調整することを目標に設定します。介入当初から、価値観等の調整を目標にする場合もあれば、他の介入が進んで相互理解がある程度できた時点で価値観等の調整を目標にすることもあります。このような、コミュニティ全体が新たな価値観等へと変化させることも有効な介入であり、これを目標に据える場合もあります。

以上のように、介入を進めていく中で、あるいは相互理解が進む中でニーズが変化した場合は、適宜、目標を再設定していきます。

C. 介入準備（対応策の立案）

ここでは、実際の介入方略を策定する前に、設定した目標を踏まえ、人と環境の適合に向けて、可能性のある対応策を考えうる限り列挙します。つまり、対応策のアイディア出しです。

5 介入するポイントの確認（介入の３つの切り口から総合的へ）

- 人への介入：クライエント個人を変化させ、成長・強化する介入
- 環境への介入：環境調整をする為の介入
- 人と環境の両者への介入：両者の関係調節（認知と行動の相互作用）
- コミュニティ全体のバランスと整合性の回復

人と環境からなるシステムに対して、介入の３つの切り口があります。人への介入、環境への介入、その両者の関係への介入です。対応策を検討する際も、この切り口を用います。まず個人（クライエント）に対しては、その認知

と行動を変容させて、個人の環境との関わり方が変わるように成長・強化する介入を検討します。次に環境に対しては、様々な資源（専門家や専門機関、適切な制度）とクライエントをつなげ、より望ましい環境になるような介入を検討します。さらに、個人と環境の関係への介入では、個人とコミュニティの相互の認知と行動を変えていき、より良い関係へと変化できるような介入を検討します。

そして、上記3つを総合的に見て、クライエントだけでなくステークホルダーのニーズも満たすように、バランスが取れ整合性のある状態になる介入も検討します。既述の通り、クライエントのニーズを満たすだけで、周囲のニーズが満たされないのでは意味がありません。その逆も然りです。つまり、両者のバランスの取れた最適解に至るように留意します。

6 システムへの介入を検討

- 3次元介入：個人のBPSのどの次元に、どのような介入をするか？
- 6レベル介入：どのレベルのシステムに（～まで）介入するか？
- 4側面介入：それぞれの面にどのような介入をするか？
- 設定した目標と照らし合わせて介入方法を検討する

前述の3つの切り口の他に、システムを意識した「3次元介入」と「6レベル介入」、「4側面介入」があります。3次元介入では、BPSのどの次元に対して、どのような介入が可能かを検討します。この時、支援者は、自分の技量や守備範囲、役割の範囲を一旦脇に置きます。そのような制約を外して多様な対応策を発想しないと、本当に必要な介入までもが候補から除外されてしまうからです。必要と思われる介入を可能な限りたくさん出します。この時、コミュニティアプローチの基本的発想を念頭に、複数人でブレーンストーミング[2]を

2　ブレーンストーミング：アイディアを生み出す手法で、批判厳禁（人のアイディアを批判しない）、自由奔放（ユニークで斬新なアイディアを歓迎する）、質より量（とにかく沢山のアイディアを出す）、結合改善（他者のアイディアに便乗してアレンジしたりする）の4原則がある。

することをおすすめします。具体的に挙げるものは、第4章で示した介入方法になりますが、問題や目標に応じて、そしてどのような効果をねらって介入するかを具体的に列挙します。

同様に、6レベル介入、4側面介入を用いて検討していきます。6レベル介入では、どのレベルのシステム（コミュニティ）まで介入の対象とするかを考えます。6レベルは、検討や介入の順番ではありませんし、またレベルが高い方がより優れた介入というわけでもありません。ここでは、介入の範囲をコミュニティのレベルで考えます。そして必要な介入レベルを1つまたは複数選択します。

次に、4側面介入です。個人／環境への介入を直接／間接の方法から検討するものです。合計4つの側面がありますから、各象限において何ができるかを列記します。これはコミュニティアプローチの特徴がよく表れる検討方法です。

D．介入方略の策定と実施・評価

アセスメントをすると、クライアント個人が抱える問題だけでなく、システム内（コミュニティ内）にうまく機能していない複数の問題が見えてくることがあります。ただ、見えた問題の全てに対応しなければならないわけではありません。全体像を捉えたうえで、どこに介入していくか絞り込んでいきます。例えば、この問題は別の問題が解決すれば自然に何とかなるだろう、あるいは、この問題を解決すれば波及効果が大きいだろう、と読めるものもあります。この辺りの「読み」を行いながら、まずは個別の介入の結果どういう状態が望ましいのか、次に全体としてどういう状態が望ましいのかを検討します。

7 個別の介入方略

- 個人、環境、関係への個別の介入

すでに「C. 介入準備」において様々な対応策が列挙されているはずです。その対応策の中から、介入の切り口別にコミュニティのニーズに応じた望ましい介入の候補を選別します。これが個別の介入方略です。介入の３つの切り口としては、個人、環境、関係がありますが、それだけでなく、３次元介入、６レベル介入、４側面介入も含めて実施すべき個別の介入方略を絞り込んでいきます。これまで挙げた介入の切り口や視点を総合したものが図表5-7です。この図の黒い矢印の１つひとつが個別の介入の候補で、直接介入／間接介入の両方が考えられますし、１つの矢印において複数の介入も考えられます。

なお、これらの個別の介入がどのように影響し合うか、全体として問題ないかなどについては、この後の「8. 全体方略（実施案）の組み立て」で検討し

図表5-7　介入の３つの切り口・３次元・６レベル・４側面からの抽出

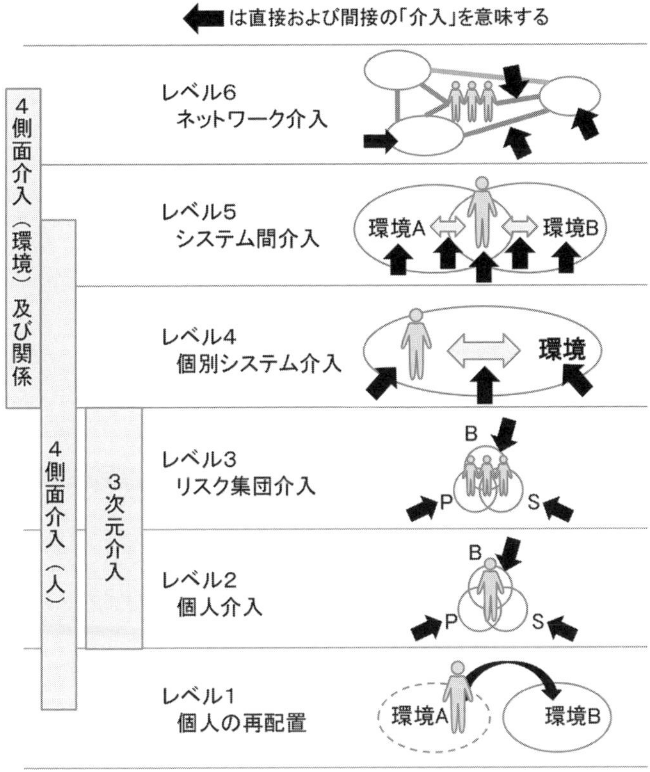

は直接および間接の「介入」を意味する

レベル6
ネットワーク介入

レベル5
システム間介入
環境A
環境B

レベル4
個別システム介入
環境

レベル3
リスク集団介入
B
P
S

レベル2
個人介入
B
P
S

レベル1
個人の再配置
環境A
環境B

4側面介入（環境）及び関係

4側面介入（人）

3次元介入

ます。

8 全体方略（実施案）の組み立て

- 当事者個人と環境の両方（＝コミュニティ全体）のメリットを常に考慮する（人と環境が適合した状態）。
- 対象、目標、方法などの吟味
- リファー先，連携先，キーパーソンの選定
- 個別介入の優先順位、組み合わせ…、etc.

全体方略では、複数の個別の介入方略から、実際にどれをどのような順番で実施するか、あるいはどのような組み合わせで実施すべきか、組み合わせた際に衝突や矛盾はないか、誰かに負担がかかりすぎないかなど、コミュニティ全体のメリットを考慮しながら選択します。もちろん、アセスメント結果やクライエント／ステークホルダーのニーズ、目標と照らし合わせて検討します。一定の選択方法や組み合わせ方があるわけではないので、そのときの重要性と優先順位でやるべきことは当然違ってきます。

ここでは参考として「実施計画シート」の例を示します（図表5-8）。これまで検討した個別の介入方略を実施計画シートのA、B、C、…の行に書き込みます。各介入を識別するため「個別の介入」欄に名称を記載します。そして、その個別の介入をした結果、どのような効果（変化）を期待するのかを記入します。この時、エコマップで可視化した関係性やループ図などと照らし合わせながら、この介入をしたら後に生じる変化・結果を予想します。必ずしも望ましい変化だけとは限りません。誰が誰との間でどのような反応や変化が生じるのかを予想しながら検討し、これも踏まえて介入策を削除・変更など調整をします。

全ての介入策を記入し終わったら、最後に介入の優先順位や組み合わせ、並行実施するものを検討していきます。アセスメント結果や目標、問題やニーズを踏まえて柔軟に検討します。ここでは、優先順位を考えるうえでの４つの視

図表 5-8　実施計画シート（例）

目標				
個別の介入	誰が、誰に、何を、いつまで	期待される効果と評価	重視事項	優先 順位
A			緊急度・有効度 重要度・難易度	
B			緊急度・有効度 重要度・難易度	
C			緊急度・有効度 重要度・難易度	
D			緊急度・有効度 重要度・難易度	
: : :				

点を示します。重視した視点にチェックをして、優先順位の決定根拠を明らかにします。

①緊急度（介入の緊急性）
②有効度（うまくいったときの効果の大きさ）
③重要度（問題との関連の強さ）
④難易度（介入の実施の容易さ／難しさ）

上記の視点を点数化して優先順位を決定することを試みましたが、あまり上手くいきませんでした。「4 視点のどれを重視するか」といった目安として直観的に用いる方が使いやすいようです。

9 実施計画の策定

実施計画シート（図表 5-8）の個別の介入ごとに、誰が、誰に、何を、いつまでに実施するのかを記入します。「誰が」を記入するのは、必ずしも支援者自身が実施するとは限らないためです。支援ネットワークで実施する場合もあります。リファー先や連携先、キーパーソン、非専門家も「誰が」に含まれます。ここまで行って実施計画が策定できたら、介入を開始します。

10 実施と評価

(1) 評価の方法と視点

実施後は必ずその結果を評価します。評価は、コミュニティアプローチにおいて重視する事項です。詳細な評価によって、より洗練された支援ノウハウをコミュニティ内や専門家に蓄積でき、また支援理論の構築にも貢献できます。代表的な評価方法には、4ステップ・プログラム評価モデル[3]やロジック・モデル[4]がありますので、適宜援用してください。

さて、評価は、必ずしもすべての介入が完了してから行うわけではなく、実施しながら進捗を管理して、結果を評価していきます。定量評価と定性評価の両方を示すのが望ましいと言えます。各介入には目標（期待される効果）がありますので、それと結果を照らし合わせてどの程度達成できたか（介入対象の変化・反応を含む）、その介入の過程や実施方法は適切であったのかを評価します。多面的な介入が選定されているはずですから、評価においても個人の変化だけでなく、システムやコミュニティとしての評価も行います。

また、残された課題、上手くいかなかった原因、新たに発生した問題を確認します。未達成部分や新たな問題に対しては、次に打つべき介入を検討して、実施計画シートに追記します。なお評価は、支援者の視点だけでなく、対象者やステークホルダー、コミュニティ全体の視点で多角的に評価することが求められます。

---

[3] 4ステップ・プログラム評価モデル：目標設定（ニーズに基づく設定）→プロセス評価（介入がどのように行われたかの評価）→アウトカム評価（終了直後の効果の測定）→インパクト評価（最終的／長期的な効果の評価）の4ステップで評価する（笹尾，2006；Linney & Wandersman 1991）

[4] ロジック・モデル：ある介入プログラムが適切な目標設定をし、その目標設定のためにどのようなアクティビティを実施し、その結果を評価してプロセスを明確にするモデル（笹尾，2006；W. K. Kellogg Foundation, 2004）

(2) 繰り返しのアプローチ

すべての介入が完了しても、すべての問題に対応できていない場合があります。優先順位の都合で後回しにした問題、期待通りに改善できなかった問題、新たに生じた問題が残る可能性があります。コミュニティはシステムですから、介入によって状況は変化します。当初の見立ても古くなるので、改めてアセスメントからし直していきます。ただし、問題が残ったとしても、対象者やコミュニティにとって許容範囲であれば無理に介入する必要はありません。つまり、問題が許容範囲に収まるまで、あるいは当該コミュニティだけでQOLを維持できる状態になるまで、A～Dを繰り返していきます。コミュニティアプローチは、PDCAやアクション・リサーチなどと同様に、循環的で継続的に活動を行っていきます。

コラム：立場上、コミュニティアプローチが難しい場合は!?

相談業務のみを担当している、非常勤だから連携はできない、など、支援者の立場によって、活動の範囲は制約されることがあります。また、それによって、コミュニティアプローチを活用できないという方がいます。確かに、結果的にできない介入はあるかもしれません。しかし、その制約を理由にして最初からコミュニティアプローチをあきらめてしまうのはもったいないことです。

コミュニティアプローチの視点でアセスメントをすると、問題のからくりとニーズを把握することができます。これらが分かれば、すべきこと、到達すべき状態（目標）が見えてきます。どのようにすればそのニーズを満たすことができるのか、どうすれば目標達成できるか、誰ならできるのか、誰とネットワークを形成すれば可能かを考えることができます。コミュニティアプローチを用いれば、仮にすべきことが10あるならば、なるべく10すべてを実施するための検討と工夫を行い、制約があってもなるべく多くのことをすることができます。うまくいけば10できるかもしれません。

もし、最初からコミュニティアプローチを用いなければ、環境との相互作用も見えませんし、本質的な問題解決のためにすべきことも見えません。自分が行っているカウンセリングでできる範囲の支援にとどまってしまいます。それでは、10できる支援のうちの1～2しかできないことになってしまいます。そもそも10の支援があることにさえ気づけません。10の支援に気づくことで、実は現在の立場であっても更に3～4の支援が可能かもしれません。つまり、コミュニティアプローチをあきらめてしまうと、本来できる多くの支援の機会を失うことになります。

より本質的な問題解決につなげるのであれば、コミュニティアプローチを用いる意味は十分あります。結果的にできないことが出てくることはあり得ますが、最初から「できないから考えない」のとは明らかに違う結果になります。

したがって、支援者は、アセスメントをして問題のからくりやクライエントのニーズを把握する力を持つことと、問題やニーズに応じてなるべく多くの支援のレパートリーを持つことが大事なのです。

引用文献

Bronfenbrenner, U. (1979). *The ecology of human development: Experiments by nature and design.* Harvard university press: Cambridge. MA. (ブロンフェンブレンナー, U., 磯貝芳郎・福富護（訳）(1996). 人間発達の生態学―発達心理学への挑戦 川島書店)

厚生労働省（2018）. セルフ・キャリアドック導入支援事業（平成28年度・29年度）最終報告書

Linney, J. A., & Wandersman, A. (1991). *Prevention plus III: Assessing alcohol and othe drugprevention programs at the school and community level: A four-step guide to useful program assessment.* Center for Substance Abuse Prevention: Rockville, MD.

笹尾敏明（2017）. プログラム評価　植村勝彦・高畠克子・箕口雅博・原裕視・久田満（編著）よくわかるコミュニティ心理学第3版 ミネルヴァ書房（pp. 112-115）

W. K. Kellogg Foundation (2004). *Logic model development guide.* Retrieved Jun 26, 2023, from https://www.nj.gov/state/assets/pdf/ofbi/kellogg-foundation-logic-model-development-guide.pdf

第 II 部
事例編

第 II 部では、第 I 部の理論編に基づく 6 つの実践事例を紹介します。理論編で解説したコミュニティアプローチの基本的発想、方略の視点、介入方法、手順はさまざまな問題に対して共通して活用可能であることを理解していただくため、事例編では多様な活動分野における事例を紹介します。事例では第 5 章の手順 A1 ～ D10 との関連を明記するようにしました。これにより、本書で紹介する「システム論的心理社会支援としてのコミュニティアプローチ（CA-SAPS）」には、事例は違えども共通した流れと手法があることが分かるでしょう。

事例編の最初の第 6 章の事例のみ、理論編との関連をより明確に示すことを意図して、丁寧な解説を入れています。なお、各事例においては、理論編で紹介したすべての介入方法を用いているわけではなく、適宜、選択して使用しています。また、必ずしも手順通りでないこともあります。実践では、状況に応じて行き来したり、並行したり、統合したりして進めている点をご承知おき下さい。

第6章

事例1（解説的な事例）

企業内カウンセリング

～職場内の相互作用への介入

高橋 浩

1 はじめに

企業内カウンセリングにおいて、クライエントの問題はクライエント自身の問題であって、組織や職場の環境は変更しようのないこととして取り扱われる場合が少なくありません。しかし、個人の問題は、組織とは無関係に作り出されるわけではなく、個人と組織の相互作用によって生じますから、職場の人間関係の問題やメンタルヘルスの問題、キャリアの問題も個人と組織の相互作用の結果に他なりません。したがって企業内カウンセリングでは、クライエント個人を見るだけでなく、個人と組織・職場との関係まで見渡す俯瞰的な視座を持つ必要があります。この本質を見失うと、問題の解決が長引いたり、解決してもすぐに再発したり、あるいは類似の別の問題が発現したりします。反対に、本質的な解決ができれば、望ましい相互作用へ移行でき、働きやすく生産性の高い組織・職場が期待できます。

本章で取り上げる事例は、当初、「仕事でミスが多い」などと訴えるクライエントに対して、個人に原因があると見立てて行動変容を試みましたが成果が得られず、改めて「人と環境の相互作用（システム）」を意識して介入を行った事例です。まず、クライエントの問題が環境とどのような相互作用によって生じたのかを、3次元介入の視点やエコマップを用いて把握して、ループ図によって問題のからくり（問題構造の見立て）を明らかにしました。次に、4側面の介入で可能な対応策を検討して、クライエントを含む同僚の「働きやすさ」と職場の「生産性向上」を実現していきました。

また本章では、次節で企業内カウンセリングの概況を述べたのち事例を紹介します。

2 企業内カウンセリングで求められること

本邦における企業内カウンセリングの端緒は少なくとも大正時代にさかのぼります。下村（2015）によれば、大正時代における官営八幡製鐵所での相談（杉渓，1963）から、1950年代には日本電信電話公社（現NTT）や国際電信電話株式会社（現KDDI株式会社）、松下電器産業（現パナソニック）、明電舎、神戸製鋼所などの会社でカウンセラーが導入されていたとのことです。この時代が産業カウンセリングの黎明期といえます。産業カウンセラーの役割には、①メンタルヘルス対策への支援、②キャリア形成への支援、そして、③職場における人間関係開発・職場環境改善への支援があります（産業カウンセラー協会，2023）。3番目に環境介入が含まれている点が注目されます。

その後、バブル崩壊の影響を受けて、新たな働き方を模索する時代となった2000年あたりからキャリアカウンセリング（キャリアコンサルティング[1]）が注目され、伊藤忠商事などの大手企業で社内にキャリア相談室が設置されはじめました。2016年度から厚生労働省は、「セルフ・キャリアドック[2]」という企業内キャリア形成を促進する仕組みを積極的に普及推進していますが、ここでも個人と組織が共に成長・発展することが志向されています（厚生労働省，2021）。そして、2022年10月には企業の45.3%がキャリアコンサルティングの仕組みの導入に至っています（厚生労働省，2023）。また、これを支える企業を主な活動領域とするキャリアコンサルタントは約3割で（労働政策研究・

1　キャリアコンサルティング：本書では、キャリアカウンセリングとキャリアコンサルティングとは同義として扱います。

2　セルフ・キャリアドック：企業がその人材育成ビジョン・方針に基づき、キャリアコンサルティング面談と多様なキャリア研修などを組み合わせて、体系的・定期的に従業員の支援を実施し、従業員の主体的なキャリア形成を促進・支援する総合的な取組み、また、そのための企業内の「仕組み」のことです。

研修機構，2023)、約1万9千人に達しています（2022年度末のキャリアコンサルタント数が64,160人であることから計算)。

しかしながら、キャリアコンサルタントの養成課程では個人介入の学習が中心であって、組織介入・環境介入の知識・技能の習得時間はまだわずかしかありません。キャリアコンサルタントの指導・育成に関わっている筆者の実感としても、人と環境の適合を意識的に支援しているキャリアコンサルタントはごく一部に過ぎないと思われます。

ところで、キャリアコンサルタントにとって「難しい相談」とされるワースト3は、「職場の人間関係」や「メンタルヘルス不調」、「発達障害者の相談」です（労働政策研究・研修機構，2023)。これらの問題は個人と組織の相互作用が原因であり、この点を捉えたアプローチをしなければ問題解決は困難です。つまり、キャリアコンサルタントにとってこれらの問題が専門外であること以上に、個人介入の「術（すべ)」しか知らないことが「難しい相談」の原因であると言えます。企業内カウンセリングにおいて、社員への個人介入は当然のことながら、同時に組織や職場というコミュニティそのものにかかわる支援は不可欠です。

したがって、企業内カウンセラーには、①どのような問題であってもそれが人と環境の相互作用によって生じていることを心得ておくこと、②その状態をアセスメントして「問題のからくり」を明らかにすること、③個人および組織・職場にとってよりよい状態を目標に設定すること、④個人および環境に対して可能な限り必要な介入を行うこと、⑤そのためにも関係者・関係部署や専門家・専門機関との連携を図ることが求められます。そしてこのことが、最終的に組織の生産性向上につながるはずです。

3 事例の概要

クライエントのA氏は大卒・23歳・男性で入社2年目のシステム・エンジニア（以下、SE)。対応したのは、A氏が所属する企業の人事部の労務相談を担当する30代男性のカウンセラー（以下、CO）で、キャリアコンサルタントと産業カウンセラーの資格保有者でした。

当初、A 氏は仕事のミスの多さを訴えて来談してきました。CO は、問題の原因が A 氏自身に帰属するものとして見立てて、仕事の仕方について助言を行いましたが効果が見られませんでした。CO は見立て違いであったことに気づき、改めて「人と環境の相互作用」を意識してアセスメントをし直しました。A 氏の困りごとは何か、それが職場とのどのような相互作用によって生じているのかをアセスメントし（3 次元介入・エコマップ）、問題が維持される仕組み（問題のからくり）をループ図によって可視化し、4 側面介入によって必要な対応策を検討し実行していきました。A 氏の困りごとの解決にとどまらず、関連機関と連携し、上司や先輩・同僚も巻き込んで職場の働きやすさと効率向上を実現していきました。

次節にて本事例の詳細を解説します。なお、本事例は、複数事例に基づいて創作した架空の事例です。

4 当初の個人介入のかかわり

(1) 来談経緯

A 氏は、「仕事で問題があって相談に来た」と小声で無表情に語り始めました。主訴は次のようなことでした。「入社時は基本的な単純作業が中心だったため大きな問題はありませんでしたが、入社 2 年目になり本格的な SE 業務や顧客対応などをさせられるようになって、すべきことを忘れたり納期オーバーをしたりミスを連発するようになりました。そのことで、上司や OJT 担当の先輩（メンター）から叱責を受けることが多くなってきました。今では、SE 業務から外されて事務作業を命じられています。それでもミスは減らないので、メンターからもすっかりあきれられてしまいました。自分の能力不足によって周囲に迷惑をかけているようで、本当は仕事を辞めた方が良いのかもしれませんが、自分としては何とか SE に戻って仕事を続けていきたいと思っています」とのことでした。

さらに状況を尋ねると、口頭での指示を立て続けにされると指示を覚えられないこと、即座に仕事に取り掛からなければと焦ってしまうこと、結果的に上司の指示と違うことや注意点を見逃してミスを頻発していること、そして上司に「役立たず」と怒鳴られてしまうことが多い、と語ってくれました。また、怒鳴り声がA氏にはとても耳障りで不快に感じることや、周囲の足を引っ張っていることで自己嫌悪に陥ることも語ってくれました。一方で、A氏は上司やメンターに対して積極的にコミュニケーションをとっておらず、指示内容についてメモを取ったり、確認したりをせずに作業に移っていることも明らかになりました。

(2) 当初の見立てと介入

COは上記の情報から次のように見立てました。

①A氏の「内向的な性格」とそれによる「指示・命令内容の確認不足」によってミスが頻発している。
②上記①によって低評価を受けて「SEから外されてしまった」こと「周囲に迷惑をかけていること」から自己肯定感の低下と自己嫌悪を感じている。
③A氏は、ミス発生に対して具体的な対策を打てていないことや、SEへの復帰を上司に表明できていないことによって、現状が維持されている。
④指示・命令の意図を読み取れていないことや、面談中の態度や会話の様子から、何らかの発達障害を抱えている可能性があり、これを念頭に支援していく。

以上から、COは当面の目標を、「しっかりと指示・命令内容を確認して仕事を完遂できるようになること」と設定しました。これを達成することによって上司・メンターからの信頼を獲得していければSE復帰への糸口もつかめると考えました。そこで、次のことをA氏に実行してもらうように提案しました。

とりあえず一週間、上司・メンターからの指示内容をしっかりとメモを取ること。そのメモを確認して仕事に取り掛かること。また、仕事が終わった際もメモで作業項目に抜けがないかを確認すること。業務用のノートとペンを常に持ち歩くこと。

A 氏は、CO と目線はあっていませんでしたが、こくりと頷き、了解したようでした。来週、この結果を聞かせてもらうということで、1 回目の面談を終了しました。

(3) 介入の結果

1 週間後の面談で、メモ作戦の失敗が明らかになりました。その理由は次の通りでした。

①メモをとるのに時間がかかり過ぎてしまい上司が痺れを切らし、新たな叱責に繋がってしまった。
②実際にとられたメモは、上司の発言の一言一句が書かれており、指示・命令の要点が掴みにくい内容だった。
③書かれていた単語の中には意味不明のものが散見され、A 氏に尋ねても本人も何を意味するか分からない内容だった。

結果として、仕事が改善されるどころか、かえって面倒な状況を作り出してしまいました。実は A 氏は 1 回目の面談で、メモが上手にとれないことは自覚していたのですが、CO に言い出せなかったということでした。やはり A 氏には何らかの発達障害が疑われたので大学時代の授業やテストのことを尋ねてみると、A 氏は障害者の診断を受けてはいませんでしたが、授業ではノートテイカーのサポートを受けていたとのことでした。CO は、「A 氏に何らかの障害があるのなら、私の専門外であり他にできることはないのではないか」と途方にくれました。

(4) 解説

この A 氏が発達障害かどうかは脇に置きますが、一見すると A 氏の能力不足にすべての原因があるように思われがちです。リファー（他の専門家へ対応を移行する）という手段がありますが、では誰に何を期待してリファーをすべきでしょうか。また、リファーによってA氏の「SEに復帰したい」「ミスを減らしたい」というニーズは満たされるでしょうか。つまり、リファーをするにしても、インテーク面談を行ったカウンセラーが見立てをして、何を目的に誰に依頼するのか見定めなければ先には進めません。これを理解しないままのリファーは単なる責任放棄になってしまいます。

この事例では、発達障害が疑われるので医療の力を借りた方がよさそうですし、A氏のニーズを満たすには職場の人たちの理解と協力も不可欠です。しかし、ここまで収集した情報だけで一足飛びに対応策を決定するのは早計であり、まずは、職場でCLの問題がどのように発生し維持されているのかをアセスメントする必要があります。次は、コミュニティアプローチのかかわりを紹介します。

5 コミュニティアプローチのかかわり

(1) アセスメント　手順 › A1：アセスメント

本節では、前述の事例に対して、A氏と環境との相互作用についてアセスメントを行って「問題のからくり」を明らかにし、目標設定と対応策の立案、介入という流れで進めていった場合について解説します。アセスメントのために、A氏だけでなく、可能な限り関係者からも情報収集[3]を行います。今回は、職場の方々に世間話をする形で声をかけて、図表6-1の項目について観察したり聴き取りをしたりしました。なお、アセスメントの目的は問題のからくりを明らかにすることですから、環境（人間的環境、社会的環境、物理的環境）のどの部分がA氏とどのような相互作用をして問題を発生・維持させているかを意識して収集していきます。

---

[3] 関係者へのヒアリングでの注意：関係者へは、なるべく意図を悟られないよう世間話としてあるいは職場の様子見などの理由で伺います。ただし、CLの支援を依頼する際はその理由や目的を伝えます。CL情報を共有することも出てきますので、事前にどの情報を誰と共有するかについてCLの了解を得ておきます。

図表 6-1　聴取項目

- **名前・年齢・性別**
- **役割・責任**：当該コミュニティで果たすべき役割・責任（組織的なコミュニティほど、そして各役割・責任が果たされるほどコミュニティは健全に機能すると考えられます）
- **状況・特徴**：その人の当該問題における態度・言動・心理状態や社会的状態
- **問題の認識と対応**：当該問題の認識の仕方、関心の程度、その問題への言動・対応状況
- **ニーズや困りごと**：生活や活動の上で望んでいること。困りごとの裏返しがニーズ（介入では全員のニーズを満たすのが理想。その人のニーズにかなう依頼をすると協力を得やすい）
- **価値観**：その人が生活や活動の上で大切にしている考え方、主義、信条（その人の価値観にかなう依頼をすると協力を得やすい）
- **強み**：その人の優れた能力やスキル、行動特性（解決に活用するリソースの候補になります）

①3次元介入（BPSモデル）によるA氏のアセスメント

手順 › A1b：現状理解―システムとしての個人の確認

3次元介入（Bio：生物的、Psycho：心理的、Social：社会的）の視点から、A氏にどのような影響が及んでいるかについてアセスメントを行いました。その結果を以下に列挙します。

Bio：仕事のミスや、上司・メンターからの期待に応えられないことを考えると、夜、床についても寝られなくなることが時々ある。とはいえ、睡眠時間は平均6時間とれており、食欲もあるようで、緊急に対応すべき問題はないと考えられた。また、指示の主旨をくみ取れないこと、メモをうまくとれないこと、叱責の声に過敏で辛く感じることから何らかの障害が疑われた（調査時点ではその特性の詳細は不明）。

Psycho：ミス頻発によって「職場に迷惑をかけている」「役に立たない人間である」という自責の念に苛まれている。低評価自体はあまり気にしておらず、「SEへの復帰」を強く望んでいた。SE復帰の根底には「役に立つ人間」というニーズがあるように思われる。叱責されることについて、A氏は不満よりも不快感を表明しており、かなりのストレスになっていると考

えられた。

Social：仕事のミス・停滞があることによって上司とメンターからしばしば叱責を受けていた。上司（課長）は、A氏を戦力外と判断してSE業務から周辺業務への変更を命じ、先輩（主任）をA氏のメンターとして指導・教育に当たるよう命じた。メンターは、これまでも新人の育成経験はあったが「大卒のくせにこのくらいのことができないのか」などの小言を言うことから、A氏を尊重し理解するような教育方法は習得されていないようである。また、A氏は上司やメンターに対して「はい」、「わかりました」と従順であり、報告・連絡・相談（以下、報連相とする）など主体的で積極的なコミュニケーションをとっていない。その結果、現在A氏は周辺業務にとどまり続けていて、ここにA氏の不満があると考えられた。なお、上司・メンターの小言や叱責は、これ以上行われるとハラスメントに発展する恐れがあるので、この点は留意する必要がある。

同僚5名とA氏とは、業務が縦割りになっていることから関係が薄く、特に親密ではありませんでした。同僚同士の雑談の輪にA氏が加わることはほとんどないとのことでした。

A氏のプライベートについても確認しました。一人暮らしで休日はビデオゲームにかなりの時間を費やしていること、また鉄道好きで鉄道路線図や時刻表がすべて頭に入っているという特技も分かりました。母親からは、月に1回程度電話があり、仕事がうまくやれているかを心配されるとのこと。これに対して、心配をかけたくないので、いつも「大丈夫だ」とA氏は答えているとのことでした。一方、父親とは、A氏が高校生のころからほとんど会話がないとのこと。中学生のころから父親は、学校になじめないA氏に対して勉強をするよう口うるさく言いだし始めて、それを母親がかばってくれたとのことでした。母親からは「あなたは障害者ではない、落ち着いてやればできる子だ」と言い聞かされてきたとのことでした。家族はA氏の脆弱な特性に気づいており、味方になってくれるのは母親のみという感じでした。

②人間関係をエコマップにまとめる 手順 › A2：関係・相互作用の可視化

ここまでで得られた情報から、A氏と周囲の人間関係をエコマップによっ

図表 6-2　A 氏と周囲の人間関係（エコマップ）

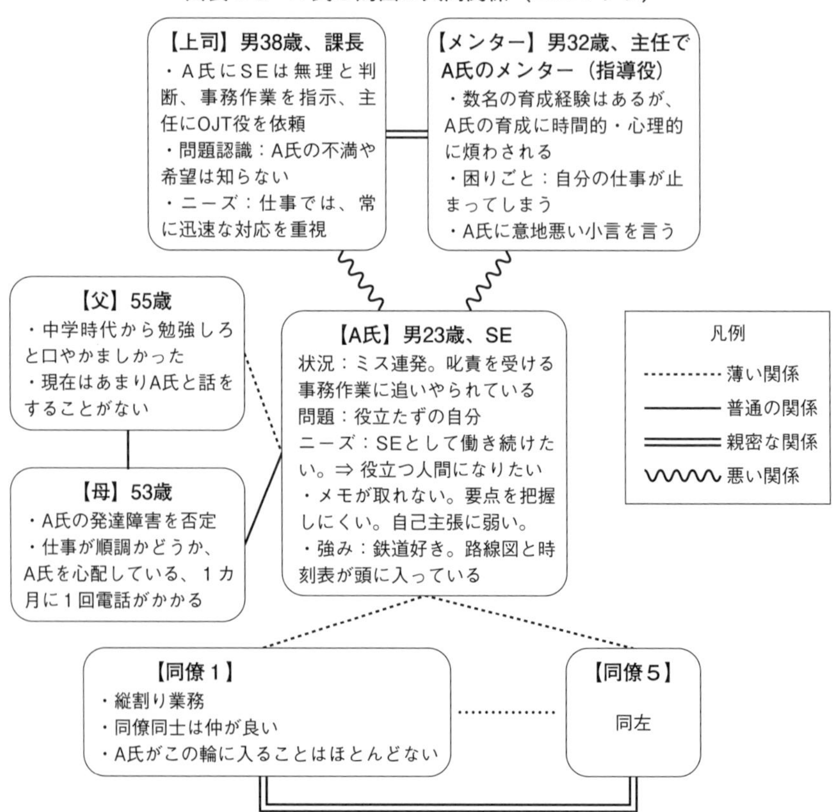

て視覚化しました（図表 6-2）。エコマップの作成にあたっては、図表 6-1 の項目も関係者の欄に記入するようにしました。この方がよりリアルな人間像に迫り、関係性を理解しやすくなるからです。この作業では、A 氏とも協力しながら作成していきました。可能ならば A 氏あるいは関係者を含めて納得いくものを作っていきます。

エコマップによって、A 氏と環境のどのような相互作用が、今回の問題を発生・維持させているのかを読み取っていきます。もし、読み取れない場合は、情報不足が原因です。さらなるアセスメントを行うか、不可能であれば考えられる仮説を追加して、後日確認するようにします。

図表 6-3　問題のからくり（暫定版ループ図）

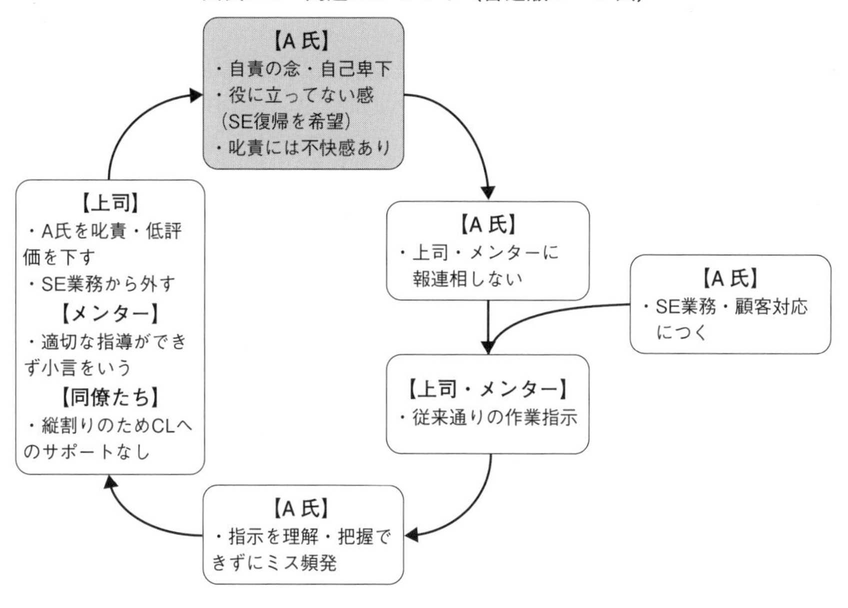

(2) 問題のからくり　手順 › A3：見立て

限られた時間では収集できる情報もまた限られます。とりあえず、ここまでのアセスメント（BPS モデル、エコマップ）から今回の「問題のからくり」をループ図[4]で可視化しました（図表 6-3)。問題が維持されているということは、問題を維持する循環が存在しているわけですから、その循環を可視化してみました。

「入社２年目になってからは SE 業務や顧客対応をするようになったこと」が今回のケースのきっかけでした。当初、上司およびメンターは A 氏の特性に気づかず他の部下と同様の「従来通りの作業指示」を行っていましたが、A 氏は「指示内容を理解・把握できずミスを連発」するようになりました。これ

4　ループ図の注意点：特定の人物を問題の原因にしないようにします。原因と思しき人物には「そうせざるを得ない事情」があるはずです。その事情や理由についてもヒアリングしてみると、より人と環境の相互作用が明確になります。

に対して、上司はA氏を叱責し低評価を下しSE業務から外しました。メンターはA氏の特性を把握した適切な指導ができず小言を言うようになりました。同僚たちは縦割り業務のためA氏をサポートしない状態でした。このことがA氏の「自責の念や自己卑下、役に立っていない感、不快感」などを引き起こしていると考えられます。同時に、A氏は「上司・メンターに報連相をしない」ため、上司・メンターは「従来通りの作業指示」しかできなくなっていました。この悪循環によって、A氏の問題が維持されていると考えられました。

(3) 目標設定　手順›B：ニーズ確認と目標設定

ここまでアセスメント結果からBPSモデル、エコマップ、ループ図を用いて「問題のからくり」を明らかにしました。これに基づいて支援の目標設定をします。ここでは「A氏の特性に応じた仕事の仕方・指示の仕方を本人および職場が実行し、A氏が現在の職務を完遂できるようにする。可能ならばSE業務の一端を担えるようにする」を目標にしました。ここで意識したことは、A氏と関係者のニーズをなるべく多く満たすことです。A氏のニーズはSEに復帰すること、周囲の役に立つこと（＝迷惑をかけないこと）でした。職務完遂ができれば職場で戦力になり、周囲の役に立つことになります。このことは、上司の「迅速な業務推進、納期の遵守」やメンターの「煩わされず自分の仕事を進めたい」というニーズを満たすことにもなります。同僚のニーズは、ヒアリングからは確認できませんでしたが、介入によって同僚の職務の邪魔にならないよう留意すると同時に、可能ならば職場の活性化や効率アップをねらうことにしました。

(4) 対応策の立案　手順›C：介入準備～D：介入方略の策定と実施

目標実現のためには、心理検査などでA氏の特性を明らかにして、その特性に応じた働き方をA氏自身だけでなく、職場の人たちの協力を得て実行していくことです。そのための対応策を4側面介入で検討しました。

①個人－直接介入

A氏の特性が発達障害によるものかどうか診断が確定されれば明確になり

ますし、本人や職場への説明はしやすくなります。しかし、診断がつくことによって、本人や職場に与える悪影響も考えられます。A 氏とその両親もここまで障害の診断を避けてきた経緯が感じられました。それに、職務遂行にとっては診断自体よりも A 氏の特性把握の方が重要です。なぜなら、それは今後の指示の出し方や仕事の仕方に直接関係することだからです。このことから、診断を得るよりも、何らかの方法で A 氏の特性を把握する方が得策と判断しました。例えば「地域障害者職業センター」を利用すると職業能力の評価、職務遂行の助言（コミュニケーション方法、心理的支援）を得ることができます。特性と助言を得られたら、CO は日常業務への適応を A 氏と検討し、必要に応じて問題が生じた際に心理的支援をすることができます。

②個人－間接介入

A 氏の特性や地域障害者職業センターからの助言を共有して、上司・メンターに適切な指示やフィードバックの仕方を学んでもらう方法が考えられます。また、これを日常業務で応用してもらうには CO から上司・メンターに適宜コンサルテーションをする必要もあります。可能であれば、上司が同僚へ呼びかけて、職場全体が A 氏への適切なかかわり方、効率的な仕事の回し方を構築してもらえると最良です。これについては、仕事の迅速化につながることを訴求すると上司の協力を得られる可能性があります。なぜなら、仕事の迅速化はこの上司のニーズだからです。

また、CO から同僚の方たちにも直接依頼をして、日常的に A 氏の仕事をサポートしてもらいたいところです。ただ、現在、縦割りの業務分担であるので、CO が上司に依頼して、上司から指示してもらった方が同僚の方たちは動きやすいと思われます。そして、今後、同僚の方たちが A 氏とかかわり始めるとそれがストレスになる恐れがあるので、CO がいつでもカウンセリングに応じることと、A 氏へのかかわり方についてコンサルテーションできることを同僚に伝えておくのが良さそうです。

最後に上司・メンターにお願いしたいことは、A 氏の職務上に活かせる強みを観察してもらうことです。特性の中には他者より優れている部分もあり得ますので、これを発見してもらい SE 業務復帰の糸口にしてもらうようにします。

③環境－直接介入

職場全体がＡ氏の特性に応じたかかわりができればＡ氏の仕事は効果的に進められます。そこで、Ａ氏の特性を職場全員が共有し、理解が得られて、適切なかかわりを学んでもらえるように心理教育を実施することが考えられます。ただし、Ａ氏の承諾が前提になります。インフォームドコンセントをしっかり行う必要があります。Ａ氏にとってのメリット／デメリットについてＡ氏とよく話をして同意を得る必要があります。また、Ａ氏のための行動が職場の負担になる恐れもあります。とはいえ、上司やメンターが、Ａ氏に限らず、同僚一人ひとりの特性を理解したかかわりへと拡大すれば、職場全体のより適切な業務体制の構築が期待できます。職場の全員で新しい業務体制について対話をすることも１つの方法です。この方法は、個人－間接介入において事前に上司の理解を得ておいたほうが円滑に進められそうです。

④環境－間接介入

職場の新しい業務体制が出来上がったなら、それをマニュアル化したりルール化したりすることによって、恒常的に良い業務サイクルを回すことができます。例えば、グループウェアのような業務システムをうまく活用することに

図表 6-4　介入の案（4 側面介入）

	環境（組織）	個人
直接的	h．A 氏とのかかわり方について職場への心理教育 i．新しい業務体制づくりに向けた対話	a．A 氏へ、地域障害者職業センターの紹介と特性把握、適切な働き方の把握（リファーと連携） b．A 氏の日常業務の困難へのカウンセリング
間接的	j．グループウェアの導入 k．新業務体制の仕組化・ルール設定	c．上司・メンターへ、センターからの情報を共有 d．上司・メンターへ、A 氏とのかかわり方をコンサルテーション e．上司・メンターへ、A 氏の強み探しの依頼 f．上司へ新しい業務体制構築の依頼 g．同僚へのストレスケアとコンサルテーション

よって仕組化することができるかもしれません。COの介入終了後も良いシステムを維持できますので、歯止めとして導入したいところです。

以上から、懸念事項も踏まえて、そしてA氏や職場の変化を伺いながら段階的に進めていくのが得策と考え、まずは図表6-4に示す介入を行うことにしました。

(5) 介入 手順 › D10：実施

①個人－直接介入

A氏に今後の介入についてインフォームドコンセントを行いました。その中で、特性把握の必要性、それに応じて仕事の仕方を見直すこと、上司・メンター、同僚に段階的に情報を共有して理解と協力を得ること、その間、継続的なカウンセリングでA氏を支えていくことを伝えました。また、関係者に情報を共有する場合は、その都度、誰にどのような情報を共有するかを伝えてA氏から了解を得ることを約束しました。

次に、A氏の特性把握について「地域障害者職業センター」の紹介を行いました（図表6-4のa）。機関名に「障害者」が入っていてA氏はやや抵抗を感じた様子でした。そこで、「障害というのは強み・弱みの差が通常よりも大きいことであって、それは個性である」、「このセンターは働きづらさを感じる一般の人も利用する所である」、「センターの利用は、障害者であることを判定するためではなく、特性を知って働きづらさを軽減するためである」、「その結果SE復帰に近づける一歩になる」と説明しました。これによってA氏の同意を得ることができました。なお、当該センターでは、障害特性のアセスメントだけではなく、一人ひとりに応じた就労セミナー（問題解決技能トレーニング、職場対人技能トレーニング、リラクゼーション技能トレーニング、手順書作成技能トレーニング）も行っています。そこで、アセスメントおよびトレーニングについてはこの機関にリファーすることにしました。後日、当該センターの担当者へは、A氏の了解のもと、これまでの経緯や職場での上司とのやり取り、そして、現在の職務完遂が目標であることを共有し、同じ目標に向かって支援するようにしました。

さらに、A氏が当該センターでの学びを日常業務で適用できるように、継

図表 6-5　センターからのアセスメント結果と示唆

- 感覚過敏あり：大きな声や音が健常者よりも強く不快に感じる。大声での叱責は禁物。
- チームよりも 1 人の作業の方が集中できる。
- 短期記憶が弱く、口頭よりも書面で指示を伝えること。
- マルチタスクが不得意なので、1 つの業務が終わったら次の業務を与えるようにする。途中、優先順位が変わる場合は、その理由をしっかり伝えること。
- 言葉よりも図形の把握・処理の能力が高い。図による理解や表現が得意であること。

続的なカウンセリングの中で支援をしていきました（図表 6-4 の b）。

②個人－間接介入

地域障害者職業センターでのアセスメント結果については、当該センターの担当者から CO、上司、メンターへ説明してもらいました（図表 6-4 の c）。その内容は以下のものでした（図表 6-5）。

この結果に基づいて、上司とメンターが A 氏に対して適切な接し方をしてもらえるようコンサルテーションを実施しました（図表 6-4 の d）。迅速な職務遂行を重視する上司に対しては、A 氏への指示出しを配慮することによって A 氏が戦力になって職務遂行につながることを伝えて、コンサルテーション関係の了解を得ました。A 氏の指導で煩わされたくないメンターにも、円滑な指導ができるようになることによって本務の時間が増えることを伝えて了解を得ました。このように、その人のニーズに添う理由づけによって、コンサルテーション関係を構築することができました。

次に、A 氏の特性を踏まえて、どのように指示出しや進捗管理をするかを上司・メンターと検討しました。パソコン上で進捗管理やファイル共有ができるグループウェアの導入を検討中だったとのことで、これを機会に導入することを決めてもらえました（図表 6-4 の f, j）。また、A 氏の強み探しを依頼していたところ、しばらくしてメンターから、システムの構成を示す ER 図（データ構造を表わす図）の論理チェックが可能ではないかとの話になり、試しに A 氏にやってもらうことになりました（図表 6-4 の e）。1 カ月ほど試行してもらった結果、通常の担当者以上に迅速に進められることが分かり、継続して担当してもらうことになりました。これには、上司・メンターとも驚いていました。鉄道路線図を記憶できるという強みがここで生かされたようでした。

③環境－直接介入

A 氏に論理チェックの適性があることが分かってから、論理チェックを本格的に A 氏に担当してもらうことになりました。A 氏が同僚の論理チェックを担っていく方が効率的ではないかと上司からの申し出がありました。職場全体に A 氏の理解と協力を得る時期に来たようです。A 氏にとっては、自分の弱みを職場全体に知られてしまうことにもなりますので、CO と上司の３人でメリット／デメリットについて改めて確認をしました。その結果、SE 業務の一端をより多く担当できるというニーズに近づくことができるので、カミングアウトすることになりました。

職場の同僚に向けて、まず上司から業務の効率アップを今後も進めていくこと、そのために全員に協力をしてほしいことを話してもらいました。次に、CO からは A 氏の特性（強み・弱み）を共有し、A 氏自身からも協力してほしい旨を伝えてもらいました（図表 6-4 の h）。さらに、上司・メンターからは、A 氏の強みである論理チェックの凄さと、このチェックを A 氏に一手に担ってもらうこと、そして、そのためにグループウェアの活用方法や連携方法について全員で検討したいことを伝えてもらいました。その後、全員で効率アップに向けて何回か検討会を開催してくれました（図表 6-4 の i）。

④環境－間接介入

A 氏への支援として導入されたグループウェアや A 氏の論理チェック専任担当制でしたが、他のメンバーにとっても有効だったとのことでした。この状態を維持するために、いくつかのルールも設定されるようになってきました（図表 6-4 の k）。従来、縦割りだった業務も、各自の得意領域によっては余裕があるときに助っ人として入るなど、相互に協力し合う決め事もなされるようになりました。そして、互いの業務量や終了予定日、トラブル発生の情報はグループウェア上に共有するなどのルールも設けられました。

このように、A 氏だけでなく同僚にとっても働きやすい環境が構築されていきました。とはいえ、今後、メンバーにとって新しいやり方がストレスになることが懸念されます。うまくいかない場合に A 氏への不満が噴出する恐れもあります。この職場のメンバーにはいつでも CO が相談に乗ることができることを告げて、ストレス低減のカウンセリングとA氏へのかかわりについてのコンサルテーションをCOが努めることにしました（図表6-4のg）。

（6）結果 手順 › D10：評価

介入から6カ月後、A氏、上司、メンターのそれぞれと面談を行って、これまでの経過について話を伺ってみました。メンターが毎朝、当日の仕事をグループウェアで指示を出した後、A氏との「10分ミーティング」と、夕方の「成果確認ミーティング」も実施されるようになり、ミスを半減することができました。上司・メンターからは、叱るよりも褒める方が効率が良いし自分の精神状態も良くなったとの言葉が聞かれました。

そして、A氏本人からは、以前よりもすべきことが明確になって、集中して仕事に取り組む事が出来たこと、ミスが減って叱責も減ったこと、SEの業務の一端を担えたことで職務満足が上がったことが語られました。ただ、SE業務の一部でしかないので、次第に拡大していきたいというさらなる希望も示されました。

上司からは、A氏の論理チェックについて同僚からは非常に喜ばれているし、チェックの時間短縮につながっていることが語られました。少しずつSE業務を拡大できるよう本人と学習計画を立て始めているが、まだまだ道は遠いとのこと。ただ以前より、育成の手間が減り、業務効率が上がったことは職場全体としても大きな成果だったと満足そうに語ってくれました。

6 本事例の振り返りとまとめ

今回の介入では、障害を前面に出さずに地域障害者就職センターを利用して特性の評価とトレーニングを受けられたことが大きな成功要因でした。ただ、この点はクライアントによっては了解が得られない可能性もあります。障害に対するクライアントの認知やニーズをしっかりと捉えて、必要な支援を十分説明することが求められると思います。

また、アセスメント結果に基づいて、上司とメンターの理解と協力を得られたことも大きな成功要因でした。A氏を支援することと同時に、関係者のメリット／デメリットを考慮して、職場全体としてプラスになる妥協点を見出して目標設定することが重要だと思います。職場のメンバー間の情報共有ツールを導入できたことは幸運でしたが、そうでない場合であっても、A氏の困りごととメンバーの困りごとの両方（あるいは共通部分）を解決する工夫をすることが大事だと思います。

また、メンターという日常的に支援できる方がいたことも重要ポイントだと思います。COはA氏の日常業務については目が行き届きません。同じ職場でその支援をする人の存在は大きいと思います。すなわち、日常的支援ができるキーパーソンを職場内に見出すことが肝心です。今回は、メンターの育成機能のスキルが向上したので、今後、新たな新人に対しても効果が期待できます。

唯一残った課題は、A氏のSE業務への完全復帰です。これがA氏の最大のニーズですので、今後もキャリア支援を継続する必要があります。

今回の事例は創作であり理想像ですから、結果として、A氏、上司、メンター、同僚の全員にとってメリットとなる介入を実現できました。仮に、誰かにとって不満が残ったとしてもコミュニティ全体としてプラスになればまずはOKと言えます。そして、次の段階として、残された問題を解決する新たな目標を立てて、継続的な介入をしていくことになります。

以上、事例を紹介しましたが、企業内カウンセラーはクライエント個人だけを見る近視眼的な視点では不十分で、個人と組織との関係まで見渡す俯瞰的な視座を持つ必要があります。コミュニティアプローチを用いれば、個人介入では難しかった複雑で多様な問題に介入できる可能性が開けてきます。そして、カウンセラーの守備範囲を超える問題に対しては、多職種連携を図ることによって、間接的に支援することが可能になります。つまり、実質、守備範囲が拡大することになります。是非、コミュニティアプローチを実践に取り入れてほしいと思います。

引用文献

厚生労働省（2021）．第11次職業能力開発基本計画
厚生労働省（2023）．令和5年度能力開発基本調査
労働政策研究・研修機構（2023）．第2回キャリアコンサルタント登録者活動状況等に関する調査 労働政策研究報告書，No.227.
産業カウンセラー協会（2023）．産業カウンセラー協会の3つの活動領域 retrieved

July 23rd, 2023, from https://www.counselor.or.jp/about/tabid/102/Default.aspx
下村英雄（2015）．第２章　企業内キャリア・コンサルティングの日本的特徴　企業内キャリア・コンサルティングとその日本的特質―自由記述調査およびインタビュー調査結果　労働政策研究・研修機構（編）労働政策研究報告書，No.171.
杉渓一言（1963）．職場のカウンセリング―部下指導の心理と技術 誠信書房
高橋浩・増井一（2019）．セルフ・キャリアドック入門―キャリア・コンサルティングで個と組織を元気にする方法 金子書房

第7章

事例2

子ども・若者支援

久野 陽子

1 はじめに

本章では、ある地方自治体における子ども・若者の支援についてコミュニティアプローチを用いた事例を紹介します。来談する子ども・若者は、自分のことを上手く話せません。解決をあきらめていたり、間違ったことを信じていたりします。したがって、その言葉を傾聴することは当然のことながら、子ども・若者が属するコミュニティ（家族・学校・社会など）との相互作用についてもシステム論的にアセスメントをすることが不可欠です。本章では、アセスメントによって見える化された個人の課題、家族の課題、関係性の課題を相談者に理解してもらい、その視野を広げて、相談者自身が必要とする各種資源を選択し、意思決定できるように介入した事例を紹介します。結果として、相談者が社会との相互作用の中でQOLをあげることができました。まず、この領域における支援の実情をお伝えしてから、事例を紹介します。

2 取り上げる領域の概要

(1) 分野横断的な支援体制の整備支援

近年、子ども・若者の不安や、自殺や引きこもり等の様々な問題の背景として、子ども・若者の「孤立・孤独」の問題が指摘されています。また、子ども・若者が過ごす家庭においては「ひとり親家庭」、家族の介護に追われる「ヤングケアラー」などの課題、学校においては「生徒指導」の困難さや「児童生徒の多様化」、「教職員の多忙化・不足」などの課題、地域社会においては「つながりの希薄化」、「高齢化」などの課題、教育の情報化等に伴う「インターネット空間の存在感」、就業においては「若年無業者」、「外国人労働者との共生」、「協働やテレワーク等の普及」の課題等、多様な課題が明らかになっています。次世代を担う子ども・若者の育成支援のためには、子ども・若者だけでなくその家族への支援、若者が安心・納得して働き自立し社会参加するための支援など総合的な取組が求められます。

子ども・若者の抱える問題の複雑・深刻化と従来の個別分野における縦割り対応の限界を背景に平成22年4月に制定された「子ども・若者育成支援推進法」(内閣府, 2009) によって、子ども・若者育成支援のために学校、福祉、就労、地域における様々な相談や支援が行われています。「子供・若者育成支援推進大綱」(子ども・若者育成支援推進本部, 2021) では、子ども・若者を取り巻く状況を5つの「場」(家庭、学校、地域社会、インターネット空間及び働く場) を通じて影響を与える社会全体の状況について整理する旨が示されています。そして、「子ども・若者育成支援推進法」(内閣府, 2009) が示す「分野横断的な支援体制の整備支援」の図 (図表7-1) から、子ども・若者総合相談センター[1]が、子ども・若者からのファーストコンタクトであり、問題・課題を受け止めて解決のために支援を行うだけでなく、子ども・若者支援のネットワークやそのほかの社会資源へとつないでいくハブの役割であることがわかります。このような分野横断的な支援は、まさにコミュニティアプロー

---

1 子ども・若者総合相談センターは、地方公共団体が子ども・若者育成支援に関する相談に応じ、関係機関の紹介その他の必要な情報の提供及び助言を行う拠点として設けられるものである。子ども・若者総合相談センターが設けられる趣旨は、幅広い分野にまたがる子ども・若者の問題への相談に対し、いわゆる「たらい回し」を防ぐ機能を果たすことである。必ずしも、子ども・若者に関する全ての問題を子ども・若者総合相談センターだけで解決することが求められるものではない。すなわち、子ども・若者総合相談センターにおいては、少なくとも関係機関のリストを整備するなどして相談の一次的な受け皿になり、自ら対応できない案件については、地域内の他の適切な機関に「つなぐ」ことが重要である。相談者を地域内の他の適切な機関を紹介する場合、相談者の希望を踏まえ、紹介先の受入意向を確認の上、相談者を当該機関に紹介するなどの配慮が必要である。(子ども若者育成支援推進法第13条)

図表 7-1　分野横断的な支援体制の整備支援（内閣府，2022）

大綱を踏まえた内閣府の主な施策

(1) 分野横断的な支援体制の整備支援

教育、福祉、保健、医療、矯正、雇用等の関係機関・団体が密接に情報共有等を行う**子ども・若者支援地域協議会**や、子供・若者の育成支援に関するさまざまな相談に応じ、関係機関の紹介、助言等を行う**子ども・若者総合相談センター**の地方公共団体における設置及び機能向上を、アドバイザーの派遣や研修・会合の開催、好事例の提供等により支援するとともに、各地の協議会・センター間の連携（ネットワークのネットワーク）による全国的な共助体制の構築を図る。

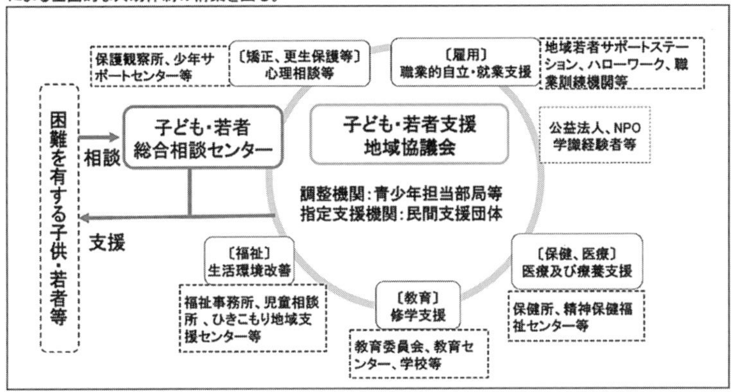

チであると言えます。

(2) 子ども・若者に関する相談支援の実際

相談の最初は「学校に行きたくない」「学校を辞めたい」「アルバイトの面接に通らない」「家に帰りたくない」「生きている意味が分からない」「就活がうまくいかない」など個人の課題を中心に話され、「どうしたらいいのか」と助言を求められます。しかし、相談者の話を傾聴しつつその環境に注意を払うと、相談者の課題や問題には、相談者が気づいていない家族や学校の課題やその関係性の問題から影響を受けていることに気づきます。

そのため、子ども・若者の相談においては、相談者の当初の主訴を解決するだけでは真の問題解決にはならない傾向があります。相談員が子ども・若者が抱える問題と家族や学校との関係性も把握して、適切な支援体制につなげる知識と技能が不可欠です。

子ども・若者支援では、子どもから30代までの若者の相談を扱います。一般的に18歳未満（高校生まで）は学校や児童福祉法に基づく相談支援機関が多くあり連携して支援をすることができます。困難な状況にあるときは児童相談所のように措置できる機関もあります。一方、成人となる18歳以降においては、「何がしたい」「何をしてほしい」を伝えることで様々な支援やサービスを受けることができます。逆の言い方をすると18歳以降は自分自身で「何をしたいのか」「何をしてほしいのか」を伝えなくては、自分の納得のいく支援やサービスを受けることができません。そのため、様々な困難や課題を抱える子ども・若者に対する相談やサービスの窓口では、子ども・若者を取り巻く状況を考えながら、丁寧な対応が非常に重要になります。

(3) コミュニティアプローチの必要性

相談にくる子ども・若者は、様々なことを考えていて思うことも沢山あるはずなのに、なかなか自分のことを話してくれません。自分の話を聞いてもらう経験も少なく、特に大人たちの言うことを信用できなくなっています。「どうせ聞いてくれない」「言っても何も変わらない」とはっきりと言ってきます。時には黙ったままほとんど話さないこともあります。

そのような子ども・若者の相談における、彼らを理解する際の視点をコミュニティアプローチの考えに沿って整理してみました。

・子ども・若者は成長の過程にあり、自分自身で考え、言葉にして、行動していくことで、自分の力で努力して変わっていく。
・子ども・若者は、情報の不足、経験の不足、頼れる先が不足している状態である。特に困難を抱える子ども・若者の場合は、不足していることに気づくための情報でさえも届いていない。直面する問題、課題は複雑であり、必要とする支援やサービスも多様である。
・子ども・若者の“最初の話”は、本人を知る手掛かりであり「何が起こっているのか」「どんな気持ちなのか」「家族は、学校は、生活は」「理解してくれる人はいるのか」などを丁寧に聴きとることで言葉になっていない問題、潜在的な課題を整理する。そして、問題や課題が明確になることで、子ども・若者自身が納得できる支援を立てることができる。

3 事例紹介

(1) 事例の概要

ここで紹介するのは、「誰もわかってくれない」と大人に対する「あきらめ」を持ち「1人で解決しなければいけない」と思い込んでいる高校生に対して、自ら選択肢を広げられるように子ども・若者総合相談の相談員が支援した事例です。相談員は、相談者の話を聴きつつ、相談者と家族および関連するコミュニティとの関係についてアセスメントをして、誰にとって、何が、どのように問題なのか、どんな資源が活用できるのか、何から始めるのか等を検討しながら目標をきめて、そして相談者が納得のいく方法を自身で選択できるように支援していきました。

なお、本事例は、筆者の複数の経験を紹介用に再構成したフィクションです。

(2) ケース 「あきらめ」から一歩踏み出せない高校生

〈Bさんのプロフィール〉
公立F高等学校に通学する2年生の男子。
3年前に両親が離婚。
母親と公立中学校2年生の妹と3人で暮らすひとり親家庭。

高校生Bさんは、冬休みの明けた1月中頃に高校の帰りにいつものようにミント（居場所支援ルームの仮称）に立ち寄り友人と卓球をしたりゲームをしたりしていました。帰り際に「もう決めた。学校やめる。どうやったらバイトできる？」とミントのスタッフに話しました。スタッフは、Bさんの困りごとや不安な気持ちを聞き、バイトの話だけでなく学校や進学や家族のことなど総合的で専門的な相談が必要だと考えて「子ども・若者総合相談」に相談することを勧めました。

Bさんは「学校やめてバイトしたいんですけど、どうしたらバイトできますか」と子ども・若者総合相談に電話してきてくれたので、「バイトの話もできるし、他のいろいろな情報もあるから見に来て」と誘い、面談することになりました。

(3) アセスメント―現状理解― 手順 › A1：現状理解

①主訴の把握

※文章の【 】内は聞き取った内容を記載しています。

Bさんの気持ちや考えを聴くことは当然ですが、子ども・若者が持つ特有の課題を考えて、Bさんを含むコミュニティの全体像を理解するために誰にとって、何がどのように問題なのかを意識しながら聞きました。

Bさんは「勉強は面白くないし、やりたいこともないから高校をやめて働く。だからバイトするにはどうすればいい？教えてほしい」と言います。「学校をやめて働く」という話を否定せずに受け止めたうえで「バイトしたいなら探し方や面接のやり方とか一緒に考えるよ。高校生でもバイトできる場合もある。なんで学校やめたいの？」と聴くと少しずつ話し始めました。

【中学校を卒業するときに内申が悪くて行ける学校がなくて、行きたかったわけではないが「ここなら何とか入れる」といわれて選んだ学校だから、学校の雰囲気も合わないし勉強したいこともない。同じ中学から来た人もいないし、部活も気に入ったのがなかったから入らなかった。1人でいたらクラスで無視された。1年生の時に担任に「クラスで無視される」と言ってみたが「大丈夫、段々慣れるよ。話しかけてみたら」と言われた。担任はわかってない。2年生ではまあまあ友達もできたけど勉強は面白くない。何とか2年生にはなれたけど、好きな教科もないから成績は悪い。最近はみんな大学受験のこと考えてる。話が合わない。2年の終わりには進路を聞かれる。もう嫌になった。疲れた。学校に行ってもしょうがない。辞めて働いてお金稼ぐ、バイトする。】

Bさんの話から、学校を辞めなければならないような大きな事件や出来事があったわけではないが、「誰もわかってくれない、だからここにいても仕方がない」という「あきらめ」が感じられました。今は、「学校をやめる」、「稼ぎたいからバイトする」ことしか思い浮かんでいないようでした。緊急の介入が必要なケースではないと考えられることから、相談員は「Bさんの納得のいくような方法を見つけたい」「少し時間はかかるけど、じっくりと一緒に考えたい」と伝えて相談を続けました。

②個人の理解 手順＞A1-b：システムとしての個人の確認

何を「わかってくれない」と思っているのか、なぜ学校をやめることしか考えられないのか、BPSモデルを活用してBさんの心身のこと、対人関係、環境との関係についてアセスメントしました。

a.「疲れた」というので体の調子、気分について確認。

【体の調子はいいけど疲れてる。最近は夜よく眠れないから朝起きれなくて学校に遅刻しちゃう。夜は友達とLINEしたりWebでゲームしたりしてると楽しい。お母さんは「ゲーム依存だ」とか「早く起きて学校行きなさいとか」とか「ちゃんと勉強しなさい」といつも怒ってる。朝起きれないし、どうせ勉強嫌いだし、やりたいこともないし、学校やめるって決めた。だけど学校やめたらバイトして稼ぎたいけど、どうやって働けばいいのかな。考えると不安で余計眠れない。お母さんは仕事で忙しいから辞めると言ったらめちゃ怒られるに決まってる。担任はうざい。「遅刻するな」とか「勉強しないと大学受験できない」と言うだけ。いつも忙しそうにしてる。学校で何を言っても無駄。わかってない、もういい。】

Bさんは、夜眠れないことはあるが体調面は悪くないようです。自分のことについては「親も先生も誰もわかってくれない」と感じ、これからどうしたらいいのか不安な気持ちでいました。

b. 家族との関係

【3年前に離婚してからお母さんが1人で働いていて、いつも忙しい。妹はお母さんと夕飯を食べて話をしたりしているけど、自分は遅く帰る日も多いから1人で食べる。ほとんど話さない。お母さんは弁当屋の仕事で朝6時には出ていくので、朝は妹と食べて学校行ってる。お母さんが夜遅くなるときは「妹が1人になるから早く帰って家にいなさい」と言われる。家でゲームしていると「勉強しなさい」「学校行かせるために頑張って働いてるのに」と言われていつも喧嘩になる。最近は「パートで朝から晩まで働いて、なんでこんなこと

になったんだろう。もう疲れた」って言いながら落ち込んでいる時もある。お母さんは「普通に大学に行ってちゃんと就職しなさい」という。勉強は嫌いじゃないけど大学行って何するのかわからない。本当は美容師になりたいけど、授業料が高いし、お母さんはダメって言うに決まってる。無理だから言わない。】

【隣の県に年金暮らしのおばあちゃんがいる。優しくて話を聞いてくれるけど、遠いからたまにしか会わない。おばあちゃんのところは街だから美容専門学校もある。そこから学校に行けたらいいなと思ったこともあるけど妹を置いていくわけにいかない。】

【お父さんは近くの他の街に住んでてほとんど会わない。「困ったことがあったら相談にのる」と言われてるけど、会っても話すことがない。】

Bさんは家族のことを気遣っていても、気持ちを上手く伝えられず「自分があきらめればいい」と考えていました。ひとり親家庭のためお母さんは仕事で忙しく、学校や進路のことについて話す時間もなく、一方的にAさんを怒るようなことが日常になっていました。Bさんは、他の家族とは話すことはなく悩みを1人で何とかしようとしていました。

c. 学校や友人との関係

【学校はつまらない。サッカー部もあるけど朝練とか試合とかあるし面倒くさい。成績はギリギリでこのままだと進級できないかもしれない。今度面談があって進路決めなくちゃならないって言われてる。担任は「相談に来い」というけど面倒だから行ったことない。学校で話す友達はいるけど深い付き合いはしてない。みんな「親が行った方がいいっていうし、大学行く」って言ってる。学校辞めたいとは言えない。】

【中学3年生の時サッカーの部活でトラブルがあった。自分だけが悪者にされて学校に行くのが嫌になって、ちょっと休んだら内申が悪くて行きたかった高校は受験できなかった。中学の友達はみんな高校で楽しそう。地元は商店街があって今でもよく遊ぶ。友達が「今の高校は嫌だからもう辞める。18歳成人だっていうし、すぐ働ける」といつも言っていた。年末に会ったら「高校をやめて働く」ってホントに辞めた。だから自分もやめて働こうと思った。】

Bさんは、学校の先生にも友人にも自分の悩みや進路のことを相談することはなく１人で抱え込んでいました。自分の近くにいる人達や地元の友人から得られる情報をもとに判断して「学校をやめて働く」と決めていました。

d. ミント（NPO 法人の運営する居場所支援ルーム）との関係

【ミントの人はどんな話をしても「だめ」って言わないから話せる。でも何かしてほしいわけじゃない。どうせなにも変わらない。迷惑をかけるのも悪い。ミントでは、友だちと卓球やったりゲームしたり漫画読んだり自由にできる。学校帰りには結構行く。】

ミントはＢさんにとって安心して居られる場所となっていましたが「迷惑をかける」と思い、困ったことや不安な気持ちは言えないようでした。なおミントは、子ども・若者支援地域協議会のネットワークに参加し、10 代、20 代を中心に子ども・若者支援の居場所を運営しています。無料で自由に使える場所であり、学習支援や子ども・若者が企画したイベントを実施することもあります。

③関連するコミュニティの確認

手順 › A1-c：関連するコミュニティの確認

Ｂさんの家族以外のコミュニティはどのような場なのかを確認しました。

a. 公立Ｆ高等学校

学力レベルは高くないが、スポーツ、モノづくりに力を入れている。

進路相談やスクールカウンセラー等の制度は整っている。

担任はＢさんのことを気にかけているようだが、Ｂさんとも母親とも話はできていない。

b. 地元の地域

商店街があり人情味のある地域。近隣には工場や飲食業もあり高校卒業後に仕事につく人も多い。Ｂさんにとっては、友人もいる楽しい場所となっている。

(4) アセスメント―関係・相互作用の可視化と見立て―

①取巻く関係の見える化 手順 › A2：関係・相互作用の可視化

アセスメントから把握したＢさんを取巻く関係をエコマップに表現しました（図表 7-2　エコマップ）。

図表7-2　エコマップ

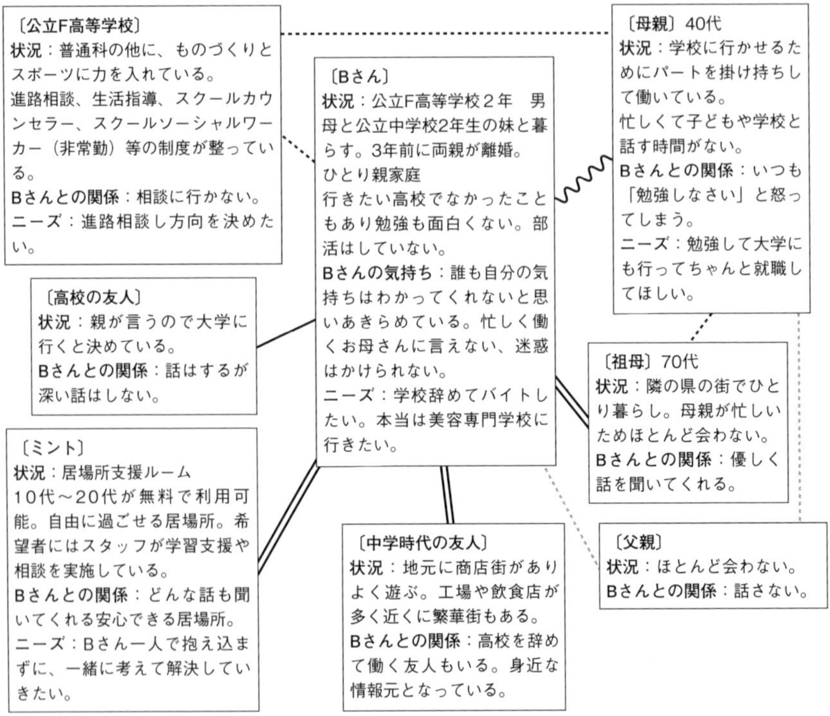

〔公立F高等学校〕
状況：普通科の他に、ものづくりとスポーツに力を入れている。
進路相談、生活指導、スクールカウンセラー、スクールソーシャルワーカー（非常勤）等の制度が整っている。
Bさんとの関係：相談に行かない。
ニーズ：進路相談し方向を決めたい。

〔Bさん〕
状況：公立F高等学校２年　男
母と公立中学校2年生の妹と暮らす。3年前に両親が離婚。
ひとり親家庭
行きたい高校でなかったこともあり勉強も面白くない。部活はしていない。
Bさんの気持ち：誰も自分の気持ちはわかってくれないと思いあきらめている。忙しく働くお母さんに言えない、迷惑はかけられない。
ニーズ：学校辞めてバイトしたい。本当は美容専門学校に行きたい。

〔母親〕40代
状況：学校に行かせるためにパートを掛け持ちして働いている。
忙しくて子どもや学校と話す時間がない。
Bさんとの関係：いつも「勉強しなさい」と怒ってしまう。
ニーズ：勉強して大学にも行ってちゃんと就職してほしい。

〔高校の友人〕
状況：親が言うので大学に行くと決めている。
Bさんとの関係：話はするが深い話はしない。

〔祖母〕70代
状況：隣の県の街でひとり暮らし。母親が忙しいためほとんど会わない。
Bさんとの関係：優しく話を聞いてくれる。

〔ミント〕
状況：居場所支援ルーム
10代～20代が無料で利用可能。自由に過ごせる居場所。希望者にはスタッフが学習支援や相談を実施している。
Bさんとの関係：どんな話も聞いてくれる安心できる居場所。
ニーズ：Bさん一人で抱え込まずに、一緒に考えて解決していきたい。

〔中学時代の友人〕
状況：地元に商店街がありよく遊ぶ。工場や飲食店が多く近くに繁華街もある。
Bさんとの関係：高校を辞めて働く友人もいる。身近な情報元となっている。

〔父親〕
状況：ほとんど会わない。
Bさんとの関係：話さない。

②見立て　手順 › A3：見立て

アセスメントから見えてきた問題と課題をBPSモデルで整理・分析した結果を次に示します（BPSモデルで整理・分析）。

B：「夜眠れない」というが体調面の不調はない。中学時代のトラブルによる不登校のエピソードや高校のクラスで「無視される」と感じていたことから「人目が気になる」部分がみられる。
P：将来のことを考えて不安が大きくなっている。
認めてほしいという気持ちはあるが、その気持ちを上手く伝えることができない。「どうせ誰もわかってくれない」と思っている。
「妹を置いてはいけない」と思うような責任感の強さがある。

S：家族や学校との関係は特に悪くはないが「言っても変わらない」との思い込みがあり、自分の考えを理解してもらうこともあきらめている。
ミント（居場所支援ルーム）とは関係が良好だが「迷惑はかけられない」と思い困ったことや不安な気持ちを相談しない。

Bさんは、責任感が強く1人で解決しなくてはいけないと思っています。その一方で、将来への不安を感じたり周囲の目を気にしたりして何も言えない側面も持っていることがわかります。また、Bさんは「言っても変わらない」という「あきらめ」があり、家族と相談したり、学校と進路について相談や確認したりはしていません。

母親は、母子家庭のため毎日仕事で忙しく、Bさんとゆっくりと話す時間がありませんでした。Bさんに対して「大学行ってちゃんと就職するのが当然」「そのために頑張って働いている」「ゲームばかりしているなんて許せない」と頑なに言っていました。

Bさんも、忙しく働くお母さんへの遠慮の気持ちがあり、学校や進路について話すことをあきらめていました。Bさんのあきらめの気持ちから、話さないことで変化を起こすことができず、日々同じことが繰り返されていました。Bさんは、進路決定の日時が迫ってきた中で、どうすることもできず「学校を辞める」という短絡的な選択をしたことがわかりました。ここまでのアセスメントでBさんの「あきらめ」連鎖が見えてきました（図表7-3）。

「誰もわかってくれない」「言ってもどうせ何も変わらない」という思いが強くなり「あきらめ」が繰り返されて1人で抱え込んでいることがわかります。

(5) 目標設定　手順 › B4：望ましい状態（目標）の設定

Bさんが家族や学校と相談しながら、「将来への選択肢を増やし自分で選んでいかれるようになること」を目標に今後のことを考えていきました。

Bさんの不安や人の目が気になる面があることから精神的なサポートも重要と考えて相談を続けました。まずはBさんにとっての望ましい状態（ニーズ）は何なのかBさんと一緒に考えました。

図表 7-3 「あきらめ」の連鎖（ループ図）

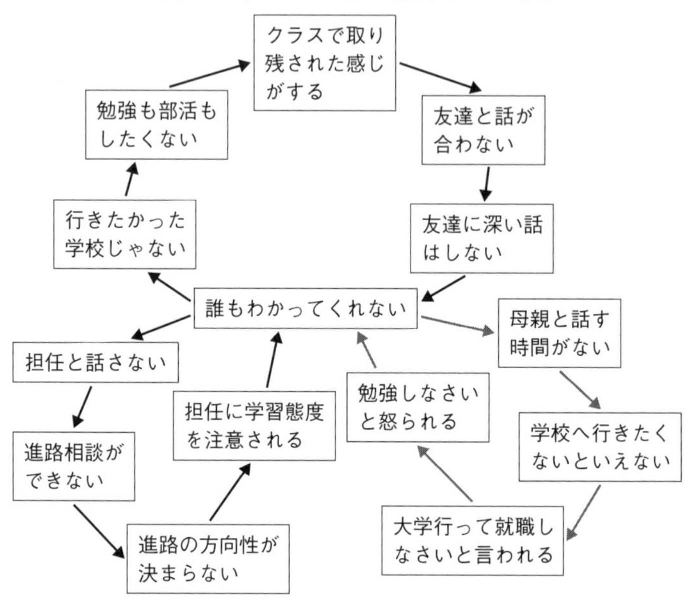

1. 個人の望ましい状態

   B さんが将来への選択肢を増やし自分で選んでいける。

2. 関係性の望ましい状態

 ① B さんと母親

 ・母親に自分の考えと気持ちを伝えて進路や将来の話ができる。

 ・母親は B さんの話を落ち着いて聞いて進路について話し合うことができる。

 ② B さんと学校

 ・担任に自分の考えや希望を話すことができる。

 ・自分の納得できる進路を選ぶにはどうしたらいいのか相談できる。

3. 環境の望ましい状態

 ①学校は B さんの考えや希望を理解して進路相談、進学準備ができる。

 ②ミントは B さんの安心できる居場所であり、学校では経験できないこ

とができるところである。
③働くための情報提供や体験等の準備ができる場所やサービスがある。

(6) 介入—個人への介入— 手順 › D7～D9：介入方略の策定と実施

Bさんの気持ちの整理としての個人への介入と、Bさんと家族および学校との関係性への介入、Bさんの自立の支援として関係機関との連携を行いました。

まず個人への介入では、「どうせ誰もわかってくれない」という気持ちと将来への不安を受け止めて、じっくりと話を聴き、思いを整理するために公認心理師にカウンセリングを担当してもらうことにしました。

公認心理師による支援
①Bさんの気持ちを受け止め、「誰もわかってくれない」というあきらめの気持ちを解きほぐし整理していきました。
②現状を考える材料としての学校、学び、就労支援の社会資源を紹介しながら、学校を辞めることのメリット／デメリットを一緒に考えて選択の幅が広がるように話をしました。
・学校には授業や進路について相談にのってくれる役割の先生や、困ったことや不安を聞いてくれるスクールカウンセラーがいる。
・公立高校にも転入・編入の制度がある。
・働きながら取得できる高等学校卒業程度認定試験の制度がある。
・若者サポートステーションや若者ハローワーク等の働くための準備を支援しているところがある。

公認心理師との数回にわたる気持ちの整理と情報提供によって、Bさんは自分の状況と気持ちを理解して「なにか変わるのならやってみたい」と考えられるようになりました。

(7) 介入—関係性への介入— 手順 › D7～D9：介入方略の策定と実施

Bさんは、高校を辞めようと思っていること、美容師になりたいことを母親に話したいと思うようになりました。このことについて、家族や学校に理解と支援を得ることにしました。

①家族への介入（ソーシャルワーカーとともに）

Ｂさんが「家で話すとすぐに喧嘩になる」と言うので、ソーシャルワーカーの同席の上、母親と一緒に来談してもらいました。Ｂさんは自分のしたいことを話しましたが、お母さんは「高校は卒業しなさい」「普通に大学行ってちゃんと働きなさい」「美容師なんてなれるわけがない」「妹の学費もあるので高い学費は払えない」とすぐには認めることができないようでした。母親にも思いがあるようだったので、Ｂさんと離れてソーシャルワーカーが母親の話を聴くことにしました。

【勉強もしないで学校をやめて美容師になりたいなんて何を考えているのか、わからない。どうせ長続きしない。１人では何もできないのだから、みんなと同じように大学へ行ってちゃんと働いてほしい。パートが忙しくて話す時間がない。良くないとはわかっているけど、疲れていると子どもたちを怒ってしまったりする。でも学校に行かせるには働くしかない】

母親はＢさんが「自分で考え自分で決めるという自立していく成長の段階にあること」「母親の苦労を考えて自己主張できなくなって黙ってしまっていること」の理解が出来ていないようでした。また仕事や働くことのイメージがＢさんと違うことにも気づいていませんでした。ただ、母親は離婚や生活の苦労により精神的に追い詰められている感じでした。

Ｂさんとの関係性がよくなることだけでなく、母親自身の持ついくつかの課題へのサポートやサービスが必要だと考えられました。母親に対しては、まず母親の心と体のことを相談できる精神保健福祉センター、子育て支援や生活支援サービスを受けることのできる役所の窓口や地域の社会福祉協議会を紹介しました。また、パートの掛け持ちで収入が不安定であることも精神的負担になることを考え、マザーズハローワーク等の女性のための就労支援につなぐことにしました。

母親は自分自身の先の展望が少し見えてきたことで精神的に落ち着き、後日、Ｂさんともう一度話をすることになりました。

その結果「高校は卒業すること」「どうやったら美容師になれるか、しっかりと計画的に確認していくこと」「金銭面については、奨学金や祖母宅から通うことも含めて可能かどうか一緒に考える」こと等を条件にAさんの今の希望を認めてくれることになりました。

②学校への介入

Bさんは母親と話して「何をすればいいかはっきりしたので、学校へは自分で相談できる」と言うので、何をどのように話すのかを一緒に考えました。

Bさんと一緒に決めたこと

- 担任に「なんとか進級して卒業したい」と話し助言を聞く。
- 進路指導の先生に美容専門学校に行くには、今何をしたらいいのか具体的に聞く。
- 家の手伝いや家族のことで困ったり、落ち込んだりした時はスクールカウンセラーやスクールソーシャルワーカーに話を聴いてもらう。

Bさんから学校に、「子ども・若者総合相談と一緒に考えている」ことを話してもらいました。Bさんが学校で話をした後、担任に「子ども・若者総合相談はBさんが自分で納得して将来の選択をできるように継続的に支援していきたい」と支援方針を電話で伝え、担任からも「必要な時には学校からも相談する」という話ができました。

(8) 介入―関係機関との連携―

手順 › D7～D9：介入方略の策定と実施

働くことに関しては「若者サポートステーション」、精神生活面では居場所の「ミント」と連携して、Bさんの自立をサポートしました。これらの関係機関とは、Bさんを支援するための目的を共有し役割を分担していくことになりました。

①若者サポートステーションは、働く準備や働く経験をサポートしてくれる場所だということをBさんに説明して、一緒に見学に行きました。「高校在学中は来るのは時々でも大丈夫」と聞いてBさんは「働く準備もしてみる」と興味の持てるプログラムに参加することにしました。

②ミントは、いままで通りＢさんの悩みや不安を聞いたり、日常のサポートをしたりしながら見守っていくことにしました。Ｂさんの「食事の準備でお母さんを助けたい」との気持ちが分かったので、ミントのイベント企画として「簡単にできる料理」のプログラムをＢさんと他の利用者と一緒に考えることにしました。

(9) 結果　手順 › D10：評価

①達成したこと

Ｂさんは、学校の対応と進路相談に納得し、今の高校に通いながら卒業後に美容専門学校に行くことを目指して勉強をすることにしました。

母親とは、美容専門学校に行くための学費をどのように準備するかを話し合い、アルバイトしてお金を貯めることや祖母の家から通うことも考えてどんな学校があるかを調べることにしました。日々の生活では、忙しい母親のために帰りが遅くなる日には食事を作ったり、できる範囲で家事を分担したりすることにしました。卒業までは家に居るので中学生の妹とも手伝いや留守番のことを話し合い、少し気が楽になりました。

ミントでは、「簡単にできる料理」のプログラムの準備としてWebで簡単レシピを探して、みんなで試作して試食する楽しみができました。

Ｂさんは「『誰もわかってくれない』とあきらめていたけれど、話すことでなんだか少し変わってきた。もう少し頑張って高校へも通ってみようと思う」と話してくれました。

子ども・若者総合相談とは、Ｂさんと家族がどんなことでも相談できる場所となるように定期的に相談を続けることにしました。

②今回はできなかった介入

アセスメントでは父親が「困ったときは相談にのる」といっていることがわかりました。美容専門学校の学費等を考えると、自己資金、奨学金以外にも父親の助けが必要となるときもあると考えましたが、Ｂさんの気持ちの整理が今はまだつかないようでした。今後の相談の中で父親に対する気持ちが整理でき、話ができる支援を続けることにしました。

Ｂさんの地元の友人の話から、地元の地域のコミュニティの若者の仕事や就労意識に不安定さが感じられ、地域の子ども・若者に対する相談や情報提供の必要性も感じました。今回の支援を、個人に対する居場所支援、就労支援、総合相談が役割分担と考えるだけでなく、地域の子ども・若者に対して情報や経験を提供する取り組みの第１歩としてとらえ直すことが必要と考え連携の強化に向けた話し合いを提案することにしました。

4 まとめ

(1) 事例を振り返って

本事例では「誰にもわかってもらえない」という気持ちを受け止め、相談者が関わる複数のコミュニティ（家族、学校、居場所など）の全体を考えることで解決の糸口を見つけ、進学や働くという選択肢を拡大することができました。Ｂさん自身も「自分で話してみる」という気持ちになり、「あきらめ」の気持ちが低減して、自ら納得して行動することができて、支援やサービスを受けることにつながりました。

本事例とは異なり「家族と話し合っても認められない」「学校の理解が得られない」「安心できる居場所がない」等の課題がある場合や相談者自身の抱える課題や生きづらさによって相談が継続できない等の場合もあり、様々な違った角度からの介入が必要な場合もあります。どんな場合もまずは、親や支援者のニーズに振り回されることなく相談者が考えて話せるように支援します。そして相談者のニーズを確認するだけでなく、各支援機関のできること、できないことを明確化し、家族、学校、職場、居場所、生活、就労など子ども・若者を取り巻く社会と連携して支援することになります。

(2) 子ども・若者支援で大切なこと

①子ども・若者の発達・成長支援のために、相談者自身の強みや能力を確認して、積極的に活用できるように支援します。子ども・若者自身が「自分の希望をきちんと伝え、納得して支援を受ける」ことができるように情報や経験の場を提供して、情報の使い方、経験の活かし方についても一緒に考えてい

くことが大切です。

②支援機関と支援内容の協議、情報交換、役割分担を行い、支援を実施します。「どんな状況であれば“サービス”が受けられるのか」「支援を受けるためにはどんな“言い方”をすればいいのか」等、家族や学校、支援機関の「支援の扉を開ける言葉」は何なのかを明確にして、子ども・若者が使えるようにすることが大切です。

③相談者のニーズに応じた問題解決のための介入の、レベルと方法によって、多種多様な支援機関と多面的な介入策を実施する必要があります。支援と介入のためには、常日頃から支援機関の強み、できないこと、関わる法律等についての情報の収集と蓄積が大切です。

(3) 最後に

コミュニティアプローチの視点で考えてきましたが、私自身できないことがたくさんあり「支援は1人ではできない」ことを痛感します。多様化し深刻化する子ども・若者の状況を理解して、ネットワークを活用し、子ども・若者が納得してQOLを上げることができるような支援とその準備が重要です。

引用文献

子ども・若者育成支援推進本部(2021). 子供・若者育成支援推進大綱～すべての子供・若者が自らの居場所を得て、成長・活躍できる社会を目指して～ Retrieved Jun 14th, 2023 from https://www.cfa.go.jp/assets/contents/node/basic_page/field_ref_resources/f3e5eca9-5081-4bc9-8d64-e7a61d8903d0/e8a6aa01/20230401policies-kodomotaikou-07.pdf

内閣府(2009). 子ども・若者育成支援推進法(平成二十一年法律第七十一号)

内閣府(2022). 子供・若者育成支援施策の総合的推進(令和4年5月時点)Retrieved Jun 14th, 2023, from https://www8.cao.go.jp/youth/suisin/pdf/law_r04.pdf

第8章

事例3

認知症高齢者の領域における介入事例

本田 真知子

1 はじめに

筆者が認知症に関連する現場で働き始めた時、一般の人だけでなく心理職の仲間たちにも「認知症の人に心理学って、役に立つの？」といぶかし気な顔をされることが少なくありませんでした。確かに、いわゆるカウンセリングをイメージすると、認知症の方を目の前にどんなアプローチが可能なのだろうかと疑問に思われるかもしれません。現状、心理職にある人は認知症の方と接する機会が多くはなく、神経心理検査の場のみのお付き合いになることが多いようです。

しかし筆者は、認知症の方やその家族、あるいは支援者との面談や訪問を重ねるうちに、心理学、特にコミュニティアプローチの発想は認知症に対して大変役立つものであると実感しました。

例えば、米国精神医学会による診断基準（DSM-5）（American Psychiatric Association, 2013）にも示される通り、認知症は何らかの原因疾患による認知機能の変化そのものを指すものではなく、その変化によって「日常生活へ支障をきたすこと」の有無が軽度認知機能障害（いわゆるMCI）や加齢に伴う生理的健忘との鑑別になります（日本神経学会監修・「認知症疾患診療ガイドライン」作成委員会編, 2017）。これをコミュニティアプローチの発想で捉えると、認知症は脳の変化により「人と環境の適合」がうまくいっていない状態を指すと換言できます。かなり強引な言い方をするならば、環境に適合した生活ができれば脳の障害があっても認知症ではない、ということになります。

これが突拍子もない話ではないことは、現在日本の認知症関連施策の方向性を示す『認知症施策推進総合戦略』(以下、新オレンジプラン) を読めば理解できます。新オレンジプランでは、「はじめに」で「認知症の人の意思が尊重され、できる限り住み慣れた地域のよい環境で自分らしく暮らし続けることができる社会の実現を目指」すとしています (厚生労働省・内閣官房・内閣府, et al., 2017)。そして本文では明確に、認知症の当事者や周囲も人に対する、直接的あるいは間接的な支援システムについて示されています (図表 8-1)。

ここではその一つひとつを取り上げてコミュニティアプローチとの類似性を検証することはしませんが、認知症とは人と環境の適合がうまくいっていない状態であると定義し、その介入は本人、環境、関係のすべてに働きかける必要があるというコミュニティアプローチの原則を念頭に置くと、新オレンジプランで示される内容の全体像が掴みやすくなると考えられます。そしてその原則

図表 8-1　新オレンジプランの７つの柱 (厚生労働省, 内閣官房, 内閣府, et al., 2017)

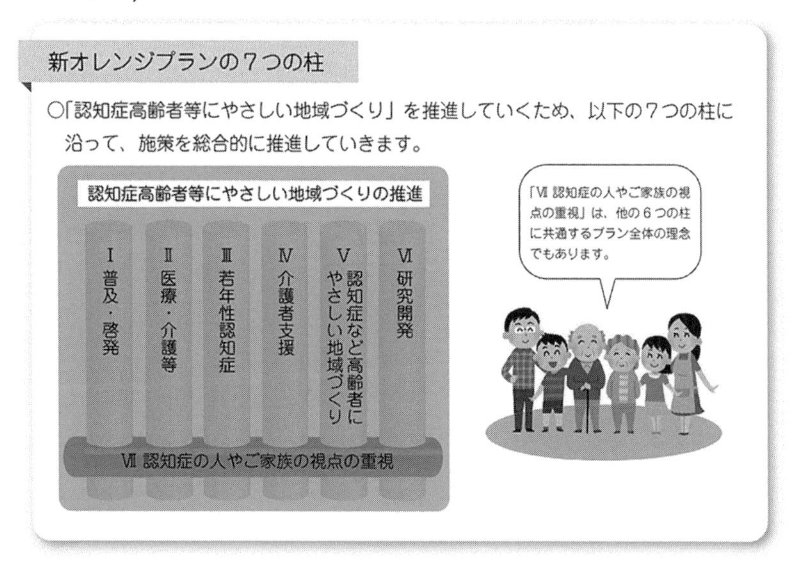

は、認知症施策のようなマクロの視点だけではなく、日々の臨床にも充分に活用することができます。それを事例としてお示しするのが、本章の目的です。

2 本事例のねらい

今回は、「軽度の認知症を発症したものの意思決定はある程度可能な高齢者Cさんと、Cさんの血縁だが事情により関わりたくない家族、Cさんと関わりたいのに関わらせてもらえない専門職」という事例を創作しました。そこでは、それぞれが持つニーズに折り合いをつけ、その時点での最適解を見つけるプロセスを示します。

この事例を通して、多くの心理職の方には「高齢者領域についての知識はある程度必要だけど、やっていること自体はカウンセリングと変わらない」と感じていただけると思います。ただし、今回の事例でコミュニティアプローチを実践する相談員は、心理職よりもソーシャルワーカーに近い動きをしているので、なかには「自分の職場ではこんなに動き回るのは無理だ」と感じる方もいるかもしれません。それでもコミュニティアプローチを実践する心理職がコミュニティの中でどんな考えにもとづいて動くのかという、ひとつのモデルをお示ししたいと考えています。そして、面接室における1対1でのカウンセリングに留まらない心理支援というものについて、少しでも発想をふくらませるきっかけとなれば幸いです。

そして、医療、介護、ソーシャルワーク等で既に認知症の方と関わっている方には「コミュニティアプローチという発想の枠組みを支援者が共有すれば、多職種連携がスムーズになる」という可能性を感じていただけるものと思います。なぜならコミュニティアプローチは、特定の職業倫理や価値観に基づく一技法ではなく、複数のシステムを最適化させるためのアプローチだからです。医療にも介護にも行政にも、業種独自のシステムがあります。そして同じ業種内でも業態が異なればシステムは異なります。今回はページの都合上、それぞれについて詳細に解説することはしませんが、異なるシステムをつなぎ合わせてひとつの支援システムにまとめ合わせようとする時、関わる人をどうアセスメントしてどの位の情報を、どのように共有すれば良いのかイメージをしながら読んでいただきたいと思います。

3 事例

(1) 事例の概要

Cさんは80代の男性で、1人暮らしをしています。妻は病気で亡くなりました。1人娘のPさんは50代で、車で30分程度の場所に家族と住んでいます。互いに接触することなく生活してきましたが、法事のため久しぶりにPさんが帰省したところ、家が散らかっていて、Cさん自身も全体的にだらしない身なりをしており、以前よりも反応が遅くボーっとしている様に感じました。

娘のPさんは驚き、Cさんと地域包括支援センターの高齢者総合相談へ赴き、介護保険を利用したサービスを受けるために必要な手続きを進めました。そしてCさんは、認知症専門医に軽度のアルツハイマー型認知症と診断を受けました。ほどなくして、Cさんの介護保険利用が認められ、サービスを利用する準備が整いました。

しかしCさんは、ケアマネジャーの提案するサービスを拒否し、また認知症の薬も飲みたくないと言い出します。娘であるPさんは困りはて、認知症専門相談窓口に電話をかけ、相談員が相談を受けることになりました。

図表8-2 関係者のジェノグラム

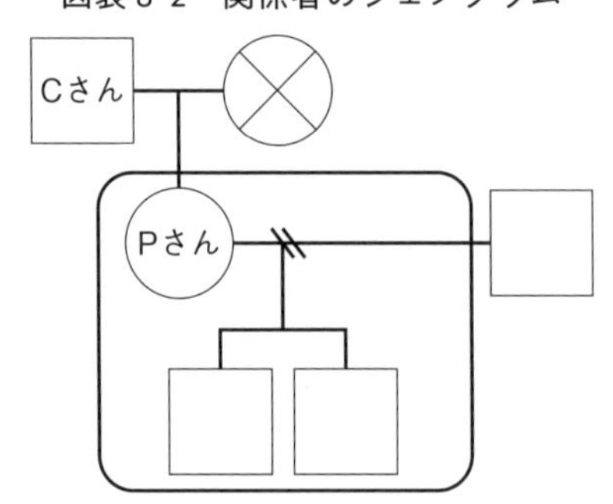

(2) アセスメント 手順›A1：現状理解

相談開始からPさんは早口で、今までの経緯について語り始めました。Pさんは、急に話が脱線したり、主語が飛んだり、事実と主観が混ざったりするため、相談員は全体像が把みづらいと感じました。Pさんの話は、要約すると以下のような内容でした。

・PさんはCさんと関わりたくないから人に頼みたいのに、ケアマネジャーは『娘さん（Pさん）がお父さんにサービスを受けるよう説得すべき』と言ってくる。
・Cさんは男尊女卑で、Pさんのいうことに聞く耳を持たない。
・Pさんは実家が荒れ放題になった挙句、Cさんが孤独死し、その後始末を自分がすることになるのではと心配している。
・Pさんは、2人の子どもをもつシングルマザーで、心理的にも物理的にも余裕はない。

相談員は話を聞きながら、確かにPさんにCさんの説得は荷が重いだろうと感じました。それは以下の理由からでした。

・Pさんの話し方は要領を得ず、また情報量も多く、認知症を発症しているCさんとのやりとりは難しいだろうと思われること。
・CさんとPさんとは、血縁ではあるものの、現在物理的にも心理的にも近しい関係性とは言えない状態であること。

そして、もしも上記2点を踏まえたうえでケアマネジャーが「PさんがCさんを説得すべき」と言っているのであれば、ケアマネジャー側に何か別の事情があるか、Pさんとケアマネジャーがうまく関係性を築けていないのではないかと考えました。そこで相談員はPさんに、ケアマネジャーからも事情を聞いて良いか伺い、Pさんから了解を得ました。

相談員はさっそく、ケアマネジャーに連絡を取りました。ケアマネジャーは中年の女性で、地域包括支援センターに勤める中堅の職員です。ケアマネジャーは以下のように話しました。

・地域では高齢者が孤立しないよう活動を行っている。以前、地区の民生委員から、Cさんが地域で孤立していて、心配で訪問するがいつも門前払いされてしまうという相談を受けていた。
・その後ケアマネジャーも、高齢者の見守りとしてCさん宅を訪問したがやはり門前払いで、何とか繋がりを作れないか勘案していた。
・Cさんは元々社交的なタイプではないらしく、以前近所のスーパーで「列に割り込まれた」と怒鳴るトラブルもあったと聞いている。
・今回Pさんが関わってくれたお陰で、介護認定を受けることができた。しかし、Cさんはサービスの提案に乗ってこず、取り付く島もないので、なるべくPさんを巻き込んでいきたいと考えている。
・一方、Pさんは「私は忙しいから」と言ってCさんに関わろうとしないので、話が進まない。

(3) 関係・相互作用の可視化　手順 › A2：関係・相互作用の可視化

これまでPさんとケアマネジャーから得た情報を統合すると、図表8-3にまとめることができます。Pさんとケアマネジャーは、お互いにCさんと関わる役目をとってほしいと考えています。それは両者ともがCさんと良好な関係性を築けていないためです。その一方で、民生委員とケアマネジャーは「高齢者の孤立は地域の課題である」という共通認識を有していることが見えました。1人暮らしの高齢者を、ある程度地域で責任をもって見守ろうとする姿勢は、Cさんにとって悪くないことのように感じます。

ここで相談員は、Cさん自身が今後どうしていきたいのかが全く見えてこないことは問題であると考えました。そこで、今度はCさん宅へアウトリーチで伺って、ご本人の意向を確認することとしました。同時にPさん、ケアマネジャーにも同行してもらい、それぞれの関係性についてもアセスメントすることとしました。

Cさんの部屋は、掃除は行き届いていないものの、物の置き場所はCさんなりの規律があるようでした。生活スペースは布団とその横にある座卓で、C

図表 8-3　当初の情報に基づいたエコマップ

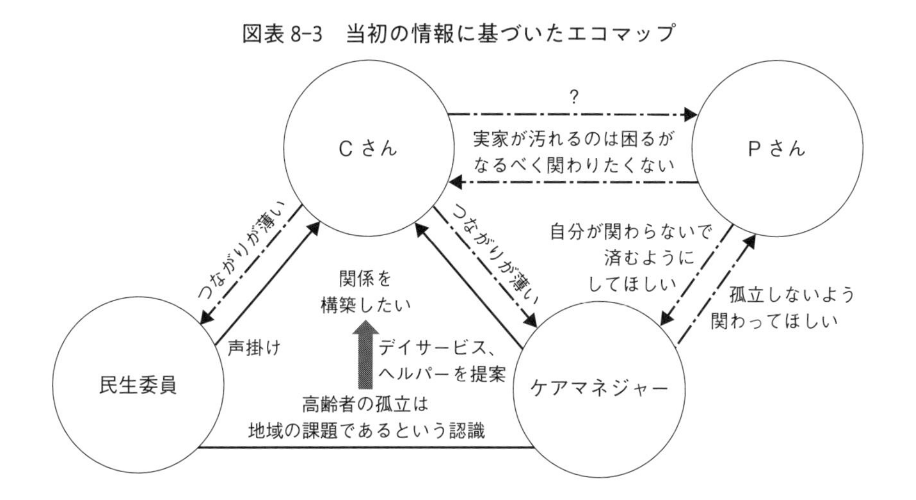

さんはほぼ一日中そこにいるようです。座卓の上には薬袋が複数溜まっていました。Cさんは相談員が挨拶をすると軽くうなずき、尋ねたことに言葉少なに答えました。体温、血圧、酸素濃度などのバイタル測定、続いて歩行状態の確認にも応じてくれました。

コミュニケーションに消極的な方をアセスメントするとき、会話が難しくても、バイタル測定という明確な目的には応じてくれる場合があります。「手を握ってください」「深呼吸してください」などの口頭指示が理解できるかどうかもポイントです。今回も相談員は、Cさんの全身状態をチェックすると同時に、Cさんはある程度言葉でのやり取りが可能であることを確認しました。

Pさんは、Cさんから離れた場所に正座で座り、やり取りを眺めていました。Pさんは、体をこわばらせ、まるで存在を消しているかのように息をひそめていました。CさんはPさんに視線を送ることもなく、まるでそこにいないものとして扱っているようでした。

ケアマネジャーは笑顔で明るく振舞い、Cさんに対して細やかにポジティブな言葉がけをしていました。しかしCさんはそんな言葉がけが出るごとに、鬱陶しいとでも言いたげな表情を浮かべて、ケアマネジャーから視線をそらしていました。

相談員はケアマネジャーに、少しの間言葉を控えるようこっそりとお願いしました。そして、Ｃさんの会話のリズムを探り、Ｃさんと波長を合わせながら、低めの声と短い言葉で質問して、ゆっくりと時間をとって答えを待ち、慎重に話を聞きました。

相談員がＣさん本人から聞き取った話は、以下のようなものでした。

・生活で困ることは特にない。食事はスーパーで惣菜を買って食べている。
・認知症の薬は、認知症専門医のいる遠方の病院まで行かないと貰えない。１人では行けない。娘に同行を頼むことは考えていない。
・近所のかかりつけ医から血圧の薬をもらっている。薬を飲んだかどうか忘れてしまった時は飲まないようにしている。
・昔は仕事一筋、男性中心の世界で生きてきた。
・今はマイペースに生きている。ケアマネジャーにはデイサービスとヘルパーを提案された。デイサービスでは自分の好きなように過ごせないのが嫌だ。ヘルパーは、他人が自分の物を勝手に移動して、大事なものがどこに行ったか分からなくなるのが嫌なので家に入れたくない。

Ｃさんは確かに、口数は少なく、口調も荒めで、時々会話が途切れたり同じ話をしたりすることもありました。しかし、語る内容については理屈が通っており、理解が可能な意見だと感じました。

ここまでに概ね１時間ほどかかり、Ｃさんにも疲労が見えたため、今回は引き上げることとしました。家を出てドアを閉めると、Ｐさんとケアマネジャーは「今日は珍しくよく喋っていましたね！」と驚いた様子で話し始めました。相談員は「認知症は変動がある疾患なので、今日は調子が良かった可能性もある」としつつ「Ｃさんとの会話は、ごく短い言葉で声掛けすること」や「沈黙の時間を恐れず、ゆっくり返事を待つこと」を心掛けると、Ｃさんは話しやすいかもしれないと伝えました。

相談員は、今までに出てきた情報を整理し、現在起きていることの問題はどこにあるか、どうなることが望ましいのかを話し合うことを提案し、ケアマネジャーとＰさんは了承しました。

(4) 問題のからくり 手順›A3：見立て

後日、Cさん、ケアマネジャー、相談員とで集まり話し合いの場が持たれました。話し合いにあたり、相談員はまず、前回Cさん本人に話を聞いたことで明らかになった各ニーズについて、相談員の視点で整理しました。

・Cさんのニーズ；マイペースに生活したい
・Pさんのニーズ；関わりたくないが、後始末を背負わされるのも困る
・ケアマネジャーのニーズ；地域の高齢者の孤立を防ぎたい

相談員は、それぞれのニーズがほかのニーズを打ち消してしまうため、状況が維持されていることを指摘しました（図表8-4）。

(5) ニーズの確認

手順›（A1：現状理解）・B4：望ましい状態（目標）の設定

これらのニーズは、そのままぶつけ合うだけでは平行線を辿ってしまいます。まずは、「誰にとって、何が問題なのか」を明確にして、各々が許容範囲を広げて、折り合うポイントを見つけることが必要です。Pさんとケアマネ

図表8-4 問題のからくり（ニーズの衝突＝問題の発生・維持の仕組み）

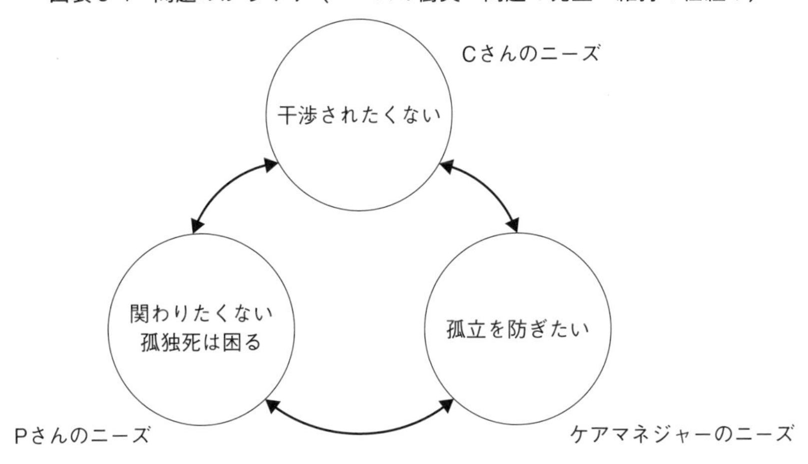

ジャーは、黙って相談員の話を聞き、今回の話し合いの趣旨についての理解を示しました。そこで相談員は、BPS モデルの図にＣさんについてのアセスメントを書き加えたものを示しました（図表 8-5）。そしてＣさんの今の状態が、誰にとって、何が問題なのかを話し合いました。

Ｃさんは恐らく今の生活に、問題を感じていないであろうということがわかります。あえて挙げるとすれば、今の生活を続けていけば、おそらく遠くはない将来に認知症悪化や身体的機能低下によって、今の自由な生活を維持することができなくなる、と予想されます。認知症悪化と身体的機能低下を防ぐためには、認知症の治療を受けること、適度な運動、適度な人との接触が必要です。

ケアマネジャーは、「頼る人がいないせいで、認知症治療も受けられていないし、心理的にも身体的にもいい循環にならないのだから、結局はこの孤立状態を何とかしないといけないですよね。」と言いました。この意見について、相談員は「孤立が問題なのは状況的に間違いないですが、そこだけにフォーカスするとＣさんの価値観とは折り合いが付かないので、できると思えることは何でもやりましょう。」と伝えました。小さな１つの変化が起きることで、他の変化が起きやすくなるからです。

図表 8-5　BPS モデルによるアセスメント結果

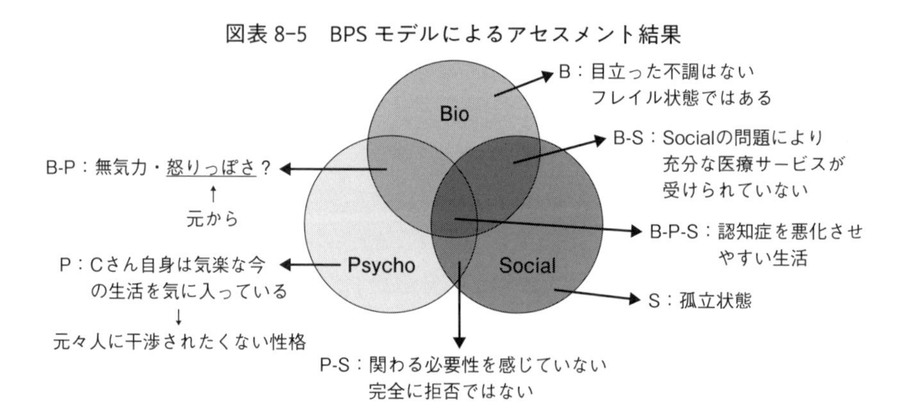

(6) 課題の抽出

手順 › (A2：関係・相互作用の可視化)・C5：介入するポイントの確認

問題意識についてある程度共有できたところで、相談員はBPSモデルの図（図表8-5）とエコマップ（図表8-6）を並べて提示し、Pさんとケアマネジャーの意見も聞きながら、問題意識を課題へとブラッシュアップしていきました。

この作業を通して、Cさんの具体的な課題が明確になりました。

- Cさんが必要な医療サービスを受け、身体的・神経的機能を維持するために、治療を受けるためのハードルを下げる必要がある
- Cさんが現在の生活を続けることで起こりうるリスクについて、Cさん自身が理解したうえで、そのリスクに対するCさんの意思を確認する必要がある
- Cさんの志向する生活スタイルは、地域の「高齢者の孤立を防ぐ」という課題には合わないので、地域とCさんとのコンフリクトを調整する必要がある（多様性の尊重）

図表8-6　ここまでに得られた情報に基づいたエコマップ

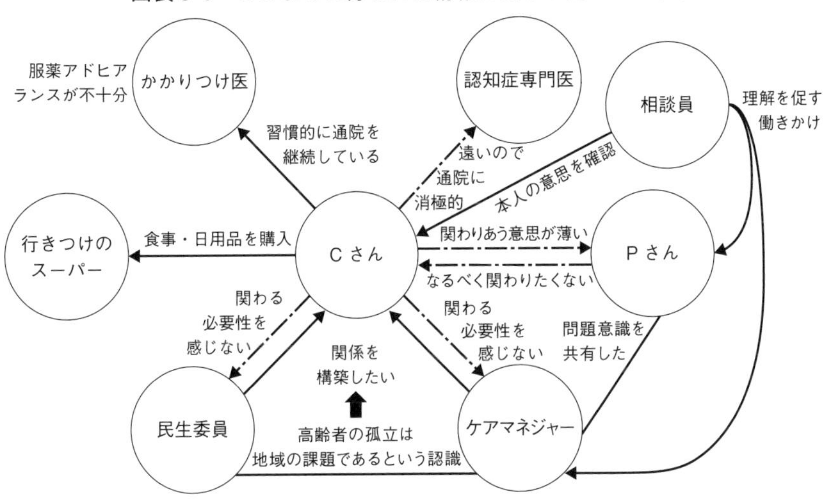

その一方で、この作業ではＣさんが既にできていることについても、発見がありました。

・かかりつけ医やスーパーマーケットなど、地域のなかに関わっている特定の場所がある（＝完全に孤立しているわけではない）
・認知症専門医は遠方という理由で通院には消極的だが、Ｃさん自身は認知症治療に否定的ではない

(7) 介入準備　手順 › C6：システムへの介入を検討～D7：個別の介入方略

そこで相談員は４側面介入の図を提示し、それぞれの枠について簡単な説明を行いました。そのうえで、現時点で明らかになった課題やできていることについて、どのようにアプローチをしていくのかアイディアを出し合いました(図表8-7)。

ここまで話を進めてきて、ケアマネジャーは出てきたアイディアについて、いくらかやれそうな手ごたえを感じたようでした。その一方、Ｐさんは浮かない表情でぽつりといいました。「私にとって、父はわがままで頑固で、時には暴力をふるうような人間でした。年をとっても父がこうしていろんな人に迷惑をかけて、自分ばかり自由な生活を送ろうというのが、やっぱり許せません。」相談員は「こういうタイミングで、過去に抱えていた家族の葛藤が浮上してくることはよくあることです。この機会に、お父さんとＰさんの関係について振り返ってみるのも良いかもしれませんよ。」と伝えました。Ｐさんはお勧め

図表 8-7　4 側面介入

	環境	個人
直接	・Ｃさんの支援をネットワーク化する ・Ｃさんの見守りを強化するための新たな資源を掘り起こす	・Ｃさんの医療体制を整備する ・今後の生活リスクについてＣさんの理解を促進する ・Ｃさんの意思を確認する（定期的に）
間接	・地域の高齢者対応力向上 ・民生委員の横のつながりを強化する ・支援する人へのサポート	・関係者間で問題意識を共有する ・Ｃさんとキーパーソンとの関係性を構築していく

の会社で契約しているサービスで、カウンセリングを受けてみることにしました。

現在の状況から、Cさんのケースについては当面、ケアマネジャーがメインで動くキーパーソンとして頑張ってもらうことになりました。Pさんには、ケアマネジャーから適宜報告を入れ、必要な会議には同席することとしました。ケアマネジャーはPさんに「PさんにとってCさんと関わることは、気持ちの上での負担が大きかったんですね。なるべく負担が減るように私にできることはします。いずれPさんにしかできないことも出てきますから、その時にはよろしくお願いします。」と伝えました。Pさんは肩の荷が下りたような表情で、ケアマネジャーにお礼を述べました。

次に、浮かび上がってきた課題についてCさんの意思確認をするため、Cさんの自宅へ伺いました。Cさんは先日と変わりない様子でした。相談員は前回と同様、ゆっくりと以下の2点について説明し、Cさんの意思を伺いました。

・なるべく負担がないような環境が整ったら、認知症の治療を受けたいか
・今の生活では、不測の事態になったときすぐに助けることが難しいが、それについてはどう考えているか

Cさんは1つ目の認知症治療について「何だかよくわからないが、とりあえず面倒が増えるわけではないらしい」ということは理解し、了解されました。そこで、相談員が関係者間で必要な情報をやり取りして、認知症の治療を受けられるように医療の体制を整えることにしました。

2つ目のリスクについては、表情を見たところCさん自身も気にしているようでした。ケアマネジャーは、配食業者と連携している事例や、民間セキュリティ会社が提供するサービスを利用している事例などを紹介しました。Cさんは、配食は「まずいもの食べさせられるのは嫌だ」、民間セキュリティ会社のサービスは「費用が掛かるから」と否定的でした。そこで、例えば薬局のかかりつけ薬剤師というサービスを利用すると、接触の頻度は週1回程度ですが、対面で体調確認をしてもらえるし、費用も掛からないという話が出ました。Cさんは「自分が不在の時もあるから…」とはじめは乗り気でない様子でした

が、薬の管理をお願いできること、簡単な健康相談にも乗ってもらえることを理解して「週1回くらいならいいですよ」と同意されました。こちらはケアマネジャーが、サービスの調整を行うことにしました。

(8) 介入方略

手順 › D8:全体方略（実施案）の組み立て～D9:実施計画の策定

相談員は医療体制構築にむけ、まずはかかりつけ医と専門医のアセスメントに取り掛かりました。かかりつけ医は地域の内科クリニックで、代々医療を提供する60代の男性医師です。そのほかのスタッフは看護師と受付の各2名という体制です。週6日（うち2日は半日）開院しており、患者さんへの対応が優しいと評判です。相談員はクリニックの受付に電話して、Cさんについて相談したいことがあるので情報提供書を送っていいかと尋ねました。了承を得たため送付先について確認したところ、受付より「先生宛にしてもらえれば、届き次第先生が目を通します」とのことでした。

一方、Cさんに認知症の診断をしたのは、総合病院の30代男性の勤務医です。仕事が早く、また論理的な判断に定評があり、書類関係の依頼にもすぐに対応してくれます。ただし勤務日は週2日のみで、患者数も多いため、診察にかけることができる1回あたりの時間は5分以内になりがちです。この総合病院には優秀なメディカルソーシャルワーカー（以下MSW）がおり、院内の先生方にも一目置かれる存在であるため、相談したいことがあるときはMSWを通したほうがよりスムーズであるということがわかりました。

このため、まずはMSWに電話し、MSW宛てに連携依頼書を送付することとしました。相談員は書面にて、BPSそれぞれのアセスメント内容を1行ずつにまとめました。併せて、本人に認知症治療の意思があり、現体制では治療の継続が難しいため連携をお願いしたい旨を、かかりつけ医に向けたものと専門医に向けたもの、それぞれ1～2行程度で簡潔にまとめました。医療機関は過密なスケジュールで動くことが多いため、読みやすさ、わかりやすさが大変重要です。そして末尾に、『この件でお聞きになりたいことがございましたら、この電話番号（相談員の直通電話）にご連絡をお願いいたします』と申し添えしました。

後日、かかりつけ医より電話で「事情はわかりました。専門医先生からのご指示があれば、日ごろの処方や副反応のチェックなどについてはこちらで対応します」とお返事をいただきました。専門医からは、MSW 経由で専門医が了解したことが伝えられ、さっそく専門医からかかりつけ医にあてた診療情報提供書が送付されました。そして病状の変化など、専門医とかかりつけ医との間で連携が必要な場合は、今後 MSW が窓口となることを確認しました。

一方、ケアマネジャーは、かかりつけ薬剤師のサービス調整に取り掛かりました。ケアマネジャーは持ち前の情報網を生かし、近隣の薬局にフットワークが軽く高齢者の対応にも実績のある薬剤師がいるということを知り、さっそく依頼しました。BPS についてまとめたものを利用し、状況を説明したところ、薬剤師からは「週 1 回の訪問で、過剰に踏み込まないように配慮しつつ、変化がないかをチェックして、何かあればかかりつけ医とケアマネジャーにお伝えすればいいんですね」と、お返事をいただいたとのことでした。

(9) 評価と課題　手順 › D10：実施と評価

それから少しの時間を経て、相談員はケアマネジャーとともに C さんの介入について、現状の報告をしました。

ケアマネジャーからの報告

- 月 1 回程度の訪問を継続している。C さんに大きな変化はない。
- 薬剤師が週 1 回定期訪問している。1 回あたり 5 分にも満たない訪問だが、薬剤師がうまく配慮してくれて C さんの受け入れも良好。
- 薬剤師が自宅に余っていた薬を回収し、また服薬カレンダーを導入して、C さんの服薬忘れが減っている。
- C さん行きつけのスーパーマーケット店長が、地域の高齢者に関心を寄せていることがわかり、ケアマネジャーの勧めで認知症サポーター養成講座を受けた。地域課題として、高齢者をサポートする視点を共有し、スーパーマーケットの高齢なお客さんで、気になることがあればケアマネジャーに連絡をするよう伝えた。
- 民生委員の研修会で、孤立しがちな高齢者を地域ぐるみで支えることについて話し合う予定。技術や知識だけではなく、「どう頑張っても関わることが難しい人もいる」という架空ケースを共有して、民生委員自身が消耗したり疲弊したりすることのないよう、横のつながりを強化する機会にしたいと考えている。

相談員からの報告

・認知症専門医からの紹介状により、かかりつけ医で従来の内科処方薬と一緒に認知症治療薬を処方してもらっている。

・今後は年１回、専門医に定期的な検査を受けることとなった。その診察にはＰさんが同行する。

・Ｐさんはカウンセリングを受けたことで、Ｃさんに対する気持ちが以前に比べ少し和らいだようである。

これらの情報をもとに、以前作成したエコマップに修正を加えました（図表8-8）。始めのころに比べ、Ｃさんと関わる人が増え、そして各々のつながり方も明確になりました。関係者の負担感は分散され、地域で見守るという安心感が増したことがわかります。

もちろんＣさんの安全面を考えれば、これで十分とはいえません。なぜならば、日常的な見守りとして行われているのは、週１回５分程度の薬剤師の訪問のみだからです。しかしＣさんの望む自由な生活、すなわちQOLを考えると、この形が現状での落としどころといえます。今後、Ｃさんの状態が変化すれば、BPSのアセスメントをしなおしていきます。そのうえで、Ｃさんの意思を確認して、周囲の許容度と折り合いをつけながら介入を考えていくこととなります。

4 まとめ

今回はコミュニティアプローチを解説しやすいよう、Ｐさんやケアマネジャーとのコラボレーションという事例を紹介しました。当然のことながら、実際の現場ではゆっくり事例について検討する時間はなかなか取れません。しかし、コミュニティアプローチを実践するうえで、少なくとも相談員の頭の中

図表 8-8　介入後のエコマップ

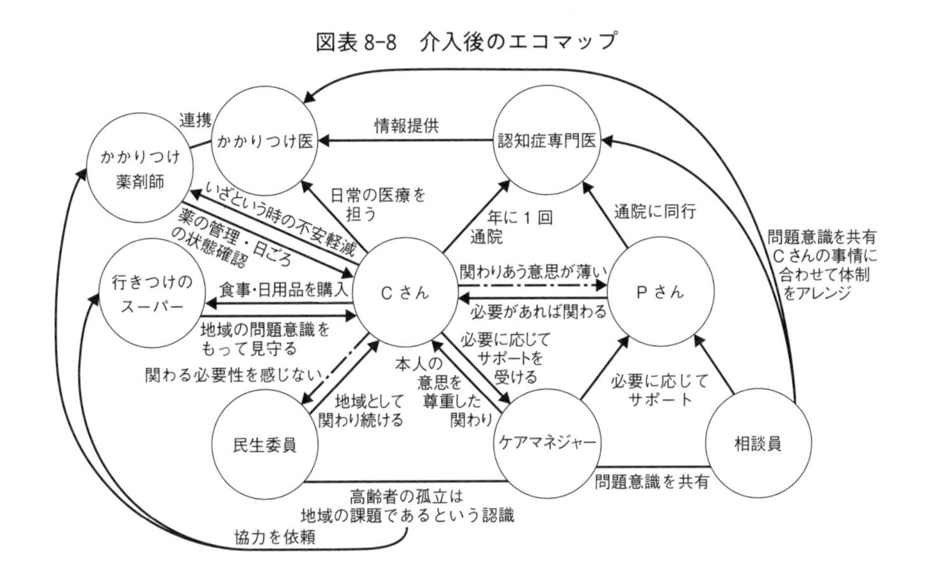

ではこのくらいのアセスメントが行われています。

もちろんＣさんのように、言語で自分の希望を伝えられる方ばかりではありません。言語コミュニケーションが難しい方の場合は、表情や行動、意欲など、非言語表現でアセスメントを行わなければならない難しさがあります。しかしながら、そういった脳神経疾患の症状がより強く出ている方の対応にこそ、心理職の得意分野が発揮される可能性が十分にあります。もともと心理学には、非言語で表出される感情や情報に関心を向ける文化があるためです。

大きなくくりで言うならば、心理支援とは、「何らかの事情により自分の状態や課題を言語化できない状況にある人に対し、より良く生きるためにできることを見つけようとする営み」です。目の前にいる方が精神疾患の方でも、発達障がいの方でも、どんな診断名やカテゴリから外れる方であっても心理職の職責は変わらないものであり、認知症も例外ではありません。この心理職の強みが同業者の心理職および世間一般に理解されて、今後は神経心理検査だけではなく認知症支援の輪のなかに、心理職の活躍の場がより拡がって行くことを願っています。

なお、現場で出会う医師、看護師、ソーシャルワーカー、ケアマネジャー、あるいは行政職員や保健師の中には、コミュニティアプローチを体系的に学んだわけではなくても、コミュニティに開かれたマインドで試行錯誤しながら業務を遂行するうちに、コミュニティアプローチと同様の問題意識や考え方を身につけている人と出会うことがよくあります。コミュニティアプローチが現場で「役に立つものは取り入れる」ことを繰り返してブラッシュアップされてきた理論体系であると同様に、現場で効果的に活動する各種の専門家もブラッシュアップされてコミュニティアプローチに接近していくのだと考えます。

「はじめに」で述べたように、コミュニティアプローチが認知症支援に大変役立つという筆者の肌感覚が、本書を通じてより多くの人に実感され、そして今後役立てられることを願っています。

引用文献

日本神経学会（監修）・「認知症疾患診療ガイドライン」作成委員会（編集）(2017). 認知症疾患診断ガイドライン 2017　医学書院

American Psychiatric Association. (2013). *Diagnostic and statistical manual of mental disorders: DSM-5.* American psychiatric association: Washington, DC.

厚生労働省・内閣官房・内閣府・警察庁・金融庁・消費者庁・総務省・法務省・文部科学省・農林水産省・経済産業省・国土交通省 (2017). 改訂版認知症施策推進総合戦略（新オレンジプラン）～認知症高齢者等にやさしい地域づくりに向けて～

第9章

事例4
依存症への介入事例

石塚 典子

1 はじめに

近年、依存症について耳にすることが多くなりました。そのイメージは「意志が弱い。依存症になるのは本人の問題」から「“やめるのが大変”な病気」へと変化し、「病気」としての理解が徐々に進んでいます。これは、次節で述べるように依存症関連の法律が整備され、都道府県や支援団体、支援者、そして当事者等による様々な啓発活動が盛んに行われるようになったことが功を奏しているものと思われます（図表9-1のマクロシステム）。

依存症という病気そのものに関する説明は本書の趣旨から外れるので省略しますが、再発を繰り返しやすいという特徴があることは押さえておきたいと思います。したがって、「治る」という意味合いの言葉として「完治」ではなく、「回復」が使われます。回復の状態は人によって異なりますが、共通するのはQOLやWell-beingの維持・向上であると言えます。

依存症では、回復だけではなく、その発症から進行も含めた過程において、本人の個人要因のみならず、周囲の人々との関係などの環境要因が相互に大きく影響し合います。そのため、個人支援だけではコミュニティ（人と環境から成り立つシステム）としてのQOLやWell-beingを保ち続けることは難しく、支援には組織や周囲の人々も対象とした総合的アプローチが不可欠です。

こうした特徴を踏まえ、第3節で取り上げるアルコール依存症（アルコール使用障害）の事例では、会社員Dさんの問題行動、すなわち遅刻を繰り返し業務に支障をきたしているという現象について、支援の方法を考えていきます。事例は上司や人事担当者の勧めに従って、Dさんが外部のカウンセラーに相談するところから始まります。カウンセラーはDさんをシステム内の個人ととらえ、周囲の人々や、それぞれのDさんとの関係、取り巻く環境などを含めてアセスメントし、問題が生じ継続している問題のからくりを解明します。それに基づいて、それぞれの人にとってどうなることが望ましいのかという視点から目標設定をし、3次元介入（BPSモデル）やシステムの6レベル介入、コミュニティの4側面介入という枠組みに照らして対応策を立案します。そして、最後に実施した介入の評価と課題を提示していきます。本事例の紹介では、技法等の介入の詳細ではなく、しやすい支援や届きづらい支援の存在などを構造的に把握し、支援の方法や考え方への理解を深めることを目的としています。

本章では、最初に依存症関連の法律や、国の対策について概観します。次に事例の紹介では、前述したようにアルコール依存症（アルコール使用障害）の例を挙げ、依存症の経過で起こる出来事や対応について解説していきます。最後に、システムの構造（図表9-1）を振り返りながら全体のまとめを行います。

図表9-1　システムの構造

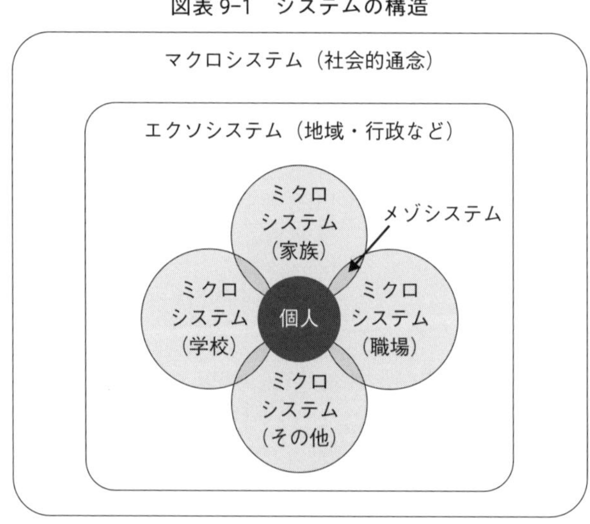

2 依存症領域における支援の概況

平成30年の飲酒実態に関する全国調査では、アルコール依存症の生涯経験者は54万人、アルコール依存症の疑いのある人（アルコール使用障害のスクリーニングテストAUDITの15点以上）は約300万人に上ると報告されています（樋口，2018）。ギャンブル等依存では成人の2.2%が依存の疑いがあると推計されています（松下・新田・遠山，2021）。また、違法薬物使用の生涯経験者数の推計は、覚醒剤が24万人、大麻が128万人と報告されています（嶋根，2022）。これらのことから、周囲の人々への影響を考えると、依存症は誰にとっても身近な病気と言えます。

依存症関連の法律は、平成26年6月に「アルコール健康障害対策基本法」、平成30年10月に「ギャンブル等依存症基本法」、平成28年12月には「再犯の防止等の推進に関する法律」がそれぞれ施行されています。各法律に基づく基本計画では、相談窓口の設置や人材の確保など支援体制の構築が定められており、これらは3つの基本計画に共通するものとなっています。

国の依存症対策としては、厚生労働省により「依存症対策総合支援事業実施要綱」が定められ、平成29年4月1日に適用されています。本要綱では、都道府県等による実情に応じた必要な施策の実施および必要となる人員の配置が求められており、必要な施策として、「(1) 依存症地域支援体制推進事業」、「(2) 連携会議運営事業」、「(3) 依存症専門相談支援事業」、「(4) 依存症支援者研修事業」、「(5) 普及啓発・情報提供事業」、「(6) 依存症の治療・回復支援事業」、「(7) 依存症患者の家族支援事業」が掲げられています（図表9-1のエクソシステム）。このように、現在依存症への対策は国を挙げて推進されているところです。

一方で、受診率の低さが問題となっており、アルコール依存症では専門的な治療を受けている人は、46,000人（厚生労働省，2019）にとどまっています。その要因としては、本人に依存症の病識がないことや、スティグマが背景にあり認めることへの拒否感があることなどがあります。また、周囲も気づくのが難しいなど、様々な理由から治療やその他の支援につながりにくい状況があると考えられます。さらに、問題行動などが表出し本人や周囲の人が相談をする機会があったとしても、最初から依存症の専門病院を訪れる人ばかりではなく、他の機関で見逃されてしまう場合があるかもしれません。

こうしたことから、依存症の支援を行うには、依存症以外の支援に携わる専門家にも、支援の全体像を含めた知識が求められていると言えます。それには、起きている事象について全体を支援の対象とするという総合的なアプローチの考え方を知ることが最も有用であると思われます。

3 事例の紹介

第１節で、依存症の発症から進行、回復の過程には、本人の個人要因だけではなく周囲の人々との関係などの環境要因も大きく影響すると述べました。つまり、本質的な問題解決のためには、問題が表面化している本人への介入だけにとどまらず、本人が属する組織やその組織の人々をも介入の対象とすることが重要となります。

本節では、アルコール依存症（アルコール使用障害）の事例を取り上げ、その人物の問題行動を発端として顕在化した現象について、支援の方法を紹介したいと思います。すなわち、問題を特定の個人に帰属し、個人の適応だけに介入するのではなく、個人をシステム内存在としてとらえた視点からのアプローチです。

現象全体を構造的に把握することにより、支援者は自分がどこまで関与できるのか、どのような支援ができるのかなど、支援者自身の立ち位置が明確になるものと思います。

なお、本事例は、複数事例に基づいて創作した架空の事例です。

(1) 会社員Ｄさんのケース

会社員のＤさんは、社会人になって10年目の営業職に従事する30代の男性で、両親と３人で暮らしています。これまで２度の転職を経て、現在勤務するＺ社が３社目となります。周囲からはおとなしく、素直で真面目な人だと見られていますが、本当は気が小さく、いつも周囲に気を遣い断ることができず、気が進まなくても仕事を引き受けてしまうところがありました。

Dさんの所属する部署では、営業先から会社に戻るとその日の報告書の作成や翌日の準備などの業務に追われ、夜の8時過ぎに会社を出ることが多く、仕事が終わった後は上司や同僚と飲みに行くことが日常となっていました。Dさんはお酒が入ると昼間とは人が変わったように積極的に意見を述べたり、アイデアを話したりすることから、周囲の人々はDさんにとっても飲みに行くのは有益な手段だと思っていました。そのような事情もあり、仕事が早く終わった日も「ミーティング」と称して飲みに行き、仕事に関する意見を交わすなど皆で楽しく過ごしていました。

このような生活が続いたある日、取引先から約束の時間にDさんが来ないと会社に連絡がありました。Dさんはその日、自宅からその取引先に直行することになっていたため、既に訪問していると思っていたDさんの上司は驚くと同時にDさんのことを腹立たしく思いました。Dさんの上司は、最近Dさんがたびたび遅刻し、その回数も増えていることから何度か注意していました。一方で真面目なDさんのことだから何か事情があるのか、あるいは病気なのではないかと心配にもなり、人事部に相談して会社が提携している外部の相談機関に相談に行くことをDさんに提案しました。

(2) アセスメント—現状理解— 手順 › A1：現状理解

カウンセラーは、まずは現状を理解して、「誰にとって、何が、どのように問題・課題なのか」という視点で情報収集を行いました。

人からの提案や仕事を断ることのできないDさんは、気が進まないながらも自分に問題があり、自分が解決しないと会社に迷惑をかけると思い、相談機関を訪れました。何度かの面接を経てわかったことは以下のようなことでした。

①人前で話すのが苦手だが、お酒が入るとリラックスできて気が大きくなり、同僚と飲みに行ったときにはいつも自分の意見を言えて楽しかった。
②帰宅してから一人で飲むことを楽しみにしており、飲酒が働くモチベー

ションになっていた。

③最近、担当する製品が変わったため、客先での説明内容が複雑になり負担を感じていた。

④前社でもその前の会社でも朝起きられずに遅刻が増え、居づらくなってやめた。

⑤本当は、自分は営業職に向いていないと思っているが、父親の強い希望があって営業職以外の職種に就きづらい。

さらに、D さんは子どもの頃から人とのコミュニケーションが得意ではなく、いじめの対象となったことはなかったものの、それがコンプレックスで堂々と話せる人がうらやましいと思っていたと話しました。

こうしたD さんの話を受け、環境がD さんの問題にどのような影響を及ぼしているのかを把握する必要があると考えたカウンセラーは、D さんの承諾を得て、職場の上司と両親との面接をそれぞれ行いました。

上司は、一番の問題はD さんの遅刻が多いことで、客先からの信頼を失うことを危惧していました。客先や同僚との関係は良好に見え、自分もおとなしいD さんを気にかけ頻繁に声をかけてきたので、D さんが負担やストレスを感じているとは思っていないと話していました。特にお酒を飲むとD さんは明るく饒舌になり、楽しそうだったことからD さんのためでもあると考えて、よく飲みに誘っていたとのことでした。一方で、D さんが朝から眠そうなことや、D さんの同僚がD さんは飲むと気前が良くなりおごってくれると話していたことが気になっていました。そして、「D さんをよろしくお願いします」とカウンセラーに告げました。

D さんの両親は、最近D さんはお金がなくなると親に無心し、おとなしかった息子が怒鳴ったりイライラしたりするようになって途方に暮れていました。父親はお金を渡すことに反対していましたが、母親は息子が困っているなら、と言われるままに渡してきました。D さんは帰宅しても自室にこもり、そのまま入浴もしない日もあるようだと心配しています。また、朝、D さんが自分から起きてこない日には起こそうとしますが、Dさんは不機嫌になるばかりです。両親は、子どもの頃から習い事や塾にも通わせ、私立の学校にも行かせたのにという思いが強く、Dさんを不甲斐ない息子だと落胆しています。父親は営業一筋の人で、営業こそが会社を支える花形の仕事であるという信念を持ち、息子も当然そうあるべきだと信じています。

(3) アセスメント② 手順 ❯ A2：関係・相互作用の可視化

Dさんと上司、そして両親の話から得られた情報を以下の図表9-2および図表9-3にまとめました。これは図表9-1のミクロシステムの部分に該当します。

(4) アセスメント③ 手順 ❯ A3：見立て

アセスメントの結果をループ図で可視化することによって見立てを行いました（図表9-4）。顕在化した「Dさんの遅刻」という問題は、Dさんの飲酒行動によって生じたと推察できます。Dさん個人にとって飲酒は、コミュニケーションを円滑にするツールであり、ストレス解消などのコーピングでもあり、Dさんが社会で生きていくために欠かせない行動となっています。そういったメリットがある一方で、社会面・生活面・経済面に支障をきたしており、飲酒によるデメリットが大きくなっています。これらのことからDさんはアルコール依存症であることが疑われます。

一方、Dさんをシステム内存在としての個人とみた場合、「上司と同僚」が

図表9-2　問題の同定と把握

誰にとって	何が	どのように問題か
Dさん	・コミュニケーションが苦手 ・朝起きられない ・お金が足りない	・意見が言えない、断れない ・会社に迷惑をかける ・借りなければならない
Dさんの上司	・Dさんの遅刻 ・Dさんがおとなしい	・客先の信用を失うリスク ・考えや気持ちを把握しづらい
Dさんの両親	・Dさんの態度の変化 ・Dさんからのお金の無心	・何があったのか心配 ・自分たちの生活に影響

図表 9-3　BPS モデルと相互関係図

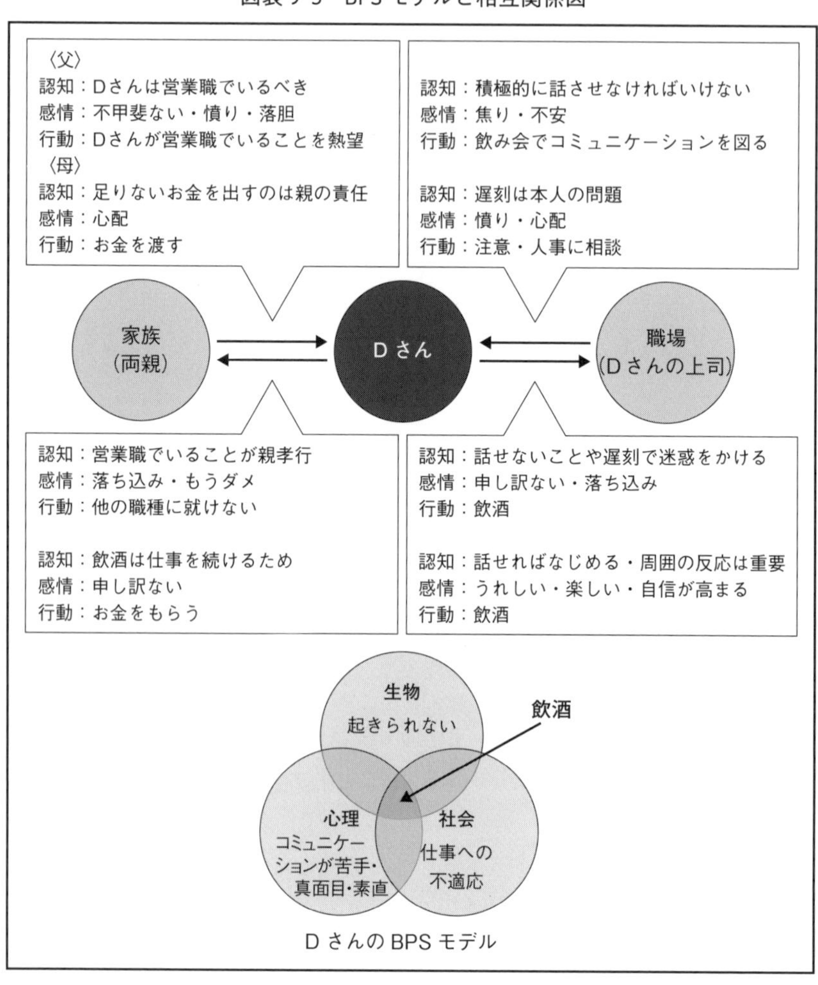

頻繁に飲みに行ったり、「D さんの母親」がお金を渡したりするという彼らの行動によって D さんに飲酒の機会を提供し続け、D さんの飲酒を促進しています。つまり、彼らはイネイブラー（回復を阻害する人）と位置付けられ、「D さんの遅刻」という問題を持続させている、という「問題のからくり」が見えてきます。D さんにとって良かれと思って続けられてきた「上司と同僚」

図表 9-4　ループ図（問題のからくり）

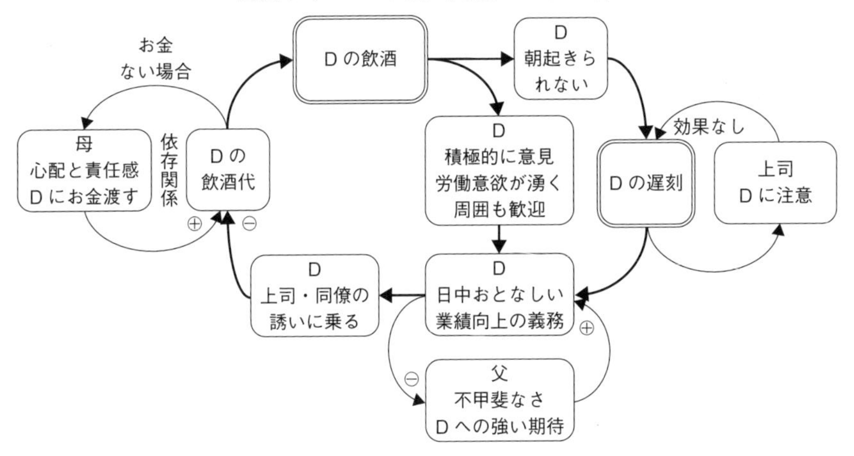

および「Dさんの母親」の行動ですが、結果として彼らの意図とは反対に、問題の解決を阻害することになっています。

Dさんに相談に行くことを提案したことから、Dさん自身と周囲の人々は問題の原因はDさんにあり、Dさんが変わることで解決すると考えています。しかし実態は、Dさん個人と、職場および家族のコミュニティとが相互に影響し合って問題を持続させていることが分かります。さらに、診断はされていませんが、Dさんがアルコール依存症様の状態であり、依存症の再発を繰り返すという特徴もあてはまります。これらのことから、Dさんのみが変わったとしても、環境が変わらないままでは「Dさんの遅刻」は持続しかねず、問題解決には至りません。したがって、Dさんと職場と家族への支援が必要になります。

(5) 望ましい状態（目標）の設定

手順 › B4：望ましい状態（目標）の設定

①全体目標：Dさんが遅刻をしなくなる（＝職場・仕事への適応）

全体目標としては、「Dさんのアルコール依存症（の疑い）からの回復」と設定して、「Dさんの遅刻」を解決したいところです。しかし、それがDさんを含むコミュニティ全体のQOLの向上に貢献するとは言えません。なぜなら、Dさんも職場の人々も「飲酒」という有効かつ使い慣れた唯一の手段が取り上げられてしまうからです。そうなると、ただ「我慢する」という方法しか残りません。母親もDさんへお金をあげることを「我慢する」しかなくなります。そのことは職場や家族のコミュニティ全体のQOLを向上させるどころか反対に下げる恐れがあります。

そこで、まずは現時点で顕在化した問題である「Dさんの遅刻」をなくすことを全体目標として設定しました。一気に「アルコール依存症からの回復」を目指すのではなく、そのための最初のステップとしてDさんの遅刻をなくすことにしました。この目標によって期待される結果を以下に列記します。

- Dさんにとって：職場での信頼を回復できる・仕事に身が入る・自信になる等。
- 上司にとって：社内外からの信頼を失うリスクを回避できる・上司としての管理能力を取り戻せる・Dさんに仕事を任せられる等。
- 両親にとって：息子への心配から解放される等。

②小目標1：上司のコミュニケーションスキル向上

次に、職場の人々がただ「我慢する」のではなく、「適切に我慢する」ことができるよう、まずは上司の「『飲酒』以外のコミュニケーションスキルを向上」を、全体目標を支えるための小目標とします。この目標によって期待される結果を以下に列記します。

- Dさんにとって：上司の方法に合わせて話そうと苦心しなくてよくなる・落ち込まずにすむ等。
- 上司にとって：上司個人の安心につながる・職場の維持管理能力が向上する等。

③小目標2：両親の子離れ・正しく依存する（頼る）

さらに、Dさんの母親もお金を渡すことによってDさんの「飲酒」を促進していましたが、困っていた一方で頼ってくれることにどこかうれしさを感じていたなど、親子の依存関係の可能性も考えられます。そのため、職場の人々と同様に、ただ「お金を渡す」という手段を絶つのではなく、「正しく依存する（頼る）」ことによるQOLの維持向上を目指します。そこで、「両親の子離れ・正しく依存する（頼る）」を小目標として設定しました。この目標によって期待される結果を以下に列記します。

- Dさんにとって：仕事を選べる・意欲や責任感が湧く等。
- 両親にとって：親として肩の荷が下りる・夫婦の生活を充実できる等。

(6) 介入の準備（対応策の立案）

手順 › C5：介入するポイントの確認～D7：個別の介入方略

前述の目標に沿って、どのような介入が可能なのか、3次元介入（BPSモデル）、6レベル介入、4側面介入で検討しました。

①Dさん個人への介入

DさんのBPSモデル（図表9-3）を見ると、B（生物）では「起きられない」問題が生じていました。これには飲酒の問題が背景にあると考えられます。このことから、B（生物）への対応としては、Dさんを専門の医療機関へリファーする必要があります。P（心理）では、コミュニケーションが苦手であり、面接ではそれに対するコンプレックスがあるとDさんは話していました。これに対しては、個人の適合性を高めるためのカウンセリングが有効であると考えます。S（社会）においては、営業職に向いていないと話していたように、仕事への不適応があります。個人をより適合的な環境に移行させるため、異動や職務の変更の提案を念頭に置くことも考慮する必要があります。

- B（生物）：専門の医療機関へのリファー
- P（心理）：カウンセリング
- S（社会）：異動や職務の変更

②上司

上司とDさんの両親の双方に関しては、機能的・構造的変化を永続的に起こし、特定の個人であるDさんとの適合性を改善することを目的として、6レベル介入の個別システム介入（レベルⅣ）まで介入することにしました。ここでは、アルコール依存症という病気およびDさんの問題飲酒に対してイネイブラーとなっていたメカニズムへの理解を促すため心理教育を行います。上司への心理教育では、さらに、Dさんの治療のための休職や勤務時間の変更によって、部下や組織に動揺が生じる可能性があることから危機介入に関する内容も含めます。

また、上司は、Dさんや他の部下とコミュニケーションを取るために飲み会という手段を用いていました。これには、職場で部下たちの話をうまく聞けていないという理由があるかもしれません。本来ならば、勤務時間に十分なコミュニケーションをとることが望まれます。今回はたまたまDさんの問題が表面化しましたが、Dさん以外の人も不適応を起こす可能性もあります。上司に個人資源の変化や準備をしてもらうため、飲み会以外のコミュニケーションスキルを習得してもらうことが必要になります。これは、Dさん個人と環境との適合性を高め、また他の部下の不適応の予防につながります。

- アルコール依存症についての心理教育
- 飲み会以外のコミュニケーションスキルの習得

③Dさんの両親

Dさんの両親に対しても心理教育でアルコール依存症についての理解を進めるとともに、Dさんとの付き合い方などを見直してもらいます。また、アルコール依存症の子どもを持つ親として、同じ経験をしている人々との気持ちを分かち合ってもらうために、自助グループなどの家族会への参加を提案します。これによって、すでに不適合をおこしている家族という集団へ介入し、両親の個人資源を変化させることで、Dさん個人に間接的に介入し、Dさんと家族という環境の適合性を高めることが期待されます。

また、父親の営業職へのこだわりや、母親の親としての責任感など、Dさんの両親独特の認知があるように思われます。こうした両親に対しては、Dさんへの思いを整理して、夫婦二人が向き合って次のステージに移行することへの支援を、カウンセリングで話し合うことによってできると考えられます。

- アルコール依存症についての心理教育
- アルコール依存症の家族の会を紹介
- 両親へのカウンセリング

なお本ケースにおいては、Dさんの属する職場と家族の協働は不要と考えたため、関係者全員が一堂に会して話し合う必要はないと判断しました。ただし、必要があればDさんと上司、Dさんと両親という組み合わせでの面接が行われることは想定しておきます。

(7) 介入方略の策定

①全体介入方略 手順 › D8：全体方略（実施案）の組み立て

Dさんの異動や職務の変更については、上司の上司や人事部との相談が必要です。これについてのキーパーソンを上司とし、カウンセラーは上司がその役割を果たせるよう支援を行います。

家族においては、父親の権威は強そうですが、Dさんとの関係性を考慮すると母親の方がキーパーソンとして動いてくれる可能性が高いと考えられます。母親を通じて、父親を動かしてもらったり、家族としてDさんへの関わりを変えていったりすることが期待されます。

次に介入の優先順位です。Dさんは病気である可能性があるので、医療機関に行くことが最優先です。最初に現状を説明する際に、アルコール依存症に関する心理教育を行い、受診が必要である理由を伝えます。その後、生活パターンが整った後にカウンセリングを実施します。

上司とDさんの両親には、アルコール依存症についての理解をしてもらった上で、彼らにもその他の介入が必要であることを説明します。つまり、心理教育が最優先事項といえます。これを実施した結果、どのような反応や影響があるかを評価して、次の介入を行うことにします。

②実施計画案の策定 手順 › D9：実施計画の策定

上司と両親への支援について、事前にDさんから承諾を得ます。また、それぞれ個別に現状と支援の計画を提示し、了承を得ます。その上で、それぞれの介入を開始します。(計画の詳細は割愛)

(8) 実施結果と評価・課題 手順 › D10：実施と評価

①望ましい結果

Dさんは、営業から完全に離れることを望まなかったため、上司の元で内勤のポジションに付き、得意な営業計画の立案や売上のまとめなどを行っています。上司や同僚に頼られ、以前よりストレスも減少し、自信もついてきたとのことです。また、同僚たちも一部の仕事がDさんに移行されたことにより、遅くまで仕事をしなくてもよくなったため、スポーツクラブに通ったり、勉強をしたりといった別の活動を始めた人も出てきました。中には健康診断の結果を気にしながら飲み会に参加していたところ、今回の変化があり安堵した人もいるということでした。

上司は、まだ馴染まないものの傾聴など習得したスキルを駆使して部下とのコミュニケーションを取っています。自分のコミュニケーションが変わったことで、部下たちが以前よりも気軽に話しかけてくれるようになり、仕事の相談もしやすくなったようだと話しています。その結果、効率的に業務が進められるようになったことを実感しています。飲み会と称したミーティングでは、たくさんの意見が出ていたものの、現実的なものはあまりなかったことに気付いたそうです。

Dさんの両親は、息子に飲酒問題があることを認められるようになり、心的距離を置き、関わり方を変えようと試みています。Dさんが休みの日には一緒に買い物に行き荷物を持ってもらったり、スマートフォンやパソコンの使い方を教えてもらったりするなど正しく依存して（頼って）いるそうです。また、カウンセリングの後は夫婦二人でお茶を飲んだり、寄り道をしたりしながら過ごしたとのことです。そして、夫婦二人での旅行を計画するなど、自分たちの楽しみ方を模索しています。

②評価と今後の課題

本ケースでの支援は概ね計画通りに進み、個人や組織のQOLの向上も見られました。しかし、課題も残っています。Dさんの両親は、自分たちは息子の問題を理解できましたが、親戚や知人に堂々と話せないことに後ろめたさを感じています。今後、親戚が集まる冠婚葬祭などでの飲酒の機会ではどのように対応したらよいのか悩んでいます。また、Dさんの同僚の中には今回の一連の出来事を他人事のように思い、飲み会がなくなったことへの不満を感じる人もいます。

前者では、Dさんと両親が話し合い、対応を決めておくことが重要ですが、関係が改善したとはいえ何でも話せるわけではないとのことなので、カウンセラーを入れて対応策を話し合うことが今後の課題となります。後者においては、対応策の立案段階でDさんの同僚、即ち上司の部下も心理教育の対象とするべきだったのかもしれません。しかし、Dさんに関するプライバシーの問題や組織的な運用上の問題があること、対象者への心身の負担も伴うことを考慮すると、心理教育や研修の実施そのものやその形式、方法については、人事部も含めて慎重に検討する必要があります。

4 本事例におけるコミュニティ・アプローチ

本章ではアルコール依存症の支援における事例を取り上げ、コミュニティ・アプローチの視点からその方法を見てきました。ここで図表9-1に戻って足りない部分がないか確認してみます。まず、マクロシステムは社会通念にあたりますが、第1節で示したように、多くの人々の啓発活動というアプローチにより、依存症の印象が変化しつつあります。エクソシステムでは、第2節で概観したように、地域ごとに相談窓口の設置や人員の配置が進められ、体制が整えられています。そして、本章の事例で紹介したアプローチは、本人とミクロシステムに該当します。こうしてみると、メゾシステムへのアプローチがないことが分かります。メゾシステムはミクロシステムが重なる部分ですが、本事例では家族と会社の間に関連がないことから介入の対象とはしませんでした。

このように支援全体を把握することで、どこまで支援者が関われるか、あるいは他の専門家にリファーできるか、また、届きづらい支援があるかなどが見えてきます。それにより的確に判断したうえで動きを取ることができます。さらには、プログラムを作成したり導入したりする際にも、こうした視点が役に立ちます。

本章ではアルコール依存症の事例を元に説明してきましたが、依存症の発症や症状、あるいは治療法などについてはケースによって様々であり、異存のある方もいらっしゃると思います。本章ではコミュニティ・アプローチをより分かりやすく紹介するために必要な部分のみに焦点を当てました。

最後に、本章で紹介したアプローチの考え方は、依存症だけではなく他の様々なケースにも適用できます。他領域での支援者にとってもヒントになれば幸いです。

引用文献

樋口進（2018）．アルコール依存症の実態把握，地域連携による早期介入・回復プログラムの開発に関する研究　日本医療研究開発機構

厚生労働省（2019）．平成 29 年患者調査（傷病分類編）

松下幸生・新田千枝・遠山朋海（2021）．令和 2 年度依存症に関する調査研究事業「ギャンブル障害およびギャンブル関連問題の実態調査」報告書 国立病院機構久里浜医療センター

嶋根卓也（2022）．厚生労働行政推進調査事業費補助金（医療品・医療機器等レギュラトリーサイエンス政策研究事業）薬物乱用・依存状況の実態把握と薬物依存症者の社会復帰に向けた支援に関する研究　令和 3 年度総括・分担研究報告書　国立精神・神経医療研究センター精神保健研究所薬物依存研究部

第10章

事例5

「不登校」を「チーム学校」で乗り切る

～カウンセラーによる支援ネットワーキングを用いた介入

根本 葉子

1 はじめに

不登校生徒への対応は、単に登校を実現すること、あるいは本人の意思に任せるというだけでは不十分です。本人のニーズの他に保護者や学校側のニーズも考慮すること、そして何よりも本人の学習や成長、将来の社会への適合も考慮した適切な支援が求められます。そのためには、不登校生徒に関わることは当然のことながら、周囲の関係者や生活・学習環境についても把握し、学校・家庭が連携して支援することが必要です。しかしながら、学校が不登校生徒の対応に不慣れであったり、スクールカウンセラーや一部の教員に任せきりにしたりして、十分に支援が機能していないことが往々にして見られます。つまり「チーム学校」が叫ばれながらも、なかなかチームとして機能していない実情にあります。

本章では、ある高校に赴任したスクールカウンセラーによる①学校の支援体制づくりと、②不登校生徒の支援の２段階に分けて事例を紹介します。まず、スクールカウンセラーが「チーム学校」としての支援体制が整っているかについてその学校をアセスメントし、管理職（校長・副校長)、担任、養護教諭と話し合うことによって適切な支援体制を構築しました。次に、「授業内容が簡単すぎてつまらない、大学進学に不要な時間をかけたくはない」との理由から不登校になった高校1年生に対して、スクールカウンセラーが、学校や保護者に対して支援ネットワーキングを駆使しつつ不登校生徒へのカウンセリングを継続しながら、本人の希望する進路に向けて自ら行動できるように支援していきました。

学校における課題を理解していただくために、次節にて「チーム学校」について解説を行い、その後に事例を紹介します。

2 学校に必要な支援体制

「令和2年度児童生徒の問題行動・不登校等生徒指導上の諸課題に関する調査結果」(文部科学省, 2021) によると、全国の小中高等学校の不登校児童生徒数は23万9178人[1]で過去最多を更新しました。不登校の増加について当時の文部科学省の江口児童生徒課長はコロナ禍における一斉休校や分散登校などにより、「生活リズムが乱れやすく、学校では行事なども制限されて登校する意欲がわかなかったのではないか」、「コロナで在宅の時間が増え、家庭での息苦しさが増した」とコメントし、「組織的対応が重要」との立場を強調しました (江口, 2021)。

対策としては、専門家の積極的な導入 (スクールカウンセラー等との連携した相談体制の充実をめざす)、外部支援との連携、フリースクールの設置など再び「チーム学校」の重要性が指摘されました。しかし、同調査で公表されたスクールカウンセラーの活動日数の全国平均のデータを見ると、小学校・高校では年間10日～19日 (月に1日～2日程度)、問題行動の多い中学校でさえ年間35日～69日 (月に3日～週に1日程度) となっています。要するに、タイムリーな対応が難しいことが推察されます。また教員は、忙しい校務の上に、さらにコロナ禍の対応をしなければならず、今まで以上に苦慮しています。その中でスクールカウンセラーと連携を取るための会議の時間を設けることは物理的に難しくなってきています。

既に、中央教育審議会 (2015) の初等中等教育分科会第102回では「複雑

[1] 令和4年度の同調査結果では29万9048人に達した。

図表 10-1 「チームとしての学校」像（中央教育審議会，2015）

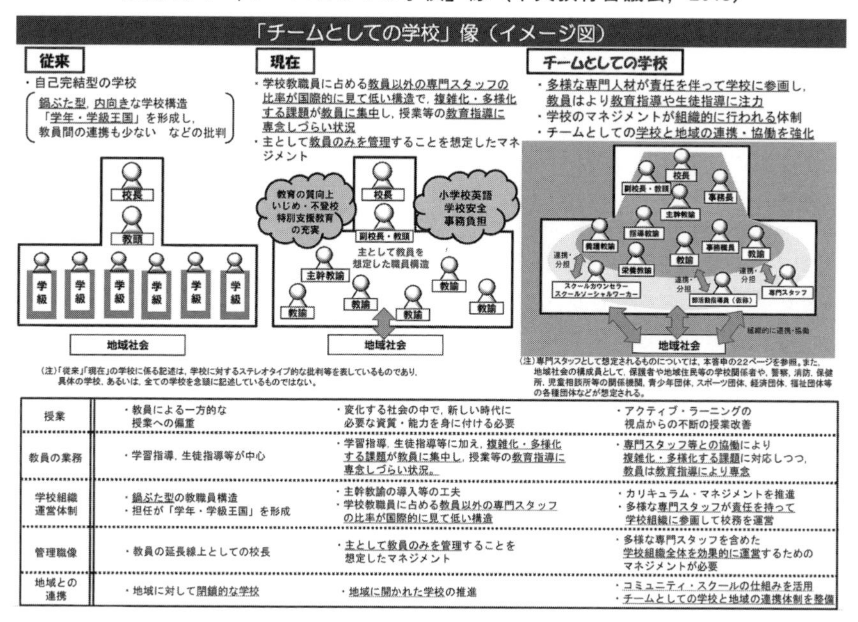

授業	・教員による一方的な授業への偏重	・変化する社会の中で，新しい時代に必要な資質・能力を身に付ける必要	・アクティブ・ラーニングの視点からの不断の授業改善
教員の業務	・学習指導，生徒指導等が中心	・学習指導，生徒指導等に加え，複雑化・多様化する課題が教員に集中し，授業等の教育指導に専念しづらい状況。	・専門スタッフ等との協働により複雑化・多様化する課題に対応しつつ，教員は教育指導により専念
学校組織運営体制	・鍋ぶた型の教職員構造 ・担任が「学年・学級王国」を形成	・主幹教諭の導入等の工夫 ・学校教職員に占める教員以外の専門スタッフの比率が国際的に見て低い構造	・カリキュラム・マネジメントを推進 ・多様な専門スタッフが責任を持って学校組織に参画して校務を運営
管理職像	・教員の延長線上としての校長	・主として教員のみを管理することを想定したマネジメント	・多様な専門スタッフを含めた学校組織全体を効果的に運営するためのマネジメントが必要
地域との連携	・地域に対して閉鎖的な学校	・地域に開かれた学校の推進	・コミュニティ・スクールの仕組みを活用 ・チームとしての学校と地域の連携体制を整備

化・多様化した課題を解決するために学校組織としての在り方、学校の組織文化に基づく業務を見直し、チームとしての学校を作り上げること」すなわち「チーム学校」が提言されています（図表 10-1）。しかし、5 年以上経ってもなかなか定着していないのが実情です。学校で生じる問題の本質を見立て、問題解決に向けて管理職や教員同士が連携してその成功体験を積み、ノウハウを学校に蓄積していくことが肝心だと考えます。これを達成させるために「支援ネットワーキング 3C」によるチーム支援力の向上が有効です。これは、児童生徒を多面的に支え、問題の長期化・深刻化の防止にもつながります。あわせて「相手支援のための 3C」の活用により、今問題となっている不登校も乗り切ることができると考えます。

さて、スクールカウンセラーを学校に導入する目的は、たいていの場合、学校側に生徒や保護者の抱える問題を受け止めるノウハウがないためにその対応に苦慮していたり、一部の課題意識を持つ教員のみに対応が偏って疲弊する教員が出たり、教員間での軋轢を懸念してカウンセラーに解決を求めたりするためと考えられます。予防のためというニーズはあまり感じられませんが、導入には多くの課題があるので仕方がない状況です。予防的援助には、「問題に取り組む能力」「乗り越えながら成長できる」「発達を妨害するほど重大にならない」と石隈（1999）は指摘しています。

文部科学省の教育相談等に関する調査研究協力者会議（2007）では、「スクールカウンセラーが相談に当たる相談内容は不登校が最も多いが、いじめ、友人関係、親子関係、学習関係等多岐にわたっており、〈中略〉ますます多様な相談に対応する必要性が生じている」とあります。そこでこの章では、最も多い相談内容である「不登校」を取り上げて、スクールカウンセラーが「支援ネットワーキング3C」と「相手支援のための3C」などを使って、チーム内の1つの変化が波及効果を生んだ事例を紹介します。なお、この事例は、筆者の複数の経験をもとに紹介用に再構成した創作です。

3 学校組織への介入事例（支援体制作り）

(1) 組織の基礎データ（経緯の確認）

初めてスクールカウンセラーを非常勤として導入することになった公立高等学校の事例です。教育相談の組織も教育相談コーディネーターも相談室も決まっていないところからのスタートでした。スクールカウンセラーを導入することになった理由は、不登校生徒の増加、ヤングケアラーを含む家庭環境の悪化、個人差の大きい学習状態、うまく関わることのできない友人関係、発達の遅れが考えられる生徒の増加など、問題を抱える生徒が顕著になったことにより、教員が対応に苦慮するケースが増え、カウンセラーによる解決を望む声が高まったからです。それまでは相談の必要があるときに教育委員会にカウンセラー（以下、教育委員会からの派遣をカウンセラー、正規採用をスクールカウンセラーとする）を要請して、単発の訪問で終わっていたために継続してカウンセリングをすることができず、問題解決できたケースがあまりありませんでした。このことから、2週間に1回の割合ではありますが、定期的に勤務するカウンセラーを導入することで問題解決を図ろうと考えたようです。ただし、スクールカウンセラーに一任することで解決を期待しているようで、スクールカウンセラーと教員、教員同士の連携によって解決を図る視点は持ち合わせていませんでした。

(2) アセスメント 手順 › A1：現状理解

相談業務を開始する前に、「すべてが初めて」という学校に対し、学校の実情や支援体制について、管理職（校長・副校長）と養護教諭にヒアリングを行いました。その結果、次のことが分かりました。

①校長と副校長は定期的に情報交換をしている。副校長は、職員室で教員の相談に乗ることが多く、事務仕事以上に時間を割いており、保護者対応にも苦慮して退勤時間が21時以降になる日が多い。副校長は1日1回保健室に顔を出し養護教諭と話しをする。不登校は増加傾向にあり問題意識を持つ教員は比較的多い。

②養護教諭は、日々の仕事に加えてコロナの対応（換気、消毒、黙食指導）などの雑務に追われながらも、傷病者だけでなく悩みを持つ生徒に対しても対応している。ただ、「聞くことしかできなくて、悩んでいます」とため息をついており、問題解決につなげる具体的介入はできていない様子。

③担任は、自分のクラスの不登校生徒を心配し、時々は連絡を取るものの、何を聞きどう対応したらよいのかがわからず、当たり障りのない関係性しか持てていない様子。他の教員に相談することもなく一人で抱え込んでいる。

④これまで派遣されたカウンセラーは、生徒と1回面談をするが、その報告書は教育委員会経由で校長にフィードバックされていた。ただし、守秘義務のため報告書内に記載されている相談内容については触れることができず、学校としてのフォローはできない状態にあった。

⑤教育相談コーディネーターは不在であり、相談の実情、教員同士の連携、他の相談機関へのリファーなどについては、今までどうしていたのかは不明。そのため、今後生徒の相談はあるのか、保護者は相談に来るのか、教員はどのように関与するのが良いのかは全くの未知数。

⑥相談室は、急遽作られた部屋はあるが、普通教室の隣で声が筒抜ける程の

図表 10-2　エコマップ 1（導入前）

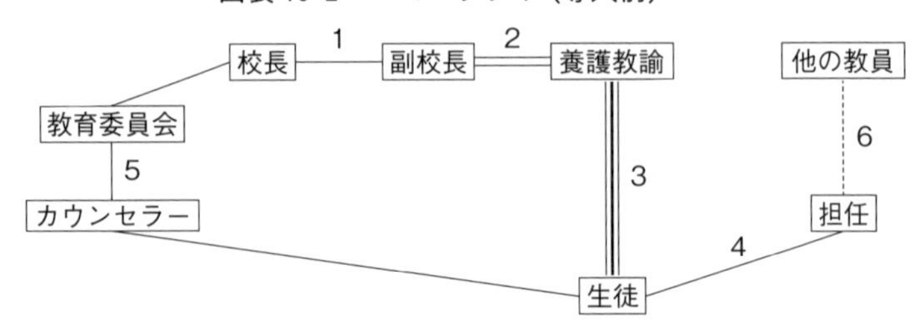

→1　校長と副校長は定期的に情報交換をしている。
→2　副校長が 1 日に 1 回、保健室に顔を出し養護教諭と話し情報共有している。
→3　養護教諭は生徒の話をよく聞いている。
→4　担任は生徒の不登校を心配し、時々連絡を取っている。
→5　派遣されたカウンセラーは生徒と 1 回面談をしていた。報告書は教育委員会を通して校長にフィードバックされていた。
→6　学年の他の教員は「他人事」と捉えている。

壁の薄さのため不向き。

⑦校長は、教員が困っている様子を理解し、予算面で学内の事務長に掛け合い、スクールカウンセラーの報償費を確保できるよう調整していた。

以上に基づいて、関係性をエコマップで可視化しました（図表 10-2）。
手順 › A2：関係・相互作用の可視化

(3) 問題のからくり　手順 › A3：見立て

高校という学校組織は教科ごとの単位制を採用しているため、教員は学年としての所属意識より、教科担任・クラス担任として生徒とつながっていました。担任は、生徒対応や保護者対応に困ったときに 1 人で抱えてしまいがちで「学年としてどうするか」という観点に欠け、学年間で問題を共有することも、対応策を検討しあうこともなく、チーム支援という動きにつながっていませんでした。しかし、不登校については問題意識を持っている教員は多く、組織介入をすることで課題解決に良い影響が出ると考えました。

相談体制は、これまで生徒だけでなく、不登校生徒の保護者や担任も相談できる相談室は設けられておらず、その時の空き教室を探して面談をしている状態でした。相談内容を管理職・学年担当の教員へ的確にフィードバックされる仕組みもありませんでした。

これまで来たカウンセラーは、学校の要望に応じて受け身的な個人支援にとどまっていました。支援体制を俯瞰して多面的に捉え、カウンセラーが持つ心理的援助の専門性と、学校のニーズを調整して、「学校全体の支援力を向上する」といった取り組みはされていませんでした。

以上のことから、それぞれ持ち場で頑張ってはいるが、同じ目標に向かってチームとして取り組んでいないため、1人の教員が問題に遭遇すると、1人で対応しなければならず、類似の問題が頻発し続ける体制が見えてきました。

(4) 目標設定　手順 › B4：望ましい状態（目標）の設定

この事例における教員のニーズは、スクールカウンセラーによる問題解決です。しかし、スクールカウンセラーだけでは解決できないことも多々あります。問題は人と環境の相互作用によって生じるので、スクールカウンセラーだけで解決するのではなく、学校・家庭との連携を図って解決する方がより多くの問題に対して効果的に対応することができます。このような発想を学校関係者に説明して理解を得て、連携による支援体制を構築していく必要があります。そこで、「管理職―教員―スクールカウンセラー間の連携を強化して問題解決を図れる支援体制の構築」を目標にしました。

(5) 介入準備

手順 › C5：介入するポイントの確認～D8：全体方略（実施案）の組み立て

その目標を達成させるための対応策としては、「6レベル介入」の中のシステム介入やネットワーク介入、「支援ネットワーキング3C」（コラボレーション、コーポレーション、コーディネーション）、「相手支援のための3C」の中のカウンセリング、ルール作り・仕掛け作りのためのコンサルテーションが考えられました。本事例では多職種連携の経験がない学校だったため、急がずに身近に使える2つの「3C」を中心に使って取り組むことにしました。

(6) 介入 手順 › D9：実施計画の策定～D10：実施

①キーパーソンの確保

支援体制を再構築するうえで、組織を俯瞰的に見られている副校長と多くの生徒と関わっている養護教諭の2人がキーパーソンとして相応しいと考えました。両名と意見交換を繰り返して、相談体制の再構築や学校内の連携強化に対する理解と協力を得るようにしました。

養護教諭の生徒支援の無力感に対しては、「傾聴できることは立派な支援であること」を強調しねぎらいました。そして傾聴の際は自分の価値観ではなく、相談者に寄り添うことが大切であるとコンサルテーションしました。また副校長に対しては、彼が担っている対応内容を整理して退勤時間を自己管理できるよう優先順位の整理を一緒にして、負担軽減をしました。こうして、両名を援助することによって、キーパーソンとしての協力を得ることができました。

②相談体制の再構築

次に、相談しやすい環境や体制を作るために学校側と意見交換をしました。生徒の動き、教員の動き、スクールカウンセラーの動きがスムーズになるよう専門家としての見地から次のような提案をしました。

相談室については、会話内容が漏れないように、当面は保健室の隣にある「資料室」を片付けて使用することにしました。保健室の隣ならば、相談に来やすいことと、保健室を利用する生徒でカウンセリングが必要そうだと感じた生徒に声掛けがしやすいことも理由に挙げられます。そして、予約票は保健室に置き、相談の調整は生徒が馴染みのある養護教諭に任せることとしました。また、相談が授業時間にかかってしまう時には、部活動の試合参加による欠席と同じ扱いである「公欠扱い」にしてもらえるよう時間をかけて話し合いました。これにより、相談者は安心して相談できますし、教科担任には相談生徒の存在に気づいてもらい、授業後に担任との連携を図ることもできます。結果として、解決を早めることにつながることを説明した結果、公欠扱いを認めていただきました。

相談室の利用については、生徒には「予約をして利用すること」「授業時間中に遊び半分では来室しないこと」「同じ教科に偏らないように予約を入れること」というルールを付け加えました。生徒・保護者・教員がバッティングしないように、保護者の対応は昼前に1件、午後は生徒を中心に3件、合間に予約のない教員や保護者の相談を受けることを目指しました。そして、相談に来た生徒の担任には、生徒への対応を意識してもらうことを狙って、空き時間に相談室でスクールカウンセラーからフィードバックすることとしました。

③学校内の連携強化

さらに、学年主任、各学年教育相談担当者を交えて、情報共有や連携について意見交換をしました。そこで出た要望が「相談日の4時過ぎから、副校長、各学年の教育相談担当者、養護教諭とともに、その日の振り返りを行い、情報を共有し、必要があればスクールカウンセラーから学年会に話題提供して欲しい」ということでした。チーム内守秘であることを強調しつつ情報を共有することにしました。スクールカウンセラーからは振り返りの時に、「学年としてこのように取り組めると良いですね」という会話を意識的に多くしました。また、学年会には教育相談担当者から情報交換することが良いと提案し、学年の教員同士の横のつながりを強化するように試みました。

学年主任からは、「スクールカウンセラーの存在を生徒たちに知らせるためにもストレスマネージメントの研修をして欲しい」という意見も出ましたので、快くお引き受けしました。また、スクールカウンセラーと教員との関係作りとして、相談の合間を見つけて校内を巡回し、教員とあいさつを交わすついでに「ねぎらうこと」を心がけ、立ち話することを目指しました。

(7) 結果 手順 › D10：評価

以上によって、教員・生徒のニーズへの感受性と応答性の高いネットワークを再構成して、新しいシステムの集合体を構築しました（図表10-3）。担任から伸びる支援の輪を増やし、生徒支援の目標を一致させるとともに、担任も同僚から支援され支えられる組織を構築しました。

生徒の心理的問題に敏感なスクールカウンセラーを中心にして、組織全体が連携を図って支援的な動きがとりやすい体制を作ることができました。このことは同時に一部の教員や管理職に負担がかからないことにもなりますし、生徒

図表 10-3　エコマップ2（導入後）

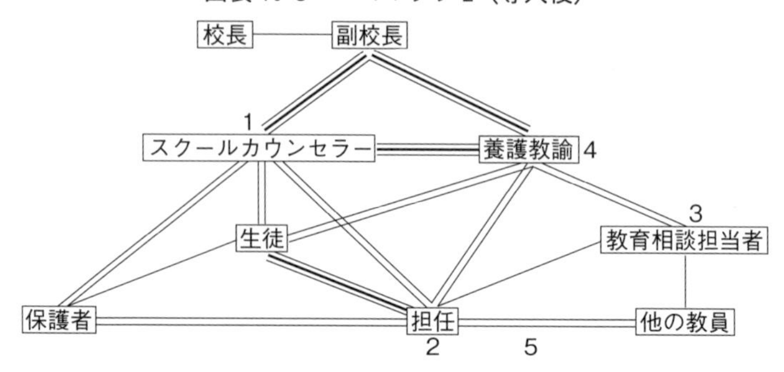

→1　スクールカウンセラーが中心に多方向に良好な関係が伸びた。
→2　担任からの関係が増加した。
→3　導入前には登場しなかった教育相談担当者が加わった。
→4　養護教諭が教員にも関与するようになった。
→5　担任を支える教員が増加した。

の問題もしっかりと解決できるようになります。

スクールカウンセラーは、担任、養護教諭や副校長から生徒の様子、教員の様子を把握して、なぜそのことが起きているのか、どのような対応をしたらよいかを分析するために密に情報交換をし、対処できるように心がけました。相談に対して担任にフィードバックをすることで、生徒の信頼を得ることができ相談件数が増えていきました。

(8) まとめ　～「チーム学校」の一員としてのカウンセラー～

問題を抱える生徒、保護者や担任からの依頼を受けてカウンセリングをスタートさせることは一般的ですし、いまだに「カウンセリングを受ける」ことへの根強い抵抗感を持つ人たちは多くいます。相談室でただ待っているだけのウェイティング・モードのスクールカウンセラーを、教員は学校支援の一員として認めてくれません。学校全体を俯瞰し、積極的にニーズに応えて解決しようとするシーキング・モードの姿勢ができて、初めてスクールカウンセラーの発想・介入が採用されますし、カウンセリングを必要とする人に支援を届けることもできます。したがって、学校全体に対する「アセスメント」「見立て」「ニーズに沿った支援計画」ができ、これに基づいて支援力を高める積極的な提案や行動ができるスクールカウンセラーが求められています。

この事例では、管理職、各教員とともに目標を共有し役割を分担することによって「チーム」として動けるようになってきました。組織力が上がってきたこの学校において、現在問題になっている「不登校」をどのような過程で解決したのかを、次の事例で紹介します。

4 不登校生徒Eの事例

(1) 不登校についての基本的理解

ここでは不登校生徒に対してコミュニティアプローチを用いた事例を紹介します。その前に不登校についてお伝えします。

不登校とは、「年度間に連続又は継続して30日以上欠席した児童生徒のうち、何らかの心理的・情緒的・身体的あるいは社会的要因・背景があり登校しない、あるいはしたくてもできない状況にある者（ただし病気や経済的環境による者を除く）」と定義されています（文部科学省, 2021）。なお、「保護者の教育に関する考え方、無理解、無関心、家族の介護、家事手伝いなどの家庭の事情から長期欠席している者は不登校に該当しない」とされています。

不登校児童生徒の特徴（欠席理由）は自尊感情の低下による「不安・無気力」タイプが最も多く、次いで「生活リズムの乱れ・遊び・非行」タイプであるとされています（文部科学省, 2021）。しかし、不登校の定義からもわかる通り、「不登校」の裏側には多くの要因があり、子どもが抱えているバックグラウンドは様々です。現場で対応するうえではタイプでひとくくりするには難しく、「登校させる、させない」といった学校中心の考え方は論点にはならないと考えます。

主体はあくまでも子どもたちです。「今、この生徒にとって必要なことは何か」をカウンセリングによって把握し、今生活している環境がどのように影響しているのか／していないのかを多面的にアセスメントする必要があります。さらにそこから導き出される見立てと、多様な介入方法を発想し工夫することが大切です。そして、複雑化・多様化している「不登校」に対して、教員だけ、スクールカウンセラーだけによる「点」の対応ではなく、支援ネットワークを活用し、教員やスクールカウンセラーなどがチームとして支援する「線」や「面」の対応に切り替える必要があります。

(2) 相談生徒E（高校1年）の基礎データ

生徒Eは2学期から学校を休む日が増え、教科によっては欠課時数が増えてきました。心配になった担任がスクールカウンセラーに相談に来ました。担任は、初めて学級担任を受け持つ教諭で、どのように対応したらよいかわからず、Eに対する具体的な介入はしていませんでした。

担任によると、Eの家族構成は、両親、父方の祖母、小学生の妹の5人家族。保護者会にはまったく参加せず、三者面談の時には祖母が来ている。クラスではあまり目立つ方ではないが、成績は良く、担任が話しかければ普通に答えてくれるとのことでした。

Eは、中学生の時はほとんど休むことはなく登校できていました。高校に入学して1学期はときどき休みがありました。パソコン部（以下、PC部）に仮入部もしました。欠席した際に担任が電話やメールをすると、Eとは普通にやり取りができていました。そこで、放課後でも良いのでスクールカウンセラーと話をしてみないかと担任から誘ってもらい、相談の予約を取りつけることができました。

(3) Eのアセスメント 手順 ❯ A1：現状理解

Eは勉強好きで、塾には行かず1人で毎日勉強に時間をかけているので中学校の時の成績は学年でいつも1番でした。本当はもっと偏差値の高い学校に行きたかったのですが、家に1番近いという理由で母が勧めたので現在の学校を選びました。不登校の理由は、高校の授業は簡単すぎる、教科書を読めばわかることばかりでつまらない、自分のペースで勉強したく、大学進学に必要な教科にもっと時間をかけて、不要なものには時間をかけたくはないからとのことでした。しかし、授業に出ないことでテストの成績が落ちてきて、勉強内容がわからなくならないかとちょっと心配している様子もうかがえました。

Eはパソコンに興味があり、ゲームを自作することが好きで、高校のPC部で同じゲームをしている生徒とはよく話すとのこと。欠席のときは、外で他の生徒に出会ってしまうことを恐れて、家から出ることは全くなく、コンビニへは祖母に行ってもらっているとのこと。ただこの点については気が引けているようでした。最近はゲームをする時間が増えているとのこと。中学校の時の友達には学校に行っていないことは黙っているとのことでした。

将来については、高校を辞めて高卒認定試験を受け、2年経ったら国立大学を受験して将来は塾の数学講師になりたいとのこと。お金を稼いで妹にきちんとした教育を受けさせたいと考えているとのことでした。

「自分は頭が良い」というプライドが高く、登校していない自分に引け目を感じていて外出できないこと、授業に出た方が良いが今更という思いがあり、素直になれない自分を持て余しているようでした。

(4) Eの周囲との関係についてのアセスメント　手順 › A1：現状理解

母親は病弱な妹の世話とコロナ禍の看護師の仕事で大変で、父親は帰りが遅いということで、Eは両親とあまり話をしていません。Eは病弱な妹がいたため、小さいころから「お兄ちゃんなんだから…」と両親からことあるごとに言われて我慢してきたので、甘えることができなくなっていました。

両親には「放ったらかされている」と不満を感じていましたが、高校進学の時、母親の意向に沿って学校選択したことから、母との良好な関係を望んでいることが分かりました。しかし、親との関係がうまく作れない不満から、周りのすべての大人に対しても不信感を持つようになっていました。唯一、話ができたのは祖母でした。Eは、「僕はおばあちゃんに育てられた」と言い、「今は元気だけど、おばあちゃんが死んじゃったら僕も生きていられない」と涙ぐみました。そのためスクールカウンセラーが家庭につながりを持つためには祖母に頼ることが現実的のようです。ただし、祖母も老齢であまり丈夫とは言えない点は注意が必要でした。

Eと担任は連絡をすれば話ができる関係でした。担任からのLINEには返信をしています。Eにとって担任は祖母の次に信じられる大人のようです。

図表 10-4　エコマップ 1（介入前）

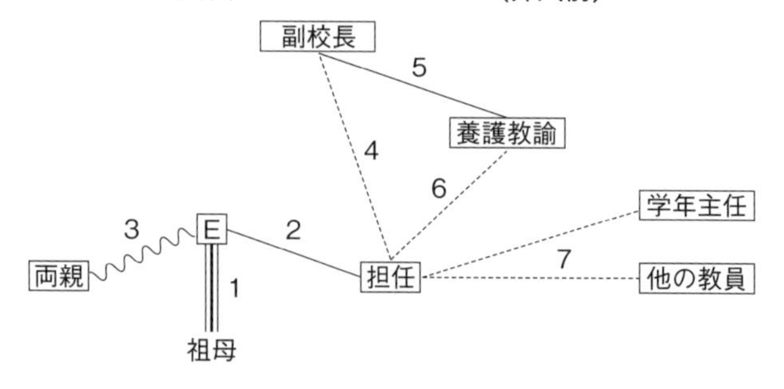

→1　E は祖母に頼り、誰よりも信頼している。
→2　E は担任とかろうじてつながっている。
→3　E は両親との関係は悪く見捨てられていると感じている。
→4　担任は副校長へ報告していない。
→5　副校長は養護教諭と定期的に話し合っているが、4 のために養護教諭は問題に気づいていない。
→6　担任からの相談がないため養護教諭は関与していない。
→7　担任は他の教員とはほとんどつながりがなく、相談することもできず困っている。学年主任および他の教員は「他人事」と捉えている。

(5) 関係の可視化　手順 › A2：関係・相互作用の可視化

以上のアセスメントの結果と、スクールカウンセラーが学校内の様子を確認した結果をエコマップにまとめました（図表 10-4）。

(6) 問題のからくり　手順 › A3：見立て

アセスメントの結果から考えられる不登校問題のからくりを以下に示します。

① E の問題

- 母親の勧めによって不本意な高校に入学したものの、E が望む授業レベルではなかったことをきっかけに学校を休みがちになった。E の思いを理解してくれなかった親への不満を「不登校」という形で訴えている。
- 母親に甘えたいのに、病弱な妹のために甘えられなかったことを不平等と捉え、大人への不信感につながっている。
- 祖母に頼り切っていることで祖母に負担をかけ過ぎていないか心配してい

る。

- 登校できないことに引け目を感じ、外出できないことや勉強が遅れるという心配を持っていること、登校したい気持ちはあるのに素直に親や担任に言えない葛藤があることから、「格好悪さ」「ばつの悪さ」といった恥の気持ちが不登校に関わっている。

②担任の問題

- 心配はしていても具体的な介入方法が分からず手をこまねいている。また、学年主任や副校長、同僚に相談することができず、Ｅに対して何も介入できていない。

③両親の問題

- Ｅに対する関心はなく、寂しさに気づいてあげられず十分な会話ができていない。
- Ｅが学校に行っていないことなどについて何も触れず、休んでいるときの様子など祖母に聞くこともしていない。

④祖母の問題

- Ｅの様子を母親と共有することはしておらず、両親との橋渡し役になってはいなかった。

⑤学年の問題

- 学年主任は心配をしていたが、対応方法を知らないことで具体的な支援ができていなかった。他の教員は自分のクラスのことではなかったので、「他人事」ととらえているようだった。

以上のことからＥの思いを理解して必要な支援をする大人が、家庭にも学校にも存在しないことによって「不登校」という状態が維持されていたと考えられます。

(7) 目標設定

> 手順 › B4：望ましい状態（目標）の設定～C6：システムへの介入を検討、D8：全体方略（実施案）の組み立て

Ｅは、親・祖母から自立して数学講師になりたいというニーズを持っていま

したが、それを家族に言えずにいました。そこで、Eと担任、スクールカウンセラーで話し合って、「Eが将来数学講師を目指すために必要な学習機会を確保して、E自らが学習できる状態を作り出すこと」を目標に設定しました。さいわいEは勉強ができるので、このことはEの成長と社会化につながります。この目標達成のためには、まずは周囲の大人がEを理解して支援を行えるようになることが必要です。Eと直接コンタクトを取れる「担任」と「祖母」をキーパーソンとして手伝ってもらい、学校・家庭のシステムを適正に機能させていきます。同時にEの大人への不信感を払しょくしていくことも必要です。大人と徐々に接しながら自身の将来の準備ができる学習の場としては、現在の学校が身近なので、無理のない形で登校を実現することも必要になります。単に登校が不登校の解決になるといった単純な判断ではなく、Eのニーズを満たして、発達・成長を支援することや、学校と家庭の環境を改善して、コミュニティ全体としてより良い状態をつくるための手段として重要という考えからきています。

(8) 介入 手順 › D9：実施計画の策定～D10：実施

上記を踏まえて、以下の介入を行いました。

①祖母には、嫁姑の関係をねぎらいつつ、母親代わりとしてEが頼っているという理由で、Eが休んでいるときの家での様子や担任からのEの学校での様子などを母親と共有してもらうように担任を通じてお願いをしました。これは、祖母（非専門家）とのコーポレーションにより、Eのことを母親に理解してもらうことがねらいです。

②養護教諭には、祖母がEと担任と母親とのパイプになれるよう時々電話でねぎらいの声掛けをしてもらうようお願いしました。①と②により、スクールカウンセラーと担任、養護教諭とのコラボレーションによる家庭への介入ができるようになります。

③担任には、Eが学校とかろうじてつながっていられるのは担任が接点となっているからであることを理解してもらい、Eと連絡が途絶えないようにお願いしました。また、学校でのEの様子を祖母に伝えていただくようにお願いしました。さらに担任には、「スクールカウンセラーと話してみたら」と

誘ってもらい、定期的にカウンセリングすることをＥと約束することができました。なお、担任がＥとの対応について自信をもって取り組めるように、コンサルテーションによって不安を聞き対応策を一緒に考えました。

④Ｅの学校内の情報については他の先生方にも協力をお願いしてＥとのかかわりについて情報を提供してもらうことにしました。先生方の会議による情報交換の手間を省くために、担任からPC部顧問にＥの情報共有画面の作成を依頼してもらい、「Ｅ接点ノート」が出来上がりました。これは、Ｅと接した先生が、どこで、どんな話をして、どんな様子だったかなどを記入してもらうものです。これは、医療でいう「電子カルテによる情報共有」です。これにより、空き時間やパソコンを開いたついでに負担感なく記入できるので、協力してくれる教科担任の先生が増えていきました。その結果、応答性の高い関係が少しずつ構築されてきました。問題生徒を担任ひとりで抱えることなく、１人でも多くの先生が「自分の学年の生徒」であると認識してもらうことが狙いです。

⑤数学担当の教員へは、Ｅは数学が好きであることや将来、塾の数学講師を目指している旨を担任から伝えてもらい、欠席時の家庭学習の課題提供や、数学を介してＥとの接点（添削による交流）を持つ協力をお願いしました。数学担当教員からは快諾を得ることができました。

⑥PC部の顧問には、ＥがPC部に参加した際に誰と親しかったかを担任を通じて聞き取ってもらい、その生徒にパソコンを通してＥとつながってもらうように協力を求めました。同級生という非専門家にも手伝ってもらい(コーポレーション)、「友達」の役割を担ってもらいました。

⑦Ｅは授業やPC部に出ないときでもカウンセリングの予約の日には相談室に来ることができているので、カウンセリング関係を継続しました。カウンセリングでは学校に戻りたいけれど「今更」と諦める不器用さに対して、不安を取り除くために「今更ではなく、今からです」という声かけをしました。家庭では勉強時間よりゲームの時間が増えていっていることを不安視していたため「休むなら後ろめたさなんか思わなくていいよ。中途半端にゲームをしても面白くないでしょ？仲間とPC室でワイワイやった方が楽しくない？」と登校のきっかけを作りました。また祖母に対する罪悪感について

は、「おばあちゃんに長生きしてもらいたいよねえ、おばあちゃんはＥのことが大好きだし、Ｅもおばあちゃんが大好きだものねえ」とだけ話すことによって、穏やかな顔つきになりました。

そのカウンセリング後、Ｅは担任とも会い少しの言葉を交わすことができました。担任とカウンセラーがＥを校門まで送った後、Ｅの様子を共有しました。Ｅが一歩踏み出そうとしていることから、声掛けを多くすることが登校のきっかけになることなどコンサルテーションを行いました。

⑧祖母の体調が思わしくなくなってきたのを機に、Ｅの情報共有を担任から母親に直接してもらうようにしました。その時には必ず、Ｅが良い方向に変わってきたことから話しだし、家庭の様子を聞くようにしてもらいました。それがしばらく続くと、三者面談に母親が来るようになりました。

(9) まとめ　手順 › D10：評価

Ｅの将来に向けての学習機会の確保と大人への不信感の払しょくを目的に「登校」を共通目標にして、教師、家族、生徒と支援ネットワーキングを構築して、個人と環境に働きかけた事例でした。今回の介入によって、Ｅは複数の教員と話し、関わり、頼れる場面が増え、Ｅは大人への不信感を払しょくすることができて、少しずつ登校日が増えて授業にも参加するようになりました。カウンセリングを始めた頃は、数学の塾講師へのこだわりがありましたが、給料面の現実を知り、また単に教えるだけでなく人と触れ合う必要性と大切さも知って、社会性も獲得されたようでした。今では進路担当主任に相談しながら、「数学教員」になることを目指して自習室で勉強する姿を見かけることが多くなりました。

スクールカウンセラーの仕事として、相談者と向き合うことはもちろんですが、支援ネットワークを広げつなげることはとても大切です。２週間に１回のカウンセリングの限界を知り、マンパワーの資源として、毎日顔を合わせる家族、連絡がとれる教員・養護教諭等を最大限に活用できるようにすることが重要です。これを実現し、関係者たちを支えられるスクールカウンセラーが今求められていると思います。この事例では、Ｅを中心に多方面からの「援助ネットワーキング」を意識して学校に介入しました。その結果、最終的に図表

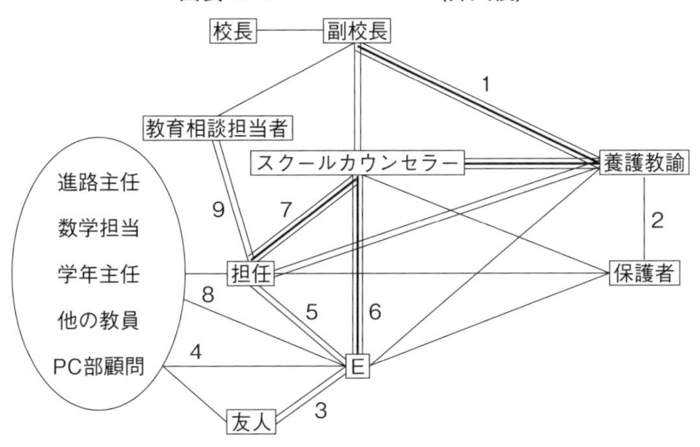

→1　副校長と養護教諭は共通の話題が増えた。
→2　養護教諭は保護者をねぎらう機会が増えた。
→3　Eと友人がゲームを通じて仲良くなった。
→4　EとPC部顧問が部活動を通じてかかわりを持つようになった。
→5　担任とEは会話が増えた。他の教員を動かしEと関わる機会が増えEの信頼度が増えた。
→6　スクールカウンセラーとEはカウンセリングを通じて信頼関係が生まれた。今まで抱えていた不安などを素直に言えるようになった。
→7　担任とスクールカウンセラーは情報を共有することとEの行動変容により信頼度が増えた。
→8　学年の教員がまとまり、担任を支えられるようになった。Eに対してチームとしてかかわるようになった。
→9　教育相談担当者が担任と情報を共有するようになり組織的な動きができるようになった。

10-5のような関係を構築することができました。教員の横のつながりができていたことや応答性の高いシステムを作り上げたことが成功要因だと考えます。

一方今回の事例では、「父親」の姿があまり見られません。不登校解決について父親は重要な存在です。「俯瞰」して状況を見守っているか、「他人事」になっているかで状況は大きく違ってきます。つまり家族でワンチームになれるかどうかが解決に向けては大切な要因です。今回の事例では、子どもの不登校を受容し、最前線で頑張っている母親と祖母を精神的に支えていたことが成功要因ですが、勤務日数が少なかったため、父親へのアプローチが不足していたことは今後の反省材料です。

5 最後に

本章で取り上げた2つの事例は、環境を再構築することによって生徒の認知に変容が起こり、生徒が変わったことが成功事例となり、環境（教員）が変わっていった事例でした。そして、どうすることが子どもの幸せにつながるのかを見極められる力が試される事例でした。

多様化している現代社会において「普通」の概念も変わりつつあります。中学を卒業したら普通に高校に進学し、普通に大学に行って就職することが、今や普通とは言えない時代になってきています。ユーチューバーが好きなことをネットにUPさせてお金を稼ぐことができる時代です。在学中に起業することも容易になりました。高校に入ったらそこで3年間を過ごすことは普通ではなくなってきていると考えなければなりません。学業の保証があれば学校という枠に縛られなくても良い時代です。スクールカウンセラーは何が何でも不登校生徒を登校させようという時代は終わりました。その子のパーソナリティ、バックボーンを理解しどうすることが幸せにつながるのか、QOLを高めることができるのかを見極めなければなりません。それをするためにカウンセラーはたくさんの引き出しを持てるように研鑽を積み、支援ネットワーキングの視点を持つことが必要だと考えます。

コミュニティアプローチを上手に活用し「成功事例」を増やして、信頼される「チーム学校」の一員として活躍することがスクールカウンセラーには必要であり、結果として不登校児童生徒のみならず、すべての子どもたちと保護者に寄りそうことのできるカウンセラーになれると確信しています。

引用文献

中央教育審議会（2015）．初等中等教育分科会第102回「チームとしての学校の在り方と今後の改善方策について（答申）」文部科学省
江口有隣（2021）．不登校と自殺者が過去最多に―小中学生コロナ禍の不調が浮き彫

りに　朝日新聞デジタル 10 月 7 日 14 時 31 分
石隈利紀（1999）．学校心理学―教師・スクールカウンセラー・保護者のチームによる心理教育的サービス（p. 152）誠信書房
教育相談等に関する調査研究協力者会議（2007）．児童生徒の教育相談の充実について―生き生きとした子どもを育てる相談体制づくり　文部科学省
文部科学省（2021）．令和 2 年度児童生徒の問題行動・不登校等生徒指導上の諸課題に関する調査結果

第11章

事例6

外国籍居住者の子どもおよび家族への支援

李 舜哲

1 はじめに

2023年6月末現在、日本には約322万人（中長期在留者と特別永住者の合算）の在留外国人が暮らしています（出入国在留管理庁，2023）。コロナ禍で減少傾向となりましたが、それでも10年前と比べ116万人の増加となりました。来日して家族を持つ場合も多く、異文化を背景とする住民、日本語を母語としない住民とその子どもたちは増えています。こういった住民たちが抱える問題には生活上の問題、地域でのコミュニケーション、アイデンティティ保持など社会的なものに加え、家庭内の問題、子育てや教育といった個別の問題もあります。これによって、地域や学校では異文化を背景とする住民が心理支援のクライアントとなる事例も増え続けています。学校において「日本語を母語としない児童生徒のカウンセリング」の統計を取る自治体も出てきました。

本章では、来日によって生活上の問題、家庭内の問題を抱えた母とその子を有効な支援リソースとつなげ、継続的な連携をすることによって解決に至った事例を取り上げます。クライアントと環境との相互作用の問題を分析し、有効であると思われる支援リソースとそれぞれに連携し、アセスメント、コンサルテーション、目標設定、個人と環境の改善を、1段ずつ階段を上るように達成した過程を紹介します。

2 外国籍居住者が抱える問題の概況

(1) 外国籍および日本語を母語としない居住者への支援

外国籍および日本語を母語としない居住者への具体的な支援では、基本的に関連法規に沿いながら生活を安定・定着し市民社会生活を営むためのサービスが行われています。入国・在留に関する総合案内、生活上必須な居住・労働・教育に関する相談支援、医療・保健・福祉のサービス支援、日本語習得や多言語での情報提供を主としたコミュニケーション支援などがあります。実施主体はそれぞれの行政部門（市町村の担当部署）に加えて、福祉団体、非営利団体（委託を含む）が行っています。

労働面での支援は、在留資格の種別によって就労か技能修習かで異なる（制限される）ため、現状では就労支援より在留資格に関する情報提供や申請のサポート等の充実が優先されています。技能修習の者は制度上で管理されているため、そもそもの個別支援のための介入が想定されづらいことが考えられます。医療・保健・福祉の支援分野でも法的地位（＝在留資格）によって外国人が受けられるサービスは定まっています。しかし、総務省通知（平成30年8月10日）によれば、医療・健康面、児童福祉、障害福祉の各領域と、老人ホーム入所や公立の義務学校への受け入れ、障害を理由とする不当差別禁止と合理的配慮提供義務、被災者生活再建支援や個人情報保護の方針など、在留資格や住民登録がなくとも受けられるサービスが26項目もあります（移住者と連帯する全国ネットワーク（編）, 2019)。このことが周知・徹底されず、行政の窓口でも誤った対応をされてしまい、本来受けられる支援が外国人本人に届かないことが多々あるのが現状です。

(2) 日本語教育の支援

コミュニケーション支援の柱である日本語教室では、日本語を母語としない者で日本語を必要としている者が対象とされており、平日の午前から授業形式で、生活上に必要な初級者・入門レベルの内容を学ぶものが多くあります。また、外国人家庭が多い市区町村では、子どもを対象に学校の勉強についても地域のNPO法人に委託する形でサポートするところが多くはないものの存在します。例えば都内某区では外国籍または両親のどちらかが外国出身者で、日本語を母語としない、小学生から高校進学・再受験希望の青少年までと幅を広げています。日本語教育専門家によるレッスン（2か月程度）に加え、日本語で教科を学ぶ練習や学校生活への準備のサポート、また受験対策として高校入試対策学習支援や進路情報提供、提出書類準備サポート（高校中退者の再入学希望者含む）まで行っています。

日本語習得の支援が、各地において最も活発に行われている理由は、生活のためのコミュニケーションが最もニーズの高い問題であること、在留資格等の法律上の制限に関係なく実施できるためと思われます。現状ではこのような支援を享受できない外国人も多く、特に学校教育で取りこぼされてしまっている子どもたちをどうするか、進路選択をどう支援するかが大きなテーマとなっています。

また、生活・福祉の当事者への支援の窓口はあるものの、一歩踏み込んで家庭内の問題、子育てや教育・進路問題に対して外国人家庭に特化した支援制度があるわけではなく、既存の社会資源につなげるしかありません。しかし、外国人家庭の増加、多様化に追いつけていない実情があります。家庭内の問題を正確に把握し、ニーズを掘り起こし、現存の資源につなげるコーディネートを誰が担うのか、心理支援はどのように行うのかは喫緊の課題であると言えます。

(3) 学校教育における異文化間葛藤の問題について

学校現場での問題は、まず多様な異文化の背景を持つ子の増加が挙げられます（図表11-1）。日本語を母語としない異文化の子どもたちは、公立の学校には入れても学習活動についていくには大きなハンデがあります。真っ先に挙げられるのがやはり言葉の問題です。小中学校には日本語指導担当教師に加え外部専門人材である日本語指導支援員が配置されるものの毎日毎時間日本語を教えてくれるわけではありません。また、学校生活への定着でも課題があります。日本語指導担当教師の主な役割に、日本語学習、教科学習などの指導・支

図表 11-1　公立学校における日本語指導が必要な児童生徒数の推移（文部科学省, 2022）

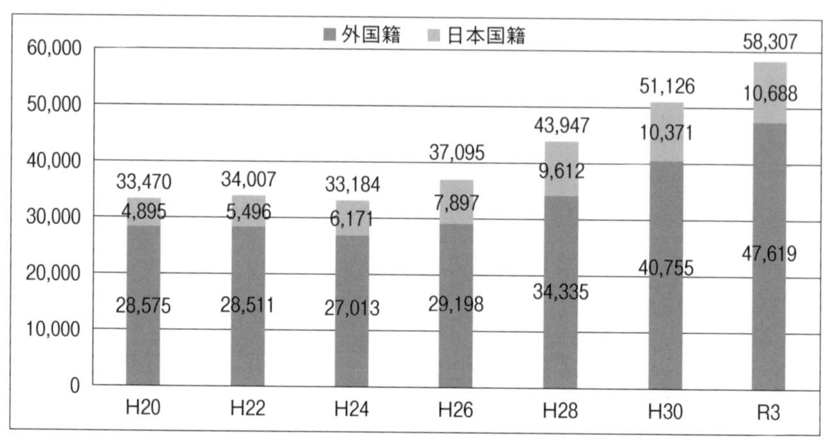

援に加え「生活面の適応や校内での居場所づくり」が定められている事実からもわかるように、異文化の子どもは学校生活でクラスメートと十分なコミュニケーションが取れず孤立しやすい状況です。子どもが増えることは、このような問題・葛藤そのものが増え、配置人員・予算の増加、解決に向けた労力も比例して増加してしまうことを意味します。

家庭環境の影響が健全な成長を妨げてしまう問題もあります。保護者の業種や収入面で時間的・経済的余裕のない家庭も少なくありません。DV やネグレクト、夫婦間の争いが絶えず離婚などの家庭に育ち両親からの十分な養育と愛着を得られないままの子どもも多数存在しています。心の傷を負っても、それを言葉にして周囲の人にわかってもらえる環境にないという悪循環にはまった子どもも少なくありません。すると学校を休みがちになり、教育の機会の欠如、社会性の涵養が未発達なまま孤立する子どもも出てきます。

加えて、子どもの背景に非定型発達や精神症状を呈している場合、周囲では言葉の問題や文化的な違いによるものと思い込みやすく、根本的な問題が何かが捉えにくいこともあります。したがって子どもが置かれた正確な状況が分かりづらい、改善に必要なアセスメントを取りづらい、子どもとコミュニケーションがとりづらいといった問題点が複雑に絡み合って解決の方向性を策定するのに時間がかかってしまうこともあります。

このような困難を抱えた子どもたちが、自立の基礎を築き、自己肯定感を持って進路を選択できるよう支援していくことはどの子どもにも等しく求められるものです。異文化を背景に持つ子どもと家庭への支援に対し、コミュニティアプローチがどのように有効なのかを事例によって解説します。

3 事例の概要

ここでは日本国籍であるが、異文化（アジア文化圏）を背景にした複雑な家庭に生まれ、地域社会や学校になじめない環境で育つ児童生徒（当時、中学1年生、女子）とその母親（44歳）への3年間にわたる支援を紹介します。「子どもが粗暴で反抗的、自傷行為もあって手が付けられない」という母親（シングルマザー）の訴えから始まりましたが、スクールカウンセラー、適応指導教室といった学校内外の教育サポート資源、児童相談所、日本語教室、生活困難者学習支援事業といった地域の行政、民間の資源につないでゆき、最終的に公立高校進学の意思決定までを支援しました。

支援を始めるにあたり、問題をひとつひとつ拾い上げ、何が問題の要点か、望ましい解決に向けてどのような対処が求められるかの見極め、その上でこの母子が抱えた問題に対処できる資源がそもそもあるのか、あるとしたらどこにあって、いつ、誰が、どのようにつなげていくのかを計画、展望することが求められました。つまり、単に母親の求めに応じて児童相談所につなげるといった表面的な支援ではなく、この家族の社会的つながり、子どもの能力を正確にアセスメントすること、設定したゴールに向けて身近で使い勝手の良い資源を探索し有効にそのサービスにつなげることが、真の解決に向けた道であると考えました。

この事例では、当初、この母子を支え安定させる資源が存在しない困難な状況から始まり、母子の主訴に耳を傾けながらアセスメントに基づいた相談支援を継続して、身近な資源をひとつひとつ見つけてはつなげていく過程によって問題が解決していきました。

なお、本事例は、複数の事例に基づいて新たに創作した事例です。

4 事例～支援開始の段階

(1) 母子来所の経緯

子どもは、別々に渡日した外国人同士の夫婦の子として生まれましたが、離婚した母親に引き取られて、その後、母親が再婚した日本人男性の養子となりました。しかし、小学校6年時に再び離婚をして、2017年4月に新しい仕事先があり、生活費も安く抑えられる街に移住しました（図表11-2）。子どもは地域の中学校に入学しました。

2か月が経った2017年6月。母親が子どもを連れて、NPO法人I教育子育てセンター（以降、当センター）の相談室を訪れました。かつて住んでいたK市の児童相談所で一時保護を受けた経験があり、こちらでも児童相談所を訪ねたのですが、そこで、かねてより学区内の学校と連携してきた当センターを紹介されたとのことでした。

当センターとしては、まず、母親そして子どもの2人をそれぞれクライアントとして聞き取りとカウンセリングから始めること、学校関係者への情報収集を通して問題を明確化すること、解決のための根本原因を具体的に把握するために必要なアセスメントを実施することを当面の活動として設定しました。次

図表11-2　母Fから聞き取ったジェノグラム

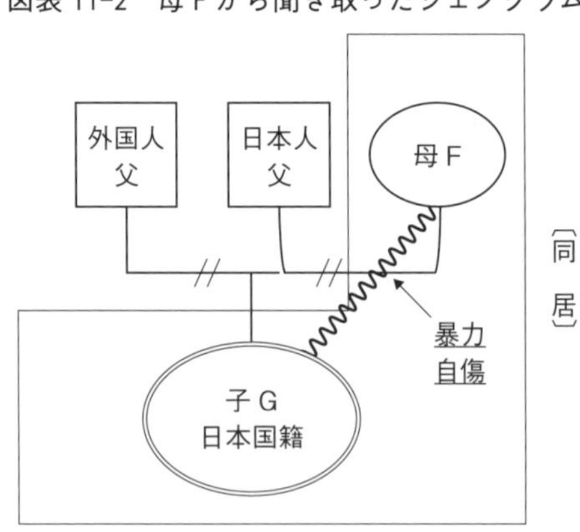

に、相談支援を続けながら、母子の望ましい姿のゴールを設定し、ニーズに合った地域資源へとつなげて２人のクライアントが自立・協調できる家族に変わり始めるまで介入することにしました。

(2) アセスメント１：母親（母Ｆ）との面談　手順 › A1：現状理解

「とにかく子どもをどうにかしたい。生活、仕事に余裕がない」との主張がくり返されました。母親（以降、母Ｆ）の主訴は、主に子ども（以降、子Ｇ）に関することでしたが、家族や生活のことなど現況についても確認しました。

①母Ｆの主訴

「子どもが反抗的で暴力も振るう」、「子どもは母親の言うことを聞くものだが、その態度が欠けている」、「最近ではカッターで手首を切るし手に負えない、育てられない」、「学校も休みがちで、登校すると他の子と喧嘩ばかりなので学校も当てにならなくて困っている」という内容でした。

「以前の居住地で相談していた児童相談所では、子どもを預け入れることができると聞いた。ぜひ、こちらで児童相談所に預かってもらいたいので執り成してもらいたい」ということでした。

②母Ｆの現況

母Ｆからの聞き取りを通して把握した現況は次のようなものでした。

- 同居家族は母と子の二人家庭。
- 現在サービス業の事務職のパートタイマー。知人の紹介でやっと見つけた仕事で、そのためこの街に引っ越してきたとのこと。
- ひとり職場で午前11時～23時まで、２度の休憩をはさみ10時間の労働になる。勤務時間中は狭い部屋にずっと詰めていなければならず、また日当は１万円に満たないので母１人子１人であっても生活は苦しい。
- 休憩の合間を見て家に戻って子どもの食事を用意するなど奮闘しているが、子どもは勉強や学校を怠けてばかりいるので叱る。将来を考えて叱っているのに反抗ばかりして言うことを聞かないので、愛想が尽き始めてきている。
- 子の父は20年前に事業のため渡日。母Ｆも15年前に仕事を探して渡日し、その後出会って結婚。もともと権威主義的な父と自己主張の強い母とでは喧嘩が多く、身ごもった頃から関係が悪化、父は家に寄り付かないようになって数年後に１度目の離婚。

・知り合いの飲食店を手伝うようになり、客として来ていた日本人の男性と２度目の結婚。この時、日本国籍となる。男性は、温厚な人柄ではあったが酒をよく飲み、定職も長続きしない。将来を危ぶみ２度目の離婚。

・母親が心を落ち着ける場所は日本にないため、定期的に里帰りをする。母国にある母親の実家の親戚とは結びつきも強い。

・子どもも連れていくが自分は数日すると仕事のため先に帰ってきて、子どもは２～３か月預けておく。その方が衝突もなくお互いに落ち着けるから良いとの判断。

(3) アセスメント２：子Ｇの学校での様子（担任・教頭との面談）

手順 › A1：現状理解

子Ｇのアセスメントでは、子Ｇに影響を与えるすべての環境を理解するために、学校での様子を調べることにしました。そこで、学校で１番身近に接している担任教諭（以下、担任とする）から話を伺いました。担任と連絡を取った結果、実は担任は子Ｇの表情が読み取れないことや、ほとんど会話がないことなど、担任自身が上手く関われていないことが判明しました。担任には、子Ｇをより理解してもらい、ケアをしながら学校での様子を把握してもらいたいところです。そこで、母親との面談から推察された子Ｇに鬱積されている不満や自分に自信を持てていない可能性があることを担任に伝えて、よく観察すること、受容的な態度を分かりやすく示すこと、長所や健康面を探すことなど、コンサルテーションを行い、今後連携していくことにしました。

このアプローチが功を奏して担任と信頼関係が作られ、以降複数回のやり取りを通して子Ｇの学校での様子を詳細に聞き取ることができました。聞き取りの結果、「とにかく子Ｇの言動が粗雑で周囲とよくトラブルを起こすので、この状況を解決したい」との要望がありました。具体的には「１人で過ごすことが多く、構ってくる友人にはキレるので、孤立が続く悪循環に陥っている。当人もこれじゃ学校がつまらないだろうと思える」とのことでした。また、「日本語が上手でないため会話での意思疎通が難しく、学力の遅れ、知的側面の遅れもあるようだ」と見ており、指導が入りづらく手詰まり感があることが分かりました。

(4) アセスメント3：子Gとの面談　手順›A1：現状理解

子Gへの当センターによる相談支援では、初めに自身の困っていることを傾聴しました。困りごとは大別すると、やはり家庭環境の問題と、学校生活での学業や友人関係が上手くいかないことの2つでした。

①家庭環境の問題

父親に関することでは、「多くを話したことはないが優しい人だったと思う」、「父親の故郷やルーツについては全く知らない」とのことでした。2人目の父親に関しても「優しい人で別れなくてもよかった」との不満を示しました。

母親に対しては、「私はあいつに『母親』などという言葉は使いたくない、くそばばあだ」、「すぐ怒鳴ったり叩いたりして言うことを聞かせようとする」、「小さい時は怖かったけどもう怖くない。憎しみしかない」との激しい嫌悪の気持ちを示しました。

しかし、母親の実家の人たちについては、「祖父母や叔父、叔母みんな優しくて一緒にいて楽しい」、「里帰りしてみんなと会うことを一番の楽しみにしている」とのことでした。特に、いとこや妹といった同世代とは、言葉は通じなくとも一緒に過ごせるのがよいという気持ちでした。妹については、前回の里帰り（2017年2月）で妹だと初めて分かったとのこと、ショックはあったものの仲は良いので悪感情はなく、いとこたちと一緒に暮らせていて羨ましい限りだと話していました。「だけど自分は『日本人』だから日本で暮らしていかねばならない、日本に帰らねばならない」ということに大きな寂しさを感じていました。（妹のことを母親に確認したところ、里帰り出産をした際、日本での家庭状況では二人を育てづらいと判断し、母国で出生登録し実家に預けたとのことでした。）

②学業・友人関係での困りごと

中学の勉強が難しいこと、学校で頑張ろうしているが周りがちょっかいを出してきて、しょっちゅうイライラするという答でした。

まず、学力について、興味がある・少しはやれると思う科目を尋ねると、国語を真っ先に挙げ、次に社会を挙げました。読書が好きで漢字が読める、テストでもその部分では点数を取れるからとの理由でした。これについて、当センターでは驚きがありました。生い立ち、また、先生たちからの聞き取りでは、意思疎通の能力の不足、言語の発達の遅れなどが疑われると聞いていたからです。確かに、それまでのやり取りの中で、書字に不確かなものが多いこと、何度も帰ったことがある故郷についても地名がわからなかったり、漢字の綴りもわからないこと、話し言葉もぼそぼそと不明瞭であったり、表現できる語彙を持たなかったりと抽象的思考力の不確かさが見受けられました。また、成績の低さから知的発達の遅れ、または著しく低学力なのではないかと疑われました。しかし、面談を進めていくうち、日本語理解力、読解力のスキルを身につけていることが明確になってきました。低学力の背景には、数週間から３カ月単位での長期欠席を毎年２～３回繰り返していたことがわかり、これが学力の定着を大きく阻害している可能性が考えられました。

友人関係も、引っ越してきたことによる関係性の断絶を経た後、新たな人間関係を作れていないことに加え、この長期欠席がクラスメートとの相互疎通を阻害していることが考えられました。しかし、この長期欠席の間の「里帰り」こそが本人の大きな癒しになっているというアンビバレントな状況が確認できました（図表11-3）。手順›A2：関係・相互作用の可視化

(5) 問題のからくり　手順›A3：見立て

①家庭環境の問題

母Ｆは、女手１つで理解者のいない異国で育てる困難を抱えており、生計を立てるための労働環境も芳しくないことが分かりました。母Ｆは子どもに対して「子は親の言うことを聞くべき」と厳しい姿勢で臨み、時として「あなたには失望した」、「もう育てる気はない」と怒声を浴びせ、強く叩くなど暴力をふるうこともありました。つまり、子Ｇに言うことを聞かせようと躍起に

図表 11-3　子Gから聞き取って書いたエコマップ

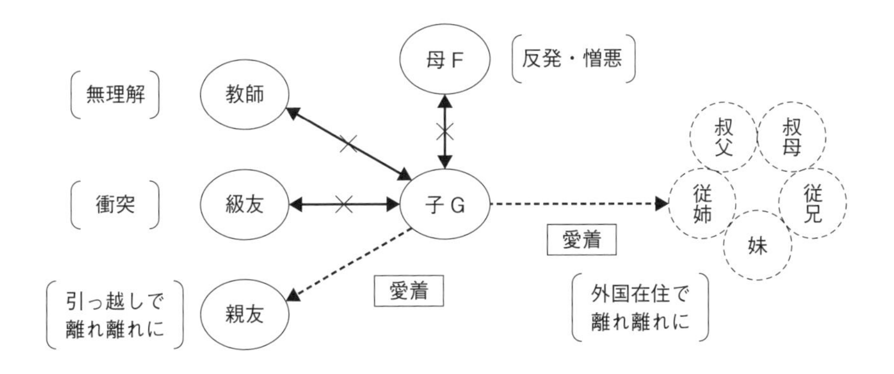

なることによって、ますます子Gが暴力的になるという悪循環が見て取れました。母Fは、暴力的になってしまう自分自身も嫌になっているために、児童相談所での一時保護を要求している面がありました。

②学業・友人関係の問題

長期欠席により、学力が低下しコミュニケーションを積極的に取る態度が育っていないことで、授業についていけず、新たな友人関係も作れず、学校での孤立を招いていると考えられます。このように子Gには安定した情緒と社会性を育めるだけの社会関係から断絶された状態にあることが分かりました。特に新たな転機となり得た中学校入学の機会を上手く活かせていない状況も確認できました。活かせていない原因は学校内に理解者がいない、問題行動だけが目立ち自分から支援を求められない、失敗体験が重なる中で成長意欲を育てられないといった悪循環にあると考えられました。

5 事例～介入の段階

(1) 目標設定、介入計画　手順 › B4：望ましい状態（目標）の設定

子Gが母Fとの関係改善を積極的には望んでいないことから、母Fが「言

うことを子どもに聞かせる」ことに力を入れることは現実的ではないと考えられます。それよりも、子Gが自らの学業や学校生活に取り組み、勉強や友人関係などを通して成長した姿を母Fに見せることができれば、親子関係に改善をもたらすようになると当センターは考えました。そこで、「子Gに学校に自分の居場所があるとの自覚を得ることによって自己肯定感を持たせて、これを通じて親子関係の改善を図り母Fの生活も安定させる」ことを支援目標として設定しました。

(2) 対応策の立案

手順 › C5：介入するポイントの確認～D9：実施計画の策定

まず、子Gが学校で担任教諭や友人らとの関係構築をすること、子Gをスクールカウンセラー（以降SC）や信頼できる第三者の相談資源につなげることを実質的な措置として設定しました。具体的には担任がクラスで達成可能な役割を与え称賛を受ける機会を設ける、長期欠席後はクラスメートの中からピア・サポートを付ける、欠席が続く場合は適応指導教室を利用し学力低下を防ぐ、SCによる授業や課外活動の行動観察、定期的な面談を通して心の安定を図ることも検討しました。

また、母子関係の悪化が虐待や家庭内暴力、非行にエスカレートした場合に備えて「要保護児童対策協議会（要対協）」の対象児童とすることも検討しました。

そのため、母Fとの面談の他に、学校における子Gの生活状況について具体的に聞き取りを行って学校内外の資源の有無とその有効性を確かめつつ、子Gとのカウンセリングも行って主訴（困りごとやニーズ）も把握して、目標達成に向けての具体的方策をスモールステップで立て、個人と環境の両面からの解決を試行錯誤していくこととしました。

子Gの背景の難しさや保護者対応など担任ひとりには任せきれない問題であること、解決に際し外部機関への協力依頼には学校組織が窓口となる必要があることから、学校的な支援体制が必要だと考えられました。この状況について、管理職（校長・教頭）と学年主任も同席して話し合う機会を持ってチーム支援の体制を構築し、現実的にすぐ取り組める対応策から始めることを共有しました。

最初の手立てとして、教室にいられない状態になった時の居場所を校内に設けること、本人の困難感をじっくり傾聴できる相談資源、すなわち相談室のSC、保健室の養護教諭に時間をかけてつなぐことから始めることを当センターは学校に提案しました。SCには、本人と対面する前に複数回の行動観察をしてもらって本人を理解してもらった上で、保護者と担任教諭が同席のもと本人とSCが互いを紹介しあうプロセスを経て、定期的な個別面談の実施へとつなげることにしました。結果的にこのSCとの面談が後に大きな効果をもたらすこととなりました。

(3) 子Gへの介入（介入1） 手順 › D10：実施と評価

こうして、本人の置かれた状況、気持ち、考え方などに寄り添いながら夏休みが終わる頃（2017年8月末）まで当センターで隔週毎の面談を進めました。担当した相談員と子Gの間で基本的な信頼関係の構築ができた頃合いを見計らって、今後、学校での居場所づくりを始めるための第1歩としてSCとの相談を勧めたところ本人の了解を得ることができました。保護者にはSCへの相談で登校意欲の向上、情緒の安定が期待できるということで承諾を得ました。この間の経緯を学校管理職に伝えつつ子Gの受け入れがSC個人、担任教諭個人の仕事にならないように、複数の視点で子どもを理解し成長面を捉えるように心掛けることを助言しました。これに対応し学校管理職、SC、担任教諭、相談主任が学校内支援チームを組み、当面の支援目標を「学校に自分の居場所があるとの自覚による自己肯定感の所持」に設定して、週に1度、SCとのカウンセリングを開始しました。受容的な傾聴を基本に、肯定的な側面や「普通にやれている面」を観察し、即時フィードバックすることを優先し、学年の教員たちとも協働し、本人に労いと称賛の体験を蓄積させていきました。

また、友人とのトラブル防止のため、タイムアウト法、深呼吸法の習得を進め、感情を少しずつコントロールできるようにしました。すると、これまで無駄なトラブルを起こしていた周囲の友人に対する「否定的な決めつけ」が自身の中に在ることに気づくようになりました。この過程で対人関係の成功体験が増えたことによって、校内での評価が「実は穏やかな一面を持つ生徒」に変わり、このことによって教員や友人たちの子Gへの受容的態度が広まり、子Gによる不要なトラブルが減るといった好循環が生じるようになりました。

このように、中学1年の終了時には、登校日数が増え、トラブル件数も減少するなど学校生活の安定度が高まる結果となりました。子Gのニーズの1つである友人関係の問題を解決できました（ここまでが介入1）。

手順 › D10（評価）

(4) アセスメント4：子Gの個人特性

手順 › A1：現状理解～A3：見立て

子Gの行動や環境が整ったところで、子Gの本来のパーソナリティについて幾つかのアセスメントを実施することにしました。この結果に基づいて、子Gにとってのより本質的な介入につなげるためです。まずは、面談中にじっとしていられない点や友人との間でイライラを抑えられず暴言・暴力を見せた点について多動性・衝動性が伺えたため、生活面に表れるADHDの傾向を記述したチェックシートを作成し、担任教諭および保護者に実施してもらいました。このチェックシートは、「行動が行き当たりばったりである」、「飽きっぽくて、じっとしていられない」、「普段は気が散りやすいがハマると非常に長い」、「キレやすく、ストレスに弱い」、「劣等感が強く、自尊心が保てない」、「本来の力を出し切れていないと思う」、「人からどう見られているかを分かっていない」、「自分にとって大事なことが後回しになりがち」ほか20項目について○×で尋ねるものです。その結果、12項目にチェックが付きましたがADHDの診断や治療が差し迫っているレベルとは考えられませんでした。それと、「普段は気が散りやすいがハマると非常に長い」、「本来の力を出し切れていないと思う」にチェックが付いたことから、まだ発現していない肯定的な側面、潜在的な能力・長所が期待されることも伴っていると考えられました。

また、友人との衝突場面で、すれ違う時にわざとぶつかってくる、数人が睨んでくる、などと通常でも有り得る事柄を被害妄想的にとらえている発言や、人との関わりを積極的に持とうとしない側面から、こだわりの強さが背景にある可能性（非定型発達の可能性）を考えて、50項目からなるAQ日本語版自閉症スペクトラム指数児童用も実施しました。結果は17点でカットオフ（26

点）に届かなかったものの、「社会的スキル」、「コミュニケーション」尺度では9点と高く、他の3つの尺度「注意の切り替え」（3点）、「細部への関心」（3点）、「想像力」（1点）とのギャップが見られる結果となりました。

(5) 子G支援の新たな目標設定

手順 ❯ B4：望ましい状態（目標）の設定

これらのアセスメント結果を受け、「進級後の学校生活では引き続き観察と対話を重視し、カウンセリング等の関わりを継続して安心・安定の実感保持に努めながら、徐々に周囲にも目を向ける余裕を持たせること、そして関心事や趣味について引き出して自己肯定感につながるように試みること」を支援方針として策定しました。これを、保護者、校内の支援チームとで共有することとなりました。

(6) 児童相談所の一時保護へ（介入2）

これまでの支援によって、2018年4月には進級することができました。しかし、母親への憎悪の気持ちに大きな変化は見られず、度重なる暴言、自傷行為は継続していました。母Fも自らの態度を頑なにしていき、いよいよ育児を放棄する心づもりをよりはっきりと示すようになりました。

手順 ❯ A1：現状理解

状況の悪化を一旦止めるために児童相談所との面談を当センターが仲介して、児童相談所の相談員が母親の子育て相談を担うことになりました。児童相談所では母子の関係が極度に悪化している状況を重く受け止め、互いに距離を置いた生活を続けてみることで、精神的安定を図り、家庭内での暴力沙汰を鎮静化させ、将来的に互いに適切な距離を取り合えるよう取り組むことが適切と判断し、一時保護の運びとなりました。この時、当センターが仲介し、母F、児童相談所の担当相談員、学校の管理職とで今後の展望（一時保護のゴール）について話し合いを持ちました。具体的には、①短期的には互いにいがみ合うことなく心の落ち着きを取り戻すまで、②中期的には母親の就労が安定し生活に余裕が生まれるまで、③長期的には子どもの高校進学を通して自立心を涵養させることができるまで、一時保護と母子相談を繰り返していくことになりま

した。手順 › A3：見立て、B4：望ましい状態（目標）の設定

結果からすると、一時保護は効果がありました。何より子Ｇにとって規則正しい生活習慣と、１人静かに本を読み、同じ境遇の子と過ごせる安心感ある平穏な生活環境が得られたからです。特に日課の散歩のときに年下の子の面倒をよく見て優しく接したことによって、子どもたちから「優しいお姉さん」と慕われるようになりました。母Ｆも子どもの変化に合わせるかのように徐々に変わり始めました。具体的には子どもに対する態度を反省する余裕が生まれ、「子どもに当たるのは生活に余裕がないから」と考え始めました。また、これによって、生活設計を改善する意志を明確に持つようになったこと、「自分も変われば子どもも少しは良くなるかも」と前向きに考えるように変化していきました（ここまでが介入2）。手順 › D10：実施と評価

6 事例～介入の発展段階

(1) 進路選択の問題

児童相談所の介入が効果を見せ、母子ともに精神面での安定は見せ始めるようになったものの、夏休み後の旧盆や、旧正月の時期に２～３か月と母国の実家に預けられる環境は変わらず、その間の長期欠席によって、登校意欲の亢進はなかなか見られませんでした。加えて、とにかく「長い間休む」ことがクラスメートと打ち解ける機会を妨げ、学力の向上を阻害させてもいました。2019年４月、中学３年に進級してもこの状況は変わりませんでしたが、子Ｇは徐々に自分自身の進路について考えるようになって変化の兆しが現れました。まずは、将来の希望を語りだしたことです。子Ｇは日本のアニメが大好きで声優になりたいというのが第１希望でした。手順 › A1：現状理解

多くの原作があるノベライズ本が大好きとのことだったので、この情報を学校内支援チームの窓口であった相談主任に伝え、登校意欲の促進と学力向上の一端となればと図書室の利用を積極的に推奨することを提案しました。これを受けて、例えば、教室で上手くいかずモヤモヤした時に保健室に加えて図書室利用ができるようにしたところ、昼休みに毎日通い、読書を楽しむようになり

ました。SCも進路をテーマに面談をし始め、図書室の司書と連携しながら学校に教室以外の居場所を作る支援を続けました。また、故郷で食べた美味しいご飯や、一時保護の際に夕飯を楽しみにする幼い子らの表情が可愛いらしかったことから、子Gは料理の仕事にも興味を持つようになっていました。そして、思い描く将来のためには高校へ進学し、卒業して、さらに上の専門学校を目指すことの重要性を支援者たちと子Gとが共有するようになりました。

手順 › B4：望ましい状態（目標）の設定、D10：実施と評価

図書室通いは、もう1つ別の効果をもたらしました。図書室で仲の良い友人ができたことでした。図書室には、休み時間に友人たちとワイワイガヤガヤ過ごすことが苦手な生徒たちが何人か来ていました。その中に自分と興味や好みが合う友人を見つけることができました。そのきっかけを与えてくれたのは司書のはからいでした。貸し出した本が同一になっていた生徒にさりげなく声をかけるなどしてつなげてくれたのです。その友人とは親しみが深まり同じ高校へ行こうと約束をするまでになりました。手順 › D10：実施と評価

(2) アセスメント5：子Gの知能　手順 › A1：現状理解、A3：見立て

このように、高校進学の意思がはっきりとしてきたことから、受験への取り組みが新しい課題となりました。学校からは全体授業より個別の学習指導が望ましいと、教育委員会が設置した適応指導教室への通室を勧められました。

適応指導教室では進学先の選定と学力向上の可能性を探るためWISC-Ⅳを実施しました。結果は合成得点で全検査（FSIQ）91点と平均水準でした。言語理解（VCI）102点、知覚統合（PRI）93点と共に平均値でしたが、ワーキングメモリ（WMI）86点、処理速度（PRI）84点とやや低い傾向があらわれました。同年齢集団と比較しても平均的な知的水準にあると言えるものの、能力別にはワーキングメモリと、処理速度に弱さが見られたわけです。この結果から、学習の場で言われたことを記憶にとどめておくことが苦手で、定められた時間内に思考を言語化し表現することや課題をやりきるという面で困難感を持つことが多いと推察されました。この結果は後に進路希望を決定する場面で、客観的な参考資料として役立つことになりました。この適応指導教室ですが、子Gは暫く通ったものの本人に合った個別指導を充足させるには至らず、

通室意欲を保てませんでした。また、そもそもの日本語能力自体が低いこともあって、他の不登校生徒とはまた違う個別の指導が必要であることから、行政が行う日本語教室も検討したものの「日本人」であることで難色を示されてしまいました。［手順 › A1：現状理解、A3：見立て］

このような事情から、当センターでは日頃から連絡を取り合っている地域若者サポートステーション（以降、サポステ）に相談を持ちかけました。当センターのクライアントには卒業後も社会とのつながりの中で自己理解を深め、職業体験を重ねるなどの支援の継続が必要となる方が複数いたため、サポステとは就労の準備に関する連携を取り合ってきたからです。サポステでは、国が行う「生活困窮者支援事業（必須事業2、任意事業4)」を受託しており、任意事業である子どもの学習・生活支援事業を行っていました。この事業では生活困窮世帯の子どもに対して、学習支援や保護者への進学助言、生活習慣や育成環境の改善に関する助言等を行います。子Gがこれら条件に当てはまったため担当スタッフを決めて6月から週2回通うこととなりました。このサポステ通いのモチベーションを高めるのに本人の関心事のアニメが役に立ちました。行き帰りの途中にアニメグッズを扱う店がありその一角にカード等を交換するコーナーが設けられていたのです。そこで同世代の話し仲間を持つようになり、帰りにその店によって過ごす楽しみを持ったのでした。

［手順 › B4：望ましい状態（目標）の設定、D10：実施と評価］

(3) アセスメントの統合と進路決定

［手順 › B4：望ましい状態（目標）の設定］

進路の決定について、学校ではこれまでの学業成績や集団生活への不慣れさから、全日制普通校よりは定時制、あるいは通信制高校という選択肢を想定していました。そこで、当センターと学校との間で、本人の意志、学力向上の可能性などこれまで集めた情報を合わせて検討する機会を持ちました。本人の意志としては、図書室で仲良くなった友人と一緒の高校に通いたい気持ちが強くその後の学習支援も継続していること、4月に実施したWISC-Ⅳの指標が平均の水準内だったこと、またサポステからは「子Gには社会とのつながりを通した成長を図る機会が多い方が大事だ」との助言もあり、総合的に検討し、全日制の公立高校が望ましいようだとの結論に至りました。学校では、再度チーム内での検討を経た後に夏休みを前にして本人、保護者も交えた三者面談の場で話し合い、全日制の公立高校を第1志望と定めました。こうして本格的な受験期に入ることが出来ました。本人の意志と、客観的な指標と、関わった支援機関・支援者の提案を合わせて進学先を選ぶことができたため、子Gは納得ずくの目標、課題を持ち、学習意欲を亢進させることとなりました（図表11-4）。

(4) 母子関係への波及効果～支援終結の段階～ 手順 › D10：評価

この時期の母Fとの面談では、子どもの様変わりによって母親の情緒も安定したことが確認されました。また、子どもの将来への安心感から気持ちの余裕が出てきたことによって、母親自身も市から紹介された日本語教室へ通うようになりました。このことが後に新たな変化へとつながりました。日本語力が向上し、持ち前の活発で社交的な性格によって知人・友人も増えました。そしてここでの人間関係から、別の仕事の紹介を受けて転職することにつながりました。新たな仕事に就き、待遇が上がったことによって、この街に定着して生活リズムを安定させる見通しもつきました。自分自身の生き方を一段階引き上げる機会をものにしたと言えます（支援目標の達成）。

図表 11-4　大きく好転した子Gのエコマップ

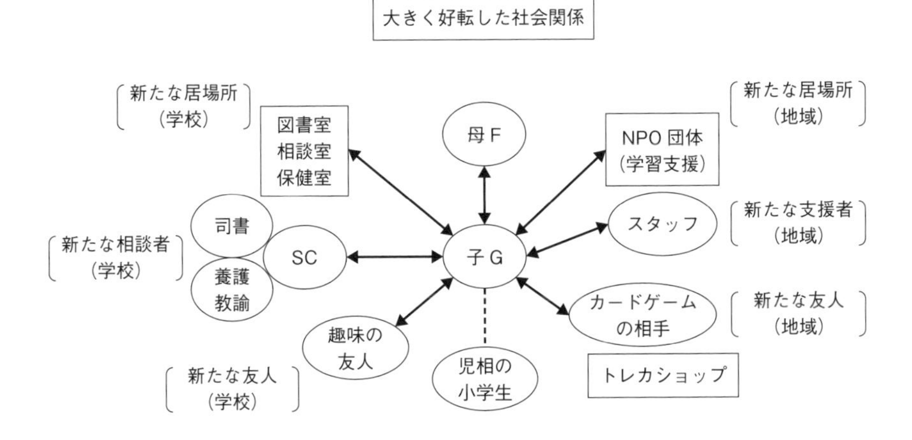

そして、子Gは翌年3月、中学校を卒業。4月には、電車でひと駅隣の市にある公立高校に進学を果たしました。母子関係の葛藤はまだ残ってはいるものの、初期の主訴からは遥かに改善されることになりました。

7 事例のまとめ

反抗的で手が付けられない、自傷行為もある子どもと「縁を切りたい」と望む外国人の母親の訴えから始まった日本国籍の生徒との3年間の関わりを紹介しました。SCをはじめとした学校内の援助資源、適応指導教室、児童相談所、生活困難者学習支援事業とつないでゆき、公立高校入学への進学まで、途中に困難はありましたが支援を紡ぐことができました。

支援のポイントは、青年期に差し掛かった子どもの望ましい成長と発達に資する相談支援に焦点を当て、①学内の環境に働きかけ理解者と居場所を増やして登校意欲を向上させたこと、②学校外の資源を探索して本人につなげたことが結果的に成長欲求を刺激し社会とのつながり面で改善をもたらしたことと、③新しい段階ごとにアセスメントと目標設定、介入方針をし直したことによって本人への理解を深め続け、成長可能性を高め続けたことでした。

子どもへの理解と対処に苦慮するひとり親の下では、問題のある子を「矯正」するか、家庭では育てられない子として施設に預けるのかといった極端な対処になりがちです。学校に任せようとしても、一斉授業をしづらい子、集団生活になじめない子またはその能力の乏しい子と判断されてしまいがちです。特に異文化を背景に持つ、日本語を母語としない子どもの場合は余計に難しい状況に置かれ、リスクが高い状態にあると思われます。ゆえに家庭と学校だけでは、健全な成長の機会、自立のチャンスを得る機会は乏しいと言えます。最低限必要な機会はあるが十分ではないと思われます。母親への支援も必要です。したがって、福祉と教育の両面から、心理的安定に効果をもたらして情緒の土台を造る支援が必要であり、それらを家庭と学校に加えて社会資源から探し出して、子どもと母親の双方に提供されなければなりません。親子の心理的葛藤を解消して精神健康衛生を保っていくためには、ケースに合った多様な資源が求められます。子どもの発達状態に合った支援ができ、家庭と資源とをつ

図表 11-5　本事例における支援のプロセス

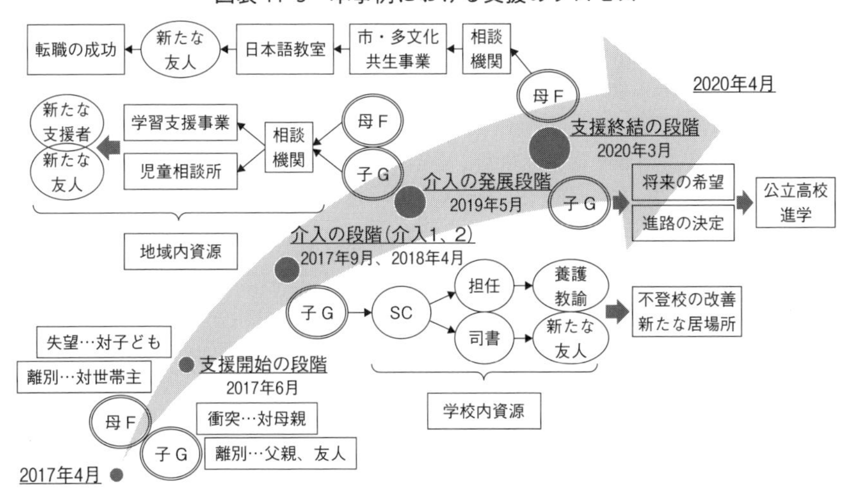

なげることが問題解決には求められます。そのニーズに対し、アセスメント→目標設定→介入をくり返してコーディネーションをできたことが成功をもたらしたと言えます（図表 11-5）。

引用文献

移住者と連帯する全国ネットワーク（編）(2019). 外国人の医療・福祉・社会保障相談ハンドブック　明石書店

文部科学省（2022). 日本語指導が必要な児童生徒の受入状況等に関する調査（令和3年度）www.mext.go.jp/b_menu/houdou/31/09/1421569_00004.htm

出入国在留管理庁（2023). 令和5年6月末現在における在留外国人数について

参考図書

アセスメント

近藤直司（2022）．医療・保健・福祉・心理専門職のためのアセスメント技術を高めるハンドブック【第3版】―ケースレポートとケース記録の方法からケース検討会議の技術まで　明石書店

ケースフォーミュレーション

下山晴彦（2022）．第2章　ケース・フォーミュレーションの作成と活用　能野宏昭・下山晴彦（編）現代の臨床心理学3 臨床心理介入法　東京大学出版会

エコマップ

小林奈美（2009）．実践力を高める家族アセスメントPart Iジェノグラム・エコマップの描き方と使い方―カルガリー式家族看護モデル実践へのセカンドステップ　医歯薬出版

システムズアプローチ

赤津玲子・田中究・木場律志（編）（2019）．みんなのシステム論―対人援助のためのコラボレーション入門　日本評論社

中野真也・吉川悟（2017）．システムズアプローチ入門―人間関係を扱うアプローチのコミュニケーションの読み解き方　ナカニシヤ出版

田中究（2021）．心理支援のための臨床コラボレーション入門―システムズアプローチ、ナラティヴ・セラピー、ブリーフセラピーの基礎　遠見書房

システム思考

枝廣淳子・小田理一郎（2007）．なぜあの人の解決策はいつもうまくいくのか？―小さな力で大きく動かす！システム思考の上手な使い方　東洋経済新報社

カウンセリング

諸富祥彦（2022）．カウンセリングの理論（上）―三大アプローチと自己成長論　誠信書房

諸富祥彦（2022）．カウンセリングの理論（下）―力動論・認知行動論・システム論　誠信書房

危機介入

ドナ・C. アギュララ（著）　小松源助・荒川義子（訳）（1997）．危機介入の理論と実

際—医療・看護・福祉のために　川島書店
窪田由紀・森田美弥子・氏家達夫（監修）(2019). こころの危機への心理学的アプローチ—個人・コミュニティ・社会の観点から　金剛出版

コンサルテーション

久田満・丹羽郁夫（編）(2022). コンサルテーションとコラボレーション（コミュニティ心理学シリーズ第2巻）　金子書房

心理教育

久田満・飯田敏晴（編）(2021). 心の健康教育（コミュニティ心理学シリーズ第1巻）　金子書房
宮崎圭子（2013). サイコエデュケーションの理論と実際　遠見書房

自助グループ

高松里（2021). 改訂増補セルフヘルプ・グループとサポート・グループ実施ガイド　金剛出版

支援ネットワーク

下山晴彦（2022). 第Ⅳ部第1章　チームワークの理論と方法　現代の臨床心理学3 臨床心理介入法　東京大学出版会
Goldstein, E. G., & Noonan, M. (1999). *Short-term treatment and social work practice: An integrative perspective.* Free Press: New York.（ゴールドシュタイン, E. G., ヌーナン, M.（著）福山和女・小原眞知子（監訳）(2014). 統合的短期型ソーシャルワーク—ISTTの理論と実践　金剛出版）

コミュニティ心理学

安藤延男（2009). コミュニティ心理学への招待—基礎・展開・実践　新曜社
Duffy, K. G., & Wong, F. Y. (1996). *Community psychology.* Allyn & Bacon. : Boston（ダフィーK. G., ウォンF. Y.（著）植村勝彦（監訳）(1999). コミュニティ心理学—社会問題への理解と援助　ナカニシヤ出版）
箕口雅博（編著）浅井健史・星一郎・福山清蔵・高畠克子（2016). コミュニティ・アプローチの実践—連携と協働とアドラー心理学　遠見書房
日本コミュニティ心理学会（編）(2007). コミュニティ心理学ハンドブック 東京大学出版会
日本コミュニティ心理学会研究委員会（編）(2019). コミュニティ心理学—実践研究のための方法論（ワードマップ）　新曜社
Orford, J. (1992). *Community psychology: Theory and practice.* John Wiley & Sons Ltd: New York.（オーフォード, J.（著）山本和郎（監訳）(1997). コミュニティ

心理学―理論と実践　ミネルヴァ書房)
高畠克子 (2011). 臨床心理学をまなぶ5 コミュニティ・アプローチ　東京大学出版会
植村勝彦 (編) (2007). コミュニティ心理学入門　ナカニシヤ出版
植村勝彦 (2012). 現代コミュニティ心理学―理論と展開　東京大学出版会
植村勝彦・高畠克子・箕口雅博・原裕視・久田満 (編) (2017). よくわかるコミュニティ心理学［第3版］(やわらかアカデミズム・〈わかる〉シリーズ)　ミネルヴァ書房
Scileppi, J. A., Teed, E. L., & Torres, R. D. (2000). *Community psychology: A common sense approach to mental health.* Prentice Hall: Upper Saddle River, NJ. (スキレッピ, J. A., ティード, E. L., トレス, R. D. (著) 植村勝彦 (訳) (2005). コミュニティ心理学 ミネルヴァ書房)

〔人名索引〕

〔和文索引〕

〈ア行〉

〈カ行〉

〈サ行〉

〈タ行〉

〈ナ行〉

〈ハ行〉

〈マ行〉

〈ヤ行〉

〈ラ行〉

〈ワ行〉

〔欧文索引〕

監修者・編者紹介

【監修者】

原 裕視（はら・ひろみ）

目白大学名誉教授、臨床心理士、公認心理師。一般社団法人ホワイトアイコロキアム代表理事、一般社団法人日本産業カウンセラー協会シニア・アドバイザー。1973年千葉大学（実験心理）卒、早稲田大学院修士（臨床心理）了、国際基督教大学院博士後期（異文化間心理）中退、国立精神衛生研究所研究生（コミュニティ心理）。1974年より銚子市立病院／東芝中央病院の神経科、順天堂精神医学研究所で心理臨床に従事。その後コンサルティング会社に勤務しつつ米国イースト・ウェスト・センターにて研究。1988年独立し（株）チームアクセス、アクセス心理教育研究所を設立・主催（国際人材育成）。1999年目白大学入職、2020年3月退職。主な著書として『よくわかるコミュニティ心理学』（共編、ミネルヴァ書房、2006）『産業カウンセリングⅠ・Ⅱ改訂第8版』（共編著、金子書房、2023）。

【編者】

高橋 浩（たかはし・ひろし）

ユースキャリア研究所代表、公認心理師、キャリアコンサルタント。特定非営利活動法人日本キャリア開発協会理事、一般社団法人ホワイトアイコロキアム理事、法政大学および目白大学講師。立正大学博士（心理学）・目白大学修士（心理学）。1987年、弘前大学教育学部を卒業後、NECグループの半導体設計会社に入社、エンジニア、品質管理、経営企画、キャリア相談に従事、2011年3月退職。2012年、博士号を取得しキャリアカウンセラーとして独立。大学や企業におけるキャリア支援と研究を行っている。主な著書として『よくわかるコミュニティ心理学』（分担執筆、ミネルヴァ書房、2006）、『セルフ・キャリアドック入門』（共著、金子書房、2019）、『新時代のキャリアコンサルティング』（共著、労働政策研究・研修機構、2016）。

執筆者紹介（執筆順）

原 裕視（はら・ひろみ） 担当：発刊に寄せて・第1～5章
監修者

高橋 浩（たかはし・ひろし） 担当：まえがき・第1～6章
編者

久野 陽子（くの・ようこ） 担当：第7章
公共機関勤務、一般社団法人ホワイトアイコロキアム理事。修士（心理学・目白大学)。日本福祉大学でソーシャルワークを学ぶ。社会福祉士・公認心理師・キャリアコンサルタント・シニア産業カウンセラー。

本田 真知子（ほんだ・まちこ） 担当：第8章
元認知症疾患医療センター（連携型）相談員。修士（心理学・目白大学)。臨床心理士・公認心理師・精神保健福祉士。

石塚 典子（いしづか・のりこ） 担当：第9章
東京大学医学部附属病院勤務。博士（医学・東京医科歯科大学)。修士（心理学・目白大学)。臨床心理士・公認心理師・キャリアコンサルタント。

根本 葉子（ねもと・ようこ） 担当：第10章
東京家庭裁判所調停委員、公立高校スクールカウンセラー、一般社団法人ホワイトアイコロキアム理事。修士（心理学・目白大学)。公認心理師・学校心理士・ガイダンスカウンセラー。

李 舜哲（り・すんちょる） 担当：第11章
NPO法人李塾代表。修士（心理学・目白大学)。公認心理師・キャリアコンサルタント・シニア産業カウンセラー。2008年より朝鮮学校でスクールカウンセラーを始め現在は公立学校及び複数の企業の顧問カウンセラーとしても活動。

実践　コミュニティアプローチ

対人支援職が行うシステム論的心理社会支援

2024年6月30日　初版第1刷発行　〔検印省略〕

監修者　原　裕視
編著者　高橋　浩
発行者　金子紀子
発行所　株式会社　金子書房
〒112-0012　東京都文京区大塚3-3-7
TEL　03-3941-0111(代)
FAX　03-3941-0163
https://www.kanekoshobo.co.jp
振替　00180-9-103376
印刷　藤原印刷株式会社　　製本　有限会社井上製本所

ISBN978-4-7608-2695-7 C3011